关注生态文明　聚焦绿色发展

——首都大学生暑期优秀社会实践论文集

王鲁娜　张秀芬　主编

内容简介

本书由从首都大学生社会实践调查研究报告中选取的 29 篇文章组成，内容包括城市洪涝防治、旧物回收利用、新能源使用、环境污染治理、发展生态旅游和绿色生产等，反映了当代大学生关注生态文明、聚焦绿色发展的责任意识。

图书在版编目(CIP)数据

关注生态文明　聚焦绿色发展：首都大学生暑期优秀社会实践论文集/王鲁娜，张秀芬主编．—北京：气象出版社，2017.11
ISBN 978-7-5029-6662-1

Ⅰ.①关⋯　Ⅱ.①王⋯　②张⋯　Ⅲ.①大学生－社会实践－中国－文集　Ⅳ.①G642.45-53

中国版本图书馆 CIP 数据核字(2017)第 264016 号

关注生态文明　聚焦绿色发展
——首都大学生暑期优秀社会实践论文集

王鲁娜　张秀芬　主编

出版发行：	气象出版社		
地　　址：	北京市海淀区中关村南大街 46 号	邮政编码：	100081
电　　话：	010-68407112(总编室)　010-68408042(发行部)		
网　　址：	http://www.qxcbs.com	E-mail：	qxcbs@cma.gov.cn
责任编辑：	陈凤贵　张锐锐	终　　审：	张　斌
责任校对：	王丽梅	责任技编：	赵相宁
封面设计：	八度		
印　　刷：	北京中石油彩色印刷有限责任公司		
开　　本：	710 mm×1000 mm　1/16	印　　张：	15.5
字　　数：	440 千字		
版　　次：	2017 年 11 月第 1 版	印　　次：	2017 年 11 月第 1 次印刷
定　　价：	38.00 元		

本书如存在文字不清、漏印以及缺页、倒页、脱页等，请与本社发行部联系调换。

目 录

从城市内涝防治谈生态系统建设——以北京市为例…………陆丽琼　王嘉铭（1）
环保视野下北京市废旧手机回收现状及对策研究…………王鲁娜　朱　晨（9）
北京市居民使用新能源汽车状况的调研 …………………陈凤芝　魏凯迪（18）
美丽乡村视角下民俗旅游发展情况调研——以北京市怀柔区六渡河村为例
　…………………………………………………………………袁　雷　高　彤（28）
关于北京市推行智能分类垃圾箱、优化城市生态环境的调查研究
　…………………………………………………………………赵春丽　刘玉珍（36）
北京市社区垃圾分类现状与问题的调研 …………………徐秀春　张可佳（44）
有关首都大学生生态文明教育的调查研究 ………………张宏伟　张　茹（51）
北京市城区市民太阳能资源使用调查报告 ………………孟繁宾　姜海晨（62）
《水污染防治行动计划》执行中社会公众参与情况的调查研究
　…………………………………………………………………张秀芬　岂世琛（70）
大学生生态文明素养调查与分析——以北京工商大学为例
　…………………………………………………………………班高杰　张　莹（77）
北京市房山区琨廷小区污水处理与再生水利用情况 ……江　燕　吴　龙（87）
关于北京水环境生态安全的探讨 …………………………李　金　张宝珊（93）
福建省福鼎市白琳镇翁江村绿色经济发展现状及展望的调研
　…………………………………………………………………李永梅　蔡尔德（102）
北京市六里屯垃圾填埋场生态环境治理情况调研 ………田建华　李春瑞（112）
北京市河道生态治理情况的调查研究——以潮白河、永定河为例
　…………………………………………………………………王俊峰　邓玥超（120）
关于互联网能源的调查——以河北省廊坊市某企业为例
　…………………………………………………………………袁世坤　朱嘉艺（126）
北京市居民水资源生态意识的现状研究 …………………姚洪越　周乐婧（135）
北京市居民对绿色蔬菜的认知及消费状况调研 …………赵春丽　王逸冉（142）

北京市昌平区公众生态意识的现状及公众生态意识的培育研究
　　……………………………………………………… 余金城　曹　蕊（150）

广告盈利模式下的光污染现状及对策研究——以北京市 LED 广告灯/屏为例
　　……………………………………………………… 杨小燕　王　杞（159）

河流污染的现实与理念原因分析——以北京市昆玉河为例
　　……………………………………………………… 杨春花　陈丽萍（166）

居民小区绿化情况及现状的调研……………………… 徐秀春　政时雨（176）

社区支持农业的绿色效益及发展前景调研…………… 王鲁娜　赵　源（184）

北京市生态旅游的现状、问题及对策——以房山区为例
　　……………………………………………………… 陈凤芝　孙跃跃（192）

首都大学生生态意识现状……………………………… 张宏伟　陈家玉（200）

北京市通州区绿色农药认知与普及情况调查………… 孟繁宾　郭长凯（209）

首钢产业升级调整与环境保护关系的研究…………… 陈晋文　宋璟玉（218）

关于北京棚户区改造过程中环境污染问题的产生和预防措施
　　……………………………………………………… 朱　倩　张舒睿（228）

人工和天然湿地保护与开发的调查研究……………… 李永梅　栾先乔（238）

从城市内涝防治谈生态系统建设

——以北京市为例

陆丽琼　王嘉铭[*]

摘　要：近年来，由于暴雨产生的城市内涝时有发生。暴雨属于气象自然灾害，而城市内涝是由于强降水或连续性降水超过城市排水能力致使城市内部出现积水灾害的现象，它不是单纯的自然灾害。内涝与整个城市的布局、蓄水能力、排水能力等都密切相关。本文基于对北京市内涝的调查，从城市自然生态和城市人工生态两个视角，对内涝的成因进行剖析，并对内涝的治理措施和生态城市建设提出构想。

关键词：内涝　城市生态　生态系统

本次调查主要采取网上调查和在街头随机进行采访的形式。调查问卷由小组成员在各大社交网站发送链接，让网友们填写并收回。共发出调查问卷582份，收回582份，回收率达100%；有效问卷563份，有效率达96.7%。本次调查的对象主要是北京市在校本科生，占调查人群的50.8%，同时现场调研了北京市海淀区甘家口街道的部分社区居委会和街面商铺，占20.5%，普通北京市群众占24.3%，街头随机采访群众约占4.4%。与此同时，53.2%的被调查群众认为所在居住地内涝频繁。这表明随着城市现代化的高速发展，城市建成区面积加速扩张，水体和绿地面积日趋减少。暴雨造成的内涝越发成为一个普遍存在并阻碍城市发展的严重问题，以此引发的生态问题也日渐明显。本次问卷主要调查内涝现象、灾害损失，并探究内涝产生原因，目的在于解决内涝问题，保护并建设绿色生态城市。

一、内涝及其影响

在北京市，每逢雨季来临，因暴雨而产生的内涝现象时有发生。我们在调查过程中发现：有半数以上的群众认为其所在地区的内涝频繁发生，暴雨所导致的内涝广泛地分布在北京市各个区。对问卷调查结果进行交叉分析得出：内涝程度和所在地区这两个变量之间存在相关性，说明内涝受城市布局影响大。从问卷关于"对内涝造成的损失"的调查结果可以看出，在城市低洼、排水不畅地区易发生内涝灾害，导致城市道路、输电线路等设施被冲毁，交通瘫痪，严重影响了市民日常生活和城市正常运转，对城市安全构成威胁，同时给社会带来了一定的经济损失，而且易使

---

[*] 本课题指导教师陆丽琼（北京工商大学马克思主义学院），课题组组长王嘉铭（会计142班）；课题组组员：王乔楚（会计151班）、李丹黎、刘悦、李继峥（会计141班）。

传染病多发。根据某网站新闻报道："2012年7月21日中国大部分地区遭遇暴雨，其中北京市及其周边地区遭遇61年来最强暴雨及洪涝灾害。根据北京市政府灾情通报会数据显示，此次暴雨造成79人死亡，房屋倒塌10660间，160.2万人受灾，经济损失116.4亿元。"[1]

在城市内涝的治理中，虽然有关部门采取积极措施应对灾害，但是措施多在灾害中和灾害后才开始实施。对于内涝灾害必须从多方面进行预防，才能根治"逢雨变泽国"的现象。因此，要想彻底解决城市内涝问题，需要从城市的生态布局入手。

二、城市内涝原因分析

内涝的发生是多种原因造成的。由"关于内涝产生原因"调查统计结果（图1）发现，各种原因所占比例相差不大。一个完整的城市生态系统由自然生态系统、人工生态系统和社会环境三部分组成，下面从这三个方面逐一分析。

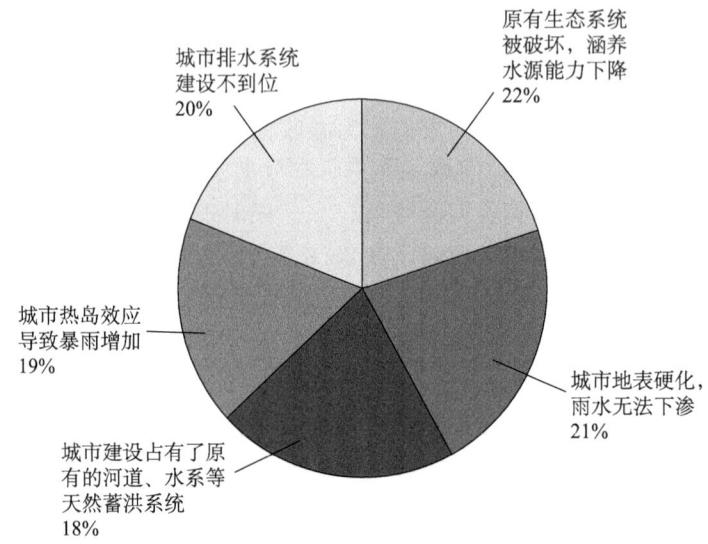

图1 内涝产生的原因

（一）城市自然生态分析

暴雨现象多发，加之城市自然生态系统被人为破坏，城市自我调节能力降低，天然水系蓄水能力被削弱，是内涝形成的主要原因，具体分析如下。

1."热岛效应"导致暴雨频发

由于城市人口密集、碳排放过多并且绿地减少，导致城市气温升高，形成热岛效应。热岛内部气温偏高，气压偏低，周围偏冷空气向中间聚集导致热岛内部出现上升气流，暖空气上升冷却而出现水汽凝结形成降雨。"北京市三面环山的地形，有利于暖湿气流形成抬升运动，而抬升过程中一遇到冷空气就容易发展成强降雨云团。"[1]所以，热岛效应导致暴雨更容易发生在城市中，由此引发的内涝也会更加频繁。

2. 天然水系被破坏

近年来，随着城市化的推进，城市建成区面积快速增加。天然湖泊、河流、水库等被人为填筑，城区水体覆盖率随之大幅降低，降低了湖泊调蓄分流雨水的功能，影响了城市防洪排涝的能力。根据资料显示：老北京市城区面积较小，1949 年时二环路以内城区面积为 109 平方千米，河湖水面积大，有中南海、北海、前海、西海、后海等大面积的水域，雨水调蓄能力很强，所以不易受淹。而现在北京城区面积扩大到了 1368 平方千米，其中建成区面积超过 90%，同时，原有湖泊面积缩小，湿地消失，洼地填平，新中国成立初期有湖泊 200 多个，目前仅有 50 余个，城区水面积所占比例由 5% 降为 2%。这就改变了整个城区的排水能力，雨水不能更快地通过排水系统流进河道。由此可见，天然水系生态功能被破坏，使原有的自然生态紊乱，加重了内涝的程度。

(二) 人工生态分析

在一个完整的城市生态系统中，人工生态和自然生态都必不可少，人工生态是按照人类理想设立的，两者相辅相成，协调发展。而人工生态系统的建立不够完善是内涝发生的另一个主要原因，具体分析如下。

1. 城市蓄水能力有限

由问卷调查统计结果（图 2）可以看出，北京市大部分地区没有蓄水装置的。利用蓄水装置收集雨水，通过雨水排水管输送至地下的雨水调节池，当降水量较大时，多余的雨水便排入小区的雨水管网，可用于冲厕所、洗车和浇洒绿地等。然而大多数居民还没有安装蓄水装置的意识，使部分雨水不能很好地循环利用。

2. 地面硬化，排水能力减弱

随着城市化进程加快，城市的地面建设大都采用混凝土或沥青等硬质材料，雨水无法渗透，加大了内涝的可能性。很多公园、停车场、运动场等都缺少阻拦和存储雨水的装置。从问卷调查结果（图 3）显示，城市绿地面积小，但为了增加观赏性往往都高出地面，这样使得草地的水反而流向道路，导致道路积水严重，造成内涝。

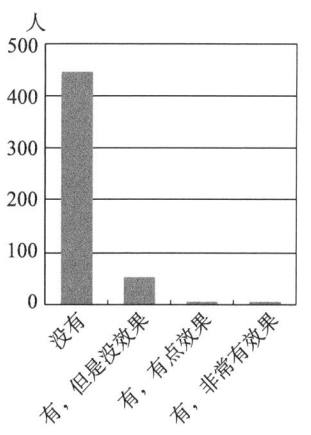

图 2 "居住地有效蓄水装置"调查结果

3. 城市规划短视，道路立交桥等设计存在缺陷

从问卷结果统计（图 4）可以看出，路面和沿街商铺、小区、地下车库、仓库、

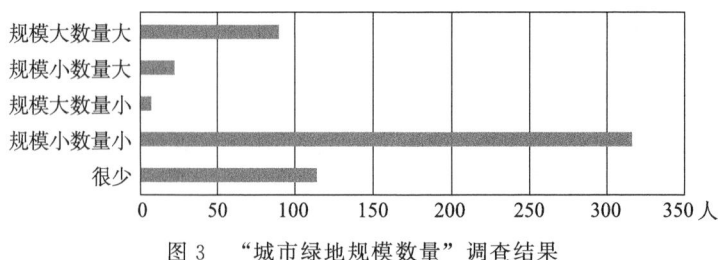

图 3 "城市绿地规模数量"调查结果

立交桥等地都容易出现积水,其中,立交桥的积水情况最为严重。这些场所与居民的生活息息相关,但是因为规划设计时没有充分考虑到防洪、防涝等因素,可承受的雨量太少,再加上这些场所多在地下或低洼处,所以,更容易形成内涝,给居民生活带来诸多不便。

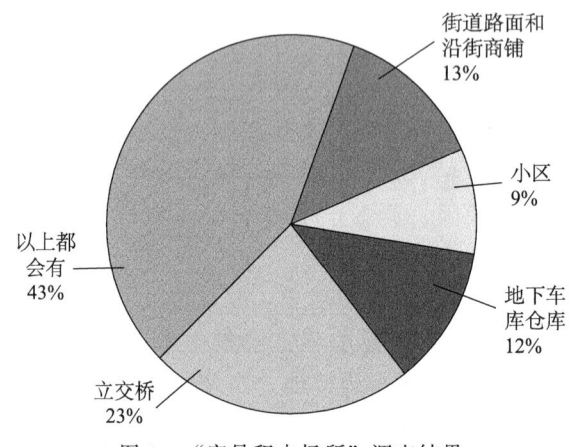

图 4 "容易积水场所"调查结果

根据资料显示:北京市城区多达 90 座下沉式立交桥,其中 78 座低于河道常年水位。由此可见,北京市立交桥设计缺乏长远眼光,下凹式立交桥防旱不防涝。比如广渠门桥、双营桥和莲花桥等所处地理位置均不利于排水,暴雨来袭容易给道路交通带来严重的安全隐患。而立交桥又是城市交通的枢纽,在解决人车分流、车车分流、节省土地问题上产生了重要作用。内涝致使立交桥长期积水,给人们的出行带来了很大不便,同时道路积水也引起了诸多安全问题。

街道路面、沿街商铺和地下车库积水多由北京市城市排水系统的规划赶不上城市发展所致。

(三) 社会保障措施分析

本文提出的社会保障措施是指政府为了达到防治洪水、减轻内涝灾害的社会目标期望而制定的一系列方略、法令、办法的总和。下列建议主要以问卷调查结果为基础、针对政府的社会保障措施提出。

1. 城市防涝法律不健全，监管不力

为了防治洪水、减轻内涝灾害，维护人民的生命和财产安全，保障社会主义现代化建设顺利进行，第八届全国人民代表大会常务委员会于1997年颁布了《中华人民共和国防洪法》，其中规定了符合防涝建设的一系列标准以及违反规定的处罚措施。但是《中华人民共和国防洪法》中绝大多数条文都是针对江河湖海，在城市排水方面却几乎一片空白。直到2014年北京市出台了《北京市防洪排涝规划（2004—2020）》等一系列有关法规和条例，随后各地陆续出台了各种排涝方面的条例，但这些都只是地方性行政法规并未上升到国家法律层面。反观国外，譬如美国、日本，不仅把城市排涝上升到了法律层面，还对城市内涝防治方面的措施规定得非常细致。日本早在1958年就制定了《下水道法》，1970年，日本召开"公害国会"，政府对1958年《下水道法》进行修改并明确规定下水道建设目标，并决定每年投入大量国家预算用于污水收集和排水系统的维护。日本在1992年还发布了《第二代城市下水总体规划》对地下排水系统做了更加细致的规划。1957年德国颁布《联邦水法》，2009年修订。《联邦水法》对城市水质，管理方面做出了细致的规定。美国除了各州通过立法措施防治城市内涝外，还建立了国家洪水保险计划（NFIP），采取了降低保险门槛、提高保险金额等措施。相比之下，中国城市内涝严重，但是专门针对城市内涝的法律较少。应该借鉴国外立法经验，尽快形成提案，健全法治体系。

2. 政府防洪防涝措施有待加强

调查结果看出，92.6%的人认为应重视排水系统建设。89.1%的人认为城市建设应该科学规划，将降水导入地下或蓄水库设施中。65.6%的人认为路面应增加排水井口，并保障井盖牢固。另外，有39.2%的人认为在易积水的低洼地段增设泵站抽水。同时，大部分市民希望政府进一步加强防洪防涝工作力度，健全以群众性、互助性、自防自治活动为基础的群防群治的组织体系。政府应该定期进行防汛演练，为治理内涝工作树立良好的标杆作用，以此推动城市生态稳定健康发展，共建美好生态家园！

总之，在现代化城市建设发展过程中，一定程度上破坏了原有的河流、水系等天然蓄水系统；城市的"热岛效应"也使得暴雨频发；另外，城市地表硬化，导致雨水无法有效下渗。这些都导致了城市原有生态系统被破坏，使得城市涵养水源的能力下降，最终引发严重内涝。因此，解决内涝问题、保护生态家园应该从多方面入手。

三、城市内涝防治建议

我国正在大力推进生态文明建设，并且"生态建设"成为"五位一体"建设特色社会主义总布局中的重要部分。所以，加强城市生态系统建设对根治内涝问题至关重要。

(一) 城市自然生态系统建设

1. 缓解城市热岛效应

对于北京市而言，暴雨虽然是在华北雨季发生的，但是城市热岛效应也起了一定的推波助澜作用。结合问卷调查发现，中心城区绿地较少，内涝灾害严重。对此，我们建议：首先，在中心城区增加城市绿地面积，建设生态公园；其次，中心城区人口密集，土地租金高昂，楼房之间距离很小，静风作用加重了热岛效应，因此，应该合理规划城市布局；第三，地铁开发不当，地铁站内排水系统落后，导致雨水难以顺利排出，因此，应该加大对地铁排水口的维修和检测力度、缩短维修周期，在雨季来临前做好检测、维修工作。

2. 保护原有水系

北京市中心城区自然水体较少，并且价值没有得到合理地开放和利用，为此，对筒子河进行了实地调查。筒子河呈方形，规则地环绕故宫一周，比街道的地势低，理应是一个很好的排水口。但实际情况是：暴雨结束后的筒子河一片狼藉，大量杂物漂浮，其排水口仅仅是在水下的一些破旧塑料管道。此外，采访了住在周围的居民，他们表示虽然管道有很多，但是常常被杂物堵塞，甚至部分管道根本不能排水，而是被周围居民和饭庄用于向河中"注水"。当暴雨来临时，内涝也不足为奇了。我们还走访了菖蒲河公园和左安门的龙潭湖公园，这种私接管道、乱扔杂物的现象普遍存在，而且成了暴雨时排水的严重阻碍。

基于以上调研，我们建议：首先，有关部门应该建立、健全有关制度法规并加强监督，禁止居民或企业私自在自然水体接入管道。同时，完善和维修排水口，在雨季来临前做好预防工作。其次，每个人都应该树立生态意识，选择绿色环保的交通工具出行，不用塑料盒、塑料袋，促进资源循环利用。居民用户尽量将民用煤改为液化气、天然气。最后，我们应该向身边的人宣传环保理念，共同维护我们的生态家园，使生态系统涵养水源的能力增强，防止内涝发生。

(二) 人工生态系统建设

1. 增加屋顶蓄水装置

在屋顶做好防渗工作的前提下，可在屋顶增加蓄水装置。当自然降雨发生时，打开保护盖将雨水存入；没有降雨时，将保护盖盖上防止昆虫及杂物落入。在经过初步净化以后，屋顶蓄水可用来冲洗马桶或清洗衣物。

2. 推动房屋顶绿化建设

对于北京市这种人口众多的现代都市，若要通过重新规划，增加并扩大地面绿地公园的数量和面积必然是困难重重。因此，屋顶绿化不失为加强绿化、提高蓄水能力的一种合理手段。屋顶绿化[2]也称屋顶花园，是指在各类建筑物、构筑物、城围、桥梁（立交桥）等的屋顶、露台或天台上进行绿化、种植树木花卉。屋顶绿化已在成都市等城市兴起，冰冷的建筑被绿色所环抱，田园风格与现代化都市完美结合，不仅沁人心脾，而且使城市蓄水能力显著提高，可缓解热岛效应。

3. 以持续发展的眼光规划路桥及城市排水系统

首先，对于未来城市路桥的规划，应充分兼顾防洪和防涝两个方面，提升抗洪、防涝标准。例如，路面采用吸水多孔的透水材料，在大量降雨时，雨水可通过透水材料进入地下，减少地表径流，从而减少内涝的发生。同时，可以补给地下水源，缓解地下水位下降问题。

其次，在道路两侧挖排水沟或者设置下凹式绿地。对于北京市已经投入使用的下凹式立交桥，我们实地考察了西直门立交桥，了解到现在下凹式立交桥的排水措施主要是桥下设置排水泵，桥体上设置排水管、雨篦子等。我们可以通过优化桥下雨水泵站，拓宽排水管并及时清理淤泥，增加雨篦子数量等方式缓解积水问题，提高立交桥下的抗洪、防涝能力。

最后，加快海绵城市建设步伐。海绵城市，是城市发展的新概念，是指城市在适应环境变化和应对雨水带来的自然灾害等方面具有良好的"弹性"，下雨时吸水、蓄水、渗水、净水，需要时将蓄存的水"释放"并加以利用。英国 Lafarge Tarmac 公司已经推出了一种名为 Topmix Permeable 的可透水混凝土材料，可以使大量的水自由地渗透到地面以下。北京市作为优先建设海绵城市的地区，应该借鉴成功经验，落实国家有关规定，加快、加强建设速度和力度。

（三）社会保障措施改善

1. 完善法制体系，提高执法部门监管能力

目前，国内城市防洪规划中缺少排涝专项规划，内涝防治无法可依。因此，相关部门可以对排涝建设、内涝防治等进行合理立法，完善法治体系。对于违法、违规行为，严格按照法律规定进行处罚。另外，要提高排涝设计标准，更新排涝系统建设。除此之外，监管和执法部门应加大监管力度。

2. 加大社会宣传力度，群防群治

我们在调查中发现，大部分被调查者对北京市近几年防涝蓄洪方面的工程建设了解甚少，比如，位于西五环东侧、阜石路南侧废弃多年的西郊砂石坑，已经建成雨洪蓄滞工程，有效缓解了城市排涝压力，但该工程却很少有人知道。而有关海绵城市等新理念，大家也关注甚少。因此，健全群防群治的组织体系，加强社会宣传力度刻不容缓。可以在电视、网络等媒体渠道投放内涝防治和生态城市理念的公益广告，使大众了解防治内涝与保护生态的关系，达到群防群治的目的。

（四）生态城市构想

基于以上对城市内涝问题的分析，我们从建立城市防洪管理措施数据库着手，

从地面和地下两个层面对建设生态城市进行构想（图5）。

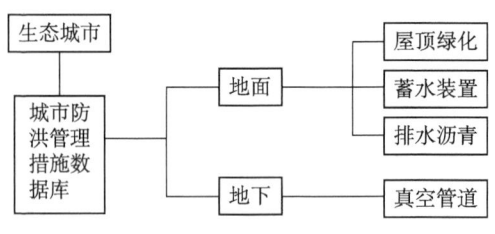

图5　生态城市构想

在大数据时代，建立城市防洪管理措施数据库已经成为美国、英国等发达国家的共识。在城市防洪管理措施数据库中，应该存有各区降水量的实时数据，包括地面和地下排水情况的历年数据等，以便为地面和地下的生态建设提供强大的数据支持。

首先，在地面推动屋顶绿化建设，绿化涵养水源。南方一些城市已经大规模推广屋顶绿化，但北方城市还没有普及。它不仅可以给高楼林立的现代化都市带来生机，还能在屋顶涵养水源，净化空气。

其次，在屋顶增加蓄水装置。当自然降雨发生时，打开保护盖将雨水存入。

使用透水材料铺制道路，降雨时可以把雨水快速透入到排水功能层，并将雨水横向排出。英国在路面建设中大量使用排水沥青，从而达到减少内涝的效果。我们可在积水严重地区，如路面和沿街商铺、小区、地下车库仓库、立交桥等地采用排水沥青等特殊材料，从而缓解路面排水压力。

最后，在地下建设真空管道排水系统，真空管道排水速度可以达到普通排水速度的3~6倍，并且真空排水管道口可以增加杂物切割机，将固体切碎、保护管道。

综上所述，解决内涝等生态问题不是一蹴而就的，需要系统、全面、持续地努力。不仅需要政府和有关部门重视，合理规划城市建设，恢复生态系统原有活力，也需要我们每个公民树立生态意识，不乱排放家庭污水、不乱扔垃圾堵塞河道，追求绿色环保的生活方式，共同为生态系统的建设添砖加瓦！

参考文献

[1] 陈莜云. 北京"7·21"和深圳"6·13"暴雨内涝成因对比与分析[J]. 水利发展研究，2013（1）：39-40.

[2] 陈佳. 屋顶绿化概论[J]. 科学咨询（决策管理），2009（1）：80.

环保视野下北京市废旧手机回收现状及对策研究

王鲁娜　朱　晨[*]

摘要：随着移动互联网的快速发展，手机已成为我们生活中必不可少的电子设备。废旧手机回收难的现状对生态环境和资源利用都造成了极大阻碍，解决废旧手机回收难题迫在眉睫。此次调研以北京市海淀区为主，结合国家环境保护的相关政策，探讨了废旧手机回收现状及民众的生态保护意识现状，分析了阻碍手机回收这一环节的主要因素及造成环境污染的原因，并从社会、企业、个人三个层面提出了解决该问题的对策建议。

关键词：手机回收　环境污染　资源浪费　环保意识

自1973年世界上第一台移动电话出现以来，手机以其便捷性、实用性给人类生活带来了巨大改变。随着移动互联网的快速发展、智能手机的普及、手机功能的多样化与全面化，手机已成为我们生活中必不可缺少的电子设备。中国的手机用户已达15.3亿，每年产生的废旧手机大约有2亿部。手机更新换代的频率也越来越高，用户平均更换手机周期已缩短至18个月。

与之不匹配的是，中国的废旧手机回收率尚不足1%。废旧手机不正确的处理方式，引起众多潜在危害：一方面是对自然生态环境的污染，一些不合理的废旧手机处理方法导致我国不少地区土壤重度污染，一些河段的底泥、水体中的重金属含量较高，成为重污染河段，而这些土壤水体中的有害物质需要至少20年才能完全降解；另一方面是对人体健康造成危害，电子垃圾焚烧所产生的有毒气体会破坏人的免疫系统，易于导致癌症等各类疾病发生。同时，废旧手机又被称为"都市矿山"，是一项未被人们重视却有极大利用价值的资源。如果对废旧手机进行合理有效地拆解处理，将废旧手机中的稀有贵重金属进行有效回收，便能大大减少资源浪费和地下资源开发，实现可持续发展。

基于废旧手机不能得到有效回收造成的资源浪费，以及原始回收方式对生态环境和人体健康造成的危害，我们开展了此次调研活动。本次调查主要关注废旧手机的回收现状及废旧手机回收中存在的问题，目的在于解决废旧手机回收难题，探求绿色环保的解决方案，减少废旧手机所造成的资源浪费与环境污染。

本次调查采取的是电子问卷和纸质问卷同时发放的方式。主要调查范围是北京市海淀区甘家口街道，同时也在大兴区、怀柔区、昌平区、朝阳区发放了少量问卷。

---

[*] 本课题指导教师王鲁娜（北京工商大学马克思主义学院），课题组组长朱晨（食品142班）；课题组组员：张新、杜雨婕、蔡淼、张丽楠（食品142班）。

共发出调查问卷550份,收回525份,回收率达95.5%;有效问卷525份,有效率达95.5%。考虑到青少年以及在职工作者使用手机及更换手机频率较高,我们主要对18~60岁的人群进行调查。其中18岁以下受访者占7.6%,18~30岁的受访者占52.4%,31~40岁的受访者占15.4%,41~60岁受访者占23.0%,60岁以上受访者占1.5%。学历在小学及以下的受访者占1.3%,初中的受访者占9.1%,高中或中专的受访者占21.9%,大专以上的受访者占67.6%。

一、手机使用情况及废旧手机回收现状[1]

(一)手机普及程度较高

工信部最新数据显示,截至2015年12月底,我国手机用户数达13.06亿,手机用户普及率达95.5部/百人。问卷中"您目前同时使用几部手机?"所调查的525位民众目前都拥有至少一部手机,这其中包括了18岁以下的未成年和60岁以上的老年人。调查结果显示(图1):65.7%的受访者目前只使用一部手机,26.9%的受访者目前同时使用两部手机,有7.4%的受访者甚至同时使用三部及三部以上手机。这表明在所调查的区域范围内,手机在不同年龄段都很普及。另外,随着智能手机功能越来越全面,人们在生活和工作中的需求日益增长,在大、中、小城市与城镇中,手机几乎成为人们必备的通信工具,有些人甚至同时使用多部手机。

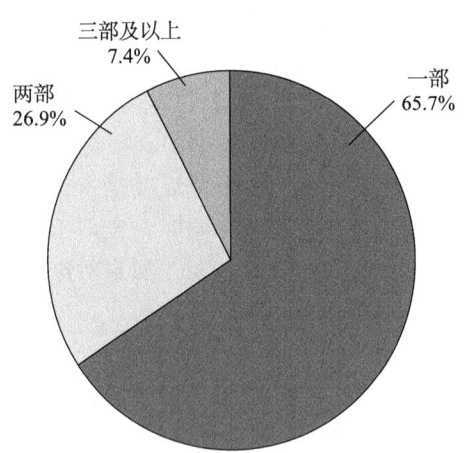

图1 "您目前同时使用几部手机"调查结果

(二)用户更换手机周期缩短

联合国环境规划署2012年发布的《回收——化电子垃圾为资源》报告说,目前全球每年废弃的手机约有4亿部,其中,中国有近1亿部,废弃手机回收率不足1%。

问卷中"您平均多久更换一次手机?"的调查结果显示,53.3%的手机用户在两年内就会更换一次手机，46.7%的用户会在两年以上更换一次手机，只有12.6%的用户会使用三年以上再更换手机。根据360网站发布的《旧手机回收价值调研报告》，用户平均更换手机周期已缩短至18个月。这些数据表明，在手机更新换代频率如此之快的大背景下，大部分用户已经不再是处于"手机坏到不能用了才换新手机"的情况了，而是用一两年就会换一部新手机。这种现象也造成了我国每年都会产生大量的闲置手机。工信部中国信息通信研究院发布的数据显示，2014年全年国内手机出货量为4.52亿部，而新入网用户仅为5698万，这组悬殊的数据表明，我国每年都会产生大量的闲置手机。与之不匹配的是，中国的废旧手机回收率尚不足1%。

（三）闲置手机数量大

问卷中"您的废旧手机如何处理"的调查数据显示（图2），76.6%的用户废旧手机会闲置在家，9.0%的用户会将废旧手机直接丢弃。而通过以旧换新、作为二手商品卖出、送人这三种方式处理废旧手机的用户占比较少，分别占20.0%、15.4%、16.8%。我国每年产生的闲置手机数量如此之大，而大部分人却选择将淘汰下来的手机闲置在家，甚至有些用户会将废旧手机直接丢弃。

手机总质量的40%为各类金属材料，包括金、银、钯等贵金属，因此，废旧手机的合理回收、利用不仅能有效避免污染环境，还能变废为宝。资料显示，从1吨废旧手机中可提炼出400克黄金、2.3千克银、172克铜。可见，废旧手机的合理回收可以充分利用资源并创造可观的经济效益。

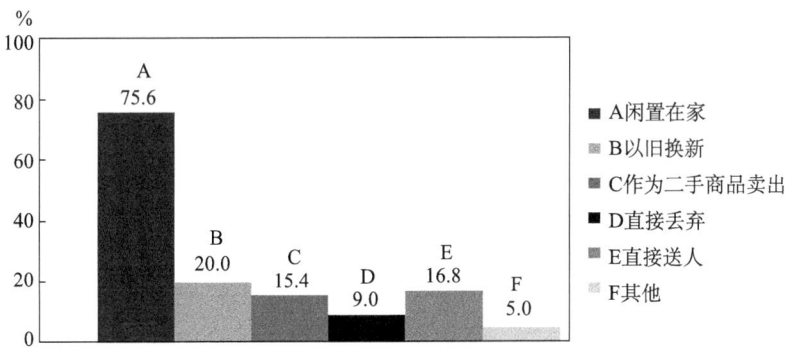

图2 "您的废旧手机如何处理"调查结果

问卷中"您家中有无闲置手机？（已无使用价值或不再使用）"的调查结果显示，58.3%的手机用户家中有一到两部闲置手机，30.3%的用户家中有三部以上的闲置手机，而仅有11.4%的用户家中无闲置手机。智能手机时代，很多人为了追求时尚、跟随潮流，更换手机的频率缩短到一年。根据网易手机更加广泛的调查，超七成的人选择将废旧手机闲置于家中。不难看出，将旧手机闲置家中、不去理会成了大多数人的选择,这也是国内普遍的现象。手机回收问题如此严重,却得不到人们的重视,造成这种现象的原因究竟是什么呢?

二、废旧手机回收机构有待健全,回收体系有待完善

(一) 废旧手机回收机构缺乏

问卷中"您觉得现在回收闲置手机的机构多吗?"的调查表明,50.5%的人认为回收手机的机构很少,45.0%的人认为回收手机的机构不是很多。

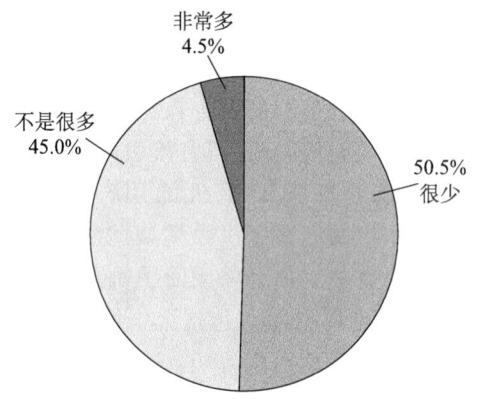

图3 "回收闲置手机机构数量"的调查结果

目前市场上手机回收的主要方式是门店、网上回收、手机厂家以旧换新。多年以来,个体商贩都是废旧手机回收的主力军,许多商城的店铺中并没有类似"手机回收"的标识,这些虽然不是专门回收废旧手机的机构,但只要跟揽客的商贩提到想出售二手手机,他们均会表示自己的店铺就可以回收。在这里,手机回收是一种"公开的地下生意"。人工门店回收模式的弊端是,消费者与店家都需要讨价还价,对旧手机价格评估没有统一的标准。而且废旧手机经常会被黑心的商家稍作改装处理后继续流入市场,安全性更是无法保障。

手机回收机构缺乏,没有专业规范的鉴定令回收手机变得十分复杂且存在许多隐患。消费者觉得变卖手机太麻烦,往往放弃回收,选择将废旧手机闲置在家或直接扔掉。因而,建立回收手机管理细则,设置专门的回收点是不可缺少的一个解决办法。

(二) 现有回收体系需要正规化

问卷中"您认为什么原因会阻碍您或身边人对废旧闲置手机进行回收处理?"的六条原因中(图4),缺乏回收站和回收门店,不了解旧手机处理途径,害怕个人隐私泄露,回收价格不合理是主要原因。还有16.6%的用户将废旧手机当做收藏纪念

品收藏于家中，8.8%的手机用户认为这是民众缺乏环保意识的结果。从调查结果不难看出，废旧手机回收的阻碍的确很大，且受阻原因复杂。

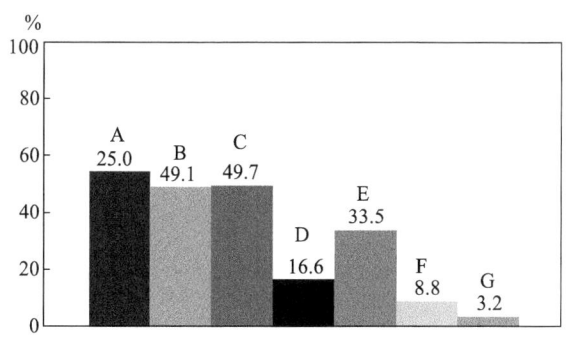

图4 "阻碍您或身边人对废旧闲置手机进行回收处理的原因"调查结果

一部市场售价千元的智能手机，其回收价格往往不到两百元，甚至只有几十元。使用时间越长，手机回收价格就越低，基本上是以垃圾的价格计算。消费者因无法接受低价回收手机，宁愿把手机放在家里也不愿意卖掉。其次，最令消费者担心的还是信息安全问题。的确有些不法分子会利用二手手机的交易信息、通信信息、银行信息等谋取利益或诈骗，或者一些人专门回收比较新的旧手机，换个外壳，恢复出厂设置（将手机格式化），当新机售卖，从中谋取高额利润，比如200元回收的旧手机翻新以后可以卖到1000元左右。再者，目前一些流动摊贩和个体户出于利益的考虑回收废旧手机，也有一些手机商城和营业厅为了吸引人气、增加销售量推出了阶段性的以旧换新活动。因此，手机回收难题的攻克需要我们保障消费者的利益与信息安全。科学环保、正规专业的回收体系的构建迫在眉睫。

三、公众对废旧手机回收的认知现状

（一）公众对废旧手机的回收现状并不了解

问卷中"我国每年产生约2亿部废旧手机，废旧手机回收率仅有1%，手机回收利用率很低，您是否了解这种情况？"的调查结果表明，仅有10.9%的用户了解这一事实，有89.1%的用户表示并不了解这种情况。手机回收率非常低这一现象与老用户不回收就新置手机有很大关系，然而大部分人又不了解这个现象，久而久之就形成了一个恶性循环，提高废旧手机回收利用率就会变得相当困难。

（二）公众的环保意识缺乏

问卷中"您认为回收废旧手机有哪些好处"的调查结果表明（图5），71.2%的用户认为可以减少废弃电子填埋，保护环境；56.0%的用户认为拆解的零件可以进

行资源再利用；42.3%的用户认为可以作为二手手机继续使用；38.3%的用户认为可以提炼旧手机中的贵重稀有金属；仅有极少部分用户在问卷中填写"回收废旧手机没什么好处"。可见民众对废旧手机回收的好处还是有一定的了解的，但废旧手机回收率还是如此之低，闲置手机数量惊人。

"了解但不行动"归根结底还是民众环保意识缺乏的表现，若能提高民众整体的环保意识，令消费者意识到废旧手机不正当的处理方式对生态环境危害的严重性，自觉对闲置手机进行处理，相信废旧手机回收难题也能迎刃而解。

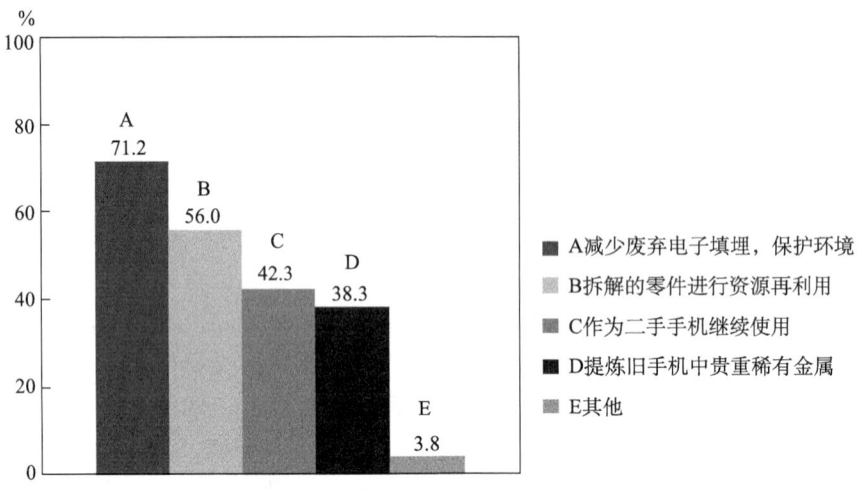

图5 "您认为回收废旧手机有哪些好处"的调查结果

四、对废旧手机回收的建议

问卷中"您认为回收闲置手机的责任应该由谁承担？"调查结果表明（图6），57.3%的用户认为应该由生产企业承担，44.4%的用户选择销售企业，40.0%的用户认为政府也有责任，25.5%的用户表示应该由消费者自己承担。可见废旧手机回收难题的解决需要我们每个人都投身其中，贡献自己的一份力。

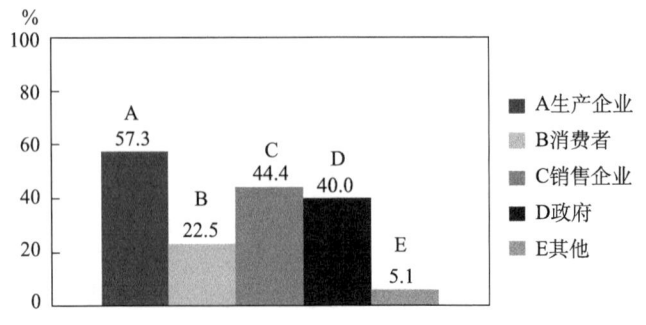

图6 "您认为回收闲置手机的责任应该由谁承担"的调查结果

目前，在手机回收利用方面居于世界前列的是欧盟，以及美国、日本等发达国家。它们已经建立起了较为成熟的法律体系和回收系统，并获得了相当可观的环境、经济效益。美国是将政府、厂商、民间联系起来由政府带头，厂商主导然后民间积极参与。英国实施的原则是：尽量翻新旧手机然后投入重新使用，从而减少废旧手机对环境的冲击。发达国家的做法显示了废旧手机的回收与利用是一项系统工程，需要从政府到生产、销售企业到消费者集体参与，值得我们借鉴[2]。

（一）完善法律法规，建立正规回收体系

由于回收涉及众多环节，因此企业、个人都难有能力来推行，除了增强市民的环保意识之外，回收需要政府部门的监管和支持。在我国已正式实施的《废弃电器电子产品回收处理管理条例》中，实施范围覆盖冰箱、电冰箱、电视机等，但仍不包括手机。许多发达国家规定，手机生产者要对包括废弃处理在内的手机的全生命周期负责，因此，手机的"逆流"已形成了明确的制度，主要包括委托运营商、生产商回收和第三方回收三种形式。但在我国，由于没有类似的明确规定，手机回收更多是个人或者创业公司的行为。

完善的法律法规是拓展手机回收市场的重要保障。我国已经在资源回收利用板块开始建立一系列的法律法规[3]。据悉：商务部新闻发言人姚坚就加快再生资源回收体系建设透露，商务部将加快出台《再生资源回收体系中长期规划》，完善再生资源回收法律法规，加大现有行业标准的贯彻落实力度，适当增加强制性标准的比例，制定再生资源回收利用目录，引导行业规范化发展。虽然再生资源回收体系正在完善，但对于手机的回收利用这一方面还尚未解决。因此，建立起一套完整的废旧手机回收制度刻不容缓，建立手机生产、销售、回收、再生产的循环机制和完整的回收体系。一方面政府制定相关政策，减少税收，扶持正规的环保企业从事废弃手机及配件的回收处理工作，另一方面取缔无证回收的小作坊，使废旧手机回收操作标准化。更重要的是加强监管回收后的手机，避免翻新机流入市场。

总之，回收手机应该在政府部门的倡导下，必须让有资质的专门机构进行，按照市场化运作，建立健全废旧手机回收机制。把手机回收从走街串巷式的地下产业链，转变为规范化、产业化的阳光产业链。

（二）增加规范便利的回收机构与站点

问卷中"您认为采取何种措施可以增加民众对手机回收的积极性？"的六条建议中：对于有偿性的回收、有便利的回收点、保证回收手机中信息的安全性这三条建议选择的人数最多，分别有 61.1%、52.4%、49.9%。可见废旧手机回收机构的缺少，对民众主动参与到回收废旧手机的行动中造成了很大的阻碍。另外，也有 38.7%的人认为变卖手机时须有统一的评估标准，45.1%的人认为需要加大废旧手机回收宣传、提高民众生态意识。35.2%的人认为公益性的回收也能提高民众的积极性（图7）。可见，大部分人都认为目前手机的回收机构并不普及。现有回收机构的不规范，令废旧手机回收产生诸多隐患，使民众对回收手机的参与度一直不高。

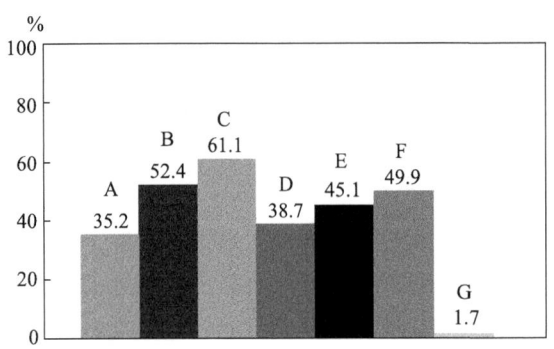

图7 "采取何种措施可以增加民众对手机回收积极性"的调查结果

因此，增加回收机构、站点和回收规范化是我们的首要任务。保证回收后手机的去向，保障回收手机中用户个人信息的安全性，防止回收手机流入不法商贩的手中；保证回收手机有统一的评估标准，防止手机回收价格过低导致民众积极性降低；增加便利的回收机构与站点，加大宣传，使民众了解废旧手机的回收途径。

（三）提高民众生态环保意识

问卷中"您身边是否有关于废旧手机回收的宣传？"的调查结果表明，53.7%的受访者表示没有接受过关于废旧手机回收的宣传，43.8%的人表示身边很少有这种宣传，仅有2.5%的人表示身边经常有宣传。可见，关于废旧手机回收的宣传力度并不够大。许多手机品牌都开展过手机回收活动，但效果均不很满意。民众对废旧手机的回收途径、回收现状、回收好处，以及废旧手机对环境和健康的危害都不了解，又何谈主动参与回收，配合企业活动呢？

问卷中"如果通过宣传，使您了解废旧手机对环境的危害和回收手机的好处，您是否愿意回收处理您的闲置手机呢？"的调查结果显示，90.9%的民众都表示愿意支持回收工作。这表明加大宣传力度，提升民众生态意识，有助于提高废旧手机的回收率。

45.1%的人认为加大废旧手机回收宣传，提高民众生态意识能够提高民众对手机回收工作的积极性。35.2%的人认为公益性的回收也能提高民众的积极性。众所周知，相比于西方的发达国家，我国目前城市化水平较低，经济发展也不是很均衡，民众对环境保护的意识尚待提高，需要多方面、多角度、多途径进行宣传教育。进行以环保为目的的公益性回收，也能提高公众参与环保的积极性，减少环境污染。如今，科技高速发展，手机更新换代的频率不断加快，因此，赶潮流已经成为众多年轻人频繁更换手机的主要原因，然而这种现象会对社会生态产生很大的危害，所以,们要坚持可持续发展,杜绝浪费现象。同时政府部门、社会舆论,以及各大媒体也应积极引导消费者转变消费观念,追求环保的消费方式,节约能源。

(四)减少资源浪费,科学合理回收

广东省汕头市潮阳区贵屿镇是全国最集中的从事废旧电子电器及塑料拆解加工的地方,当地的经营户有5169家,13万居民中有6万人从事相关产业,全年拆解废物量超过100万吨,收纳了全球40%的电子垃圾。在拆解的废旧电子产品中,手机占了相当大的比例。而这些手机几乎都没有经过环保处理,给当地的土壤、空气、饮用水和河流都造成了严重污染,对人们的健康也产生了极大危害。加快企业的改造升级,取缔非法工厂与原始处理方式,与节能环保集团在拆解技术研发、二手电子元器件和废旧金属交易市场等领域进行合作,迫在眉睫。

手机回收对保护环境、节约能源和带动社会效益起着积极的作用。如果有正规的回收再利用渠道,废旧手机就可变废为宝。美国环保局估算,美国每回收100万部手机,可熔炼3.5万磅(约合1.59万千克)铜、772磅(约合350千克)银、75磅(约合34千克)金和33磅(约合15千克)钯。如此,就可以少从地下采集同等数量的矿产。

由于手机和数码相机中含有可使用的稀有金属,我们可以把它们列入可回收的范围中,回收链条深入到各个方向,用专业的工具对手机进行消除个人信息等处理,进行前期处理。回收的手机可以被送到工厂低温焚烧,其中所含的资源能够被提取再利用。此外,废旧手机回收业可以提供多个工作岗位,政府给予主动配合回收工作的人员一定的资金奖励,以提高回收率。因此,基于手机回收的环境和社会效益,政府可通过立法对从事废旧手机无害化处置的企业给予政策扶持和资金支持,提高企业的积极性,促进手机回收技术的发展。

参考文献

[1] 何益波. 我国废旧手机回收利用现状与对策分析 [J]. 中国环保产业, 2007 (2): 43-46.
[2] 何益波, 李立清. 回收利用废旧手机积极应对电子污染 [J]. 江苏环境科技, 2006 (1): 60-61.
[3] 韦润香. 电子垃圾污染防治立法问题研究 [D]. 山西财经大学, 2007.

北京市居民使用新能源汽车状况的调研

陈凤芝　魏凯迪[*]

摘要：随着经济的发展，居民对汽车的需求日益增长，然而与此同时环境污染也日益严重。近年来，北京市政府陆续出台了各种政策推广新能源汽车，但情况仍不乐观，很多居民宁愿等很多年排队摇号，也不大愿意去使用有各种优惠的新能源汽车。反观部分发达国家新能源汽车的推广和使用都已日益完善和成熟，不仅解决了其国内能源短缺的问题，同时也保护了生态环境。为了更好地促进生态文明建设，建设美丽北京，本文在调研的基础上，分析了北京市居民目前使用新能源汽车的状况和原因，并结合国内外实际情况，从政府、企业、居民三个角度提出了完善北京市居民使用新能源汽车的建议，希望能够对北京乃至全国新能源汽车的发展提供借鉴，从而促进美丽北京乃至美丽中国的建设。

关键词：生态环境保护　新能源汽车　循环经济

基于我国目前生态环境破坏严重、空气质量不高、雾霾及其他各种有害气体污染加剧、能源紧缺和新能源汽车推广见效慢的实际情况，我们通过实地考察和网络调查的方式，深入了解了北京市居民目前使用新能源汽车的现状。调查问卷由小组成员在微信、腾讯QQ空间、新浪微博等社交媒体上发布，邀请网友们填写并回收问卷；另外，还前往4S店及访问北京市小客车指标调控管理信息系统等，收集相关问卷信息。共发放调查问卷660份，有效回收问卷660份，回收率达100%；有效问卷525份，有效率达79.55%。本次问卷主要调查了北京市居民新能源汽车使用现状及其对新能源汽车的看法、期望与建议。此外，根据调查数据及对发达国家新能源汽车发展的调查，我们从政府、企业和居民三个角度出发，提出了有关新能源汽车发展的观点和建议。希望能够对北京市乃至全国新能源汽车推广提供借鉴。

一、北京市居民使用新能源汽车的现状

（一）居民较少使用新能源汽车

首先，我们进行了新能源汽车使用情况的调查。在"您周围有人使用新能源汽车吗？"的相关调查中，有48.57%的人表示在自己的周围几乎没有人在使用；48%的人表示有少数人在使用；3.43%的人表示很多人在使用。可见，现如今新能源汽

---

[*] 本课题指导教师陈凤芝（北京工商大学马克思主义学院），课题组组长魏凯迪（工商141班）；课题组组员：姬晴（管科14班）、范博文（工商141班），张睿敏（人力141班），王子嫣（市场14班）。

车的普及度并不是很乐观。2001年，主要应用于新能源汽车的镍氢电池被列入国家"十五"计划的"863"重大科技课题，其规划了以汽油车为起点，向氢动力车挺进的战略。十多年来，我国已经将新能源汽车作为未来发展的重点。虽然如此，从调查结果来看，新能源汽车的使用现状令人堪忧，普及度远远不够。

（二）居民对新能源补贴政策了解少

从调查问卷"您知道国家针对新能源汽车的相关补贴政策吗？"一题来看，有37.71%的人表示完全不知道；56.57%表示有点了解；5.72%表示非常了解。然而，自2004年北京就推出了《北京电动汽车推广应用行动计划（2004—2017）》，其内容为："按照国家标准1∶1配套补贴。纯电动小客车2016年按续航里程不同分别补贴2.5万、4.5万和5.5万元；2017年按续航里程不同分别补贴2万、3.6万和4.4万元。燃料电池小客车2016年和2017年各补贴20万元。但补贴价格不超过售价的60%"。国家的补贴政策早已发布，但并不是所有的消费者都知道，甚至还存在37.71%的人完全不了解、一点都没有听说过的情况。这在一定程度上就大大减少了居民选择购买新能源汽车的欲望。所以，针对补贴政策到底如何补贴、如何宣传，我们还需要考量。

（三）居民对未来是否购买新能源汽车意愿不明确

目前我国新能源汽车的发展仍处于初步发展阶段，由于尚未形成规模经济，成本和价格相对较高，相关配套设施建设还需进一步加强。虽然新能源汽车实现产业化仍存在诸多问题，但其前景还是相当乐观的。预计到2020年我国将实现新能源汽车产业化，新能源汽车占汽车销售比例将超过10%，未来5年将是我国新能源汽车发展的黄金时期。但根据我们的问卷调查，结果显示：会购买的人数占18.29%；不会购买的人占20%；看情况的人占61.71%。所以大多数人还是打算静观其变，对是否购买新能源汽车处于观望态度。

（四）居民对新能源汽车的认同度低

新能源汽车的发展现状不容乐观。尽管新能源汽车近几年来成为我国重点开发项目，但是其发展现状不尽人意。由于新能源汽车技术水平不够成熟，再加上消费者对于新产品有一个从认识到熟悉的过程，这导致我国新能源汽车产品始终没能在北京市占据较高的市场份额。我们针对消费者对于"新能源汽车现阶段发展程度的认识"进行了调查。其中有8.57%的人认为新能源汽车现阶段在市场中已经很普及；9.71%的人认为新能源汽车与传统汽车使用水平基本持平；81.7%的人认为新能源汽车与传统汽车使用水平相差很远。可见，大多数消费者对于新能源汽车并不能够接受。与一直为人们所使用、习惯的传统汽车相较量，新能源汽车要想得到社会认同，仍然需要时间和努力。

（五）居民对新能源汽车未来发展持乐观态度

新能源汽车在未来发展具有很大潜力。目前，全球都面临着十分严重的生态问题。随着汽车数目的不断增多，全球能源逐渐紧缺以及生态环境日益恶化。开展绿色环保行动，减少碳排放的汽车已经成为全球汽车工业积极探索的焦点。而北京市近几年来比较严重的雾霾问题，更是让人们意识到了环保的重要性。在图1的年龄区间与在未来您是否会购买新能源汽车的相关性分析中，我们可以看到：在看情况购买中，有超过80%的人的年龄区间为18~25岁。在2020年后，这一年龄区间的人将会逐渐成为社会的中流砥柱，而他们对新能源汽车的态度，也就间接地决定了新能源汽车的发展。在"对于新能源汽车的发展，您是否看好"的调查结果中，认为新能源汽车对环保有好处，看好的人数占到了78.8%，这也就进一步表明了在18~25岁的人中大部分人都是看好新能源汽车的。尽管新能源汽车现阶段还未能在市场当中普及，但随着环保意识逐渐深入人心、新能源汽车技术的进步，人们对于新能源汽车在未来所能带来的环境改变还是抱有很大期望，其未来发展还是具有很大潜力的。

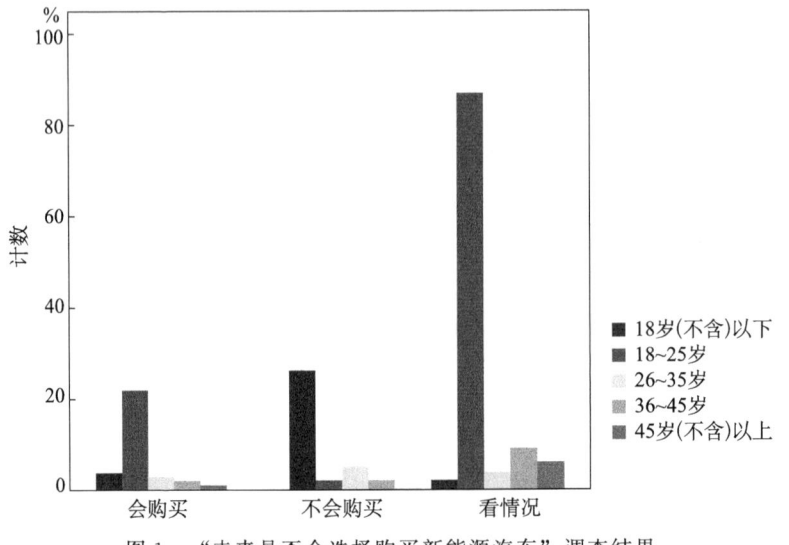

图1 "未来是否会选择购买新能源汽车"调查结果

二、北京市居民使用新能源汽车的原因分析

（一）居民选择新能源汽车的主要原因

新能源汽车相对于传统燃油汽车存在很多优点，而这些优点也就成了吸引人们购买新能源汽车的最大优势。

表 1 被调查者购买新能源汽车的主要原因

选项	比例
充电成本低	26.3%
时尚潮流	14.3%
节能环保	31.4%
国家政策鼓励（如不用摇号）	22.3%
其他	5.7%

如表1所示，节能环保和充电成本低是人们选择购买新能源汽车的主要原因。在我们本次问卷中也设计了相关问题。从结果来看，节能环保和充电成本低是人们最看重的新能源汽车优势，这也是新能源汽车开发最原始的初衷。随着人们环保意识和健康意识的提高，人们越来越关注自己身边生活环境的变化，同时也越来越在意绿色出行的重要性。在面对汽车尾气对于空气造成严重污染的问题时，更多人希望通过科学技术的发展来降低汽车尾气对环境的污染。因此，推广新能源汽车有其必要性与可行性。

（二）居民不选择使用新能源汽车的主要原因

1. 居民对于新能源汽车的认知度低

根据现阶段的市场销售规律来看，我们认为在决定一件新产品是否能够在市场上受欢迎的因素当中，从营销角度上讲促销是相当重要的。从我们的调查结果显示：52%的人对于新能源汽车有一点了解；29%的人知道新能源汽车；6%的人对于新能源汽车非常了解；13%的人认为新能源汽车是一个很模糊的概念。由此，我们可以看出，尽管新能源汽车是国家近几年来重点扶持的项目，但市场对于新能源汽车的熟悉程度却很低。由此可见，新能源汽车在北京市的市场推广工作并没有做得很好。

2. 企业技术创新瓶颈的制约

虽然新能源汽车已发展多年，但我国新能源汽车还处于发展中，仍有很多不足，而这些不足也成了大家不选择新能源汽车的主要原因。例如，混合动力汽车系统结构复杂，长距离高速行驶节能效果不明显；纯电动汽车蓄电池单位储存的能量太少；电动汽车电池较贵；燃料电池汽车使用成本高而昂贵等。在问卷调查中，人们最为关注的问题是充电等基础设施不足、汽车本身性能续航里程少以及充电时长，分别占19.4%、14.3%和13.7%。通过调查我们发现新能源汽车现如今存在的问题较多且均受大众所关注，而且主要集中在新能源汽车的技术领域，技术发展不成熟占76%。因此，我们认为企业应加大新能源汽车的研发力度，不断创新，以进一步满足居民需求。

3. 基础设施不完善

在我们的问卷调查中关于"被调查者认为新能源汽车与传统汽车相比存在哪些劣势"的结果分析来看（表2），人们不选择新能源汽车的原因除了企业自身的技术研发问题外，还受到新能源汽车的基础配套设施不足的影响。在调查结果中我们可以明显看出被调查者认为新能源汽车技术发展不成熟、配套设施不健全和电池的成本高是新能源汽车对比传统汽车的主要劣势。我们假设企业能够解决新能源汽车的技术研发问题，使新能源汽车能够在技术上领先。但是，如果政府没有对新能源汽车使用的基础设施进行投入和建设，那么对居民而言，选择购买新能源汽车仍旧有很大的顾虑，这也会进一步影响新能源汽车企业的发展。由此看来，新能源汽车的发展不光要着眼于其技术创新，同时也要兼顾其基础设施建设的规划，齐头并进，才能进一步促进新能源汽车的发展。

表 2　新能源汽车与传统汽车相比存在哪些劣势的调查结果

新能源汽车劣势	占比
设备重，体积大	18.29%
技术发展不够成熟	76.00%
系统结构相对复杂	22.86%
价格昂贵	41.71%
配套设施不齐全	65.71%
电池成本高	62.29%

三、完善北京市居民使用新能源汽车的相关建议

（一）政府角度

早在 2009 年，国家领导人就在联合国气候变化峰会上表示："大力发展绿色经济，积极发展低碳经济和循环经济，研发和推广气候友好技术。"新能源汽车符合这一发展目标，同时也能对保护人类赖以生存的地球做出贡献，政府应当对此提供一定的支持与帮扶。

1. 加大宣传力度

现阶段我国能源利用效率仍然很低，比主要参与经济合作与发展组织（OECD）的国家[1]落后 20 年，相差 10 个百分点。我国计划在"十三五"期间进一步普及新能源汽车、多能源混合动力车的使用，插电式电动轿车、氢燃料电池轿车也将逐步进入普通家庭。随着经济快速发展和能源消耗的加快，我国对可再生能源开发利用的税收扶持政策逐年增多。我们认为政府的政策干预可以对汽车产业起到导向性的作用。随着新能源产业发展全球化，支持可再生能源的开发利用，对于改善我国的能源消费结构将会产生重大意义，新能源产业的发展势在必行。然而在我们的调查中有 38% 的人完全不知道国家有什么针对新能源汽车的消费政策，这也就阻碍了我们国家规划的进一步实施。因此，我们建议在国家政策宣传方面应当加大力度，针对年轻人[2]在网络上进行宣传，不要被动地等待居民问询。我们要加强对可再生能

源的意义和利用方法的宣传,提高全社会公民的意识,提高全民参与的程度。

2. 加大补贴力度

国家应进一步加大资金的补贴以及不同形式的优惠政策。现阶段政府部门对于混合动力汽车的补贴按照节油率分为五档补贴标准,最高每辆车补贴 5 万元;纯电动汽车每辆可补贴 6 万元;燃料电池汽车每辆补贴 25 万元。我们在对购买原因与是否会购买的相关性分析时发现:购车财政补贴和免限号对于无论在未来是否会选择购买新能源汽车的群体中都具有很大吸引力,可见优惠政策对消费者非常具有诱惑力。这也体现出了国家出台的政策对于新能源汽车的发展起到了积极作用。而在持观望态度的人群当中,对于"上牌摇号"政策的关注占据了很大的比重。结合北京购车需要摇号的政策使得很多人都因摇不到号而无法购买传统汽车的情况,这一政策在很大程度上促使了人们转而选择新能源汽车。由此,我们建议政府应不光要采取"补贴"这种切实实惠的方式,还要出台相应的不同形式的优惠政策如免限号,这将进一步鼓励居民尝试购买和使用新能源汽车。

3. 完善基础设施

新能源汽车不同于传统的汽车,它有着充电时间长、占地面积大、充电电池不可拆卸等特点。我们在不考虑新能源汽车技术的进一步发展时,这些特点也就导致了我们在充电时必须具备有类似停车场式的充电站,这对于寸土寸金的北京市来说真的是个不小的问题。

在对"相对于传统加油站,新能源汽车充电站的规模及分布在什么程度,您可以接受?"调查时,21.14%的人选择接受远高于传统加油站;33.71%的人接受略高于传统加油站;32%的人接受等于传统加油站;累计 86.85%的人对于新能源汽车充电站的规模应该大于等于传统的加油站才可以接受。我们对比北京市和日本在加油站、加气站和充电站的数量以及密度上的差距,进一步分析我国的新能源汽车发展与新能源汽车发展较快的国家的差距。

由图 2 调查数据知[3],北京市加油站 914 座,充电站 90 座,加气站 94 座。充

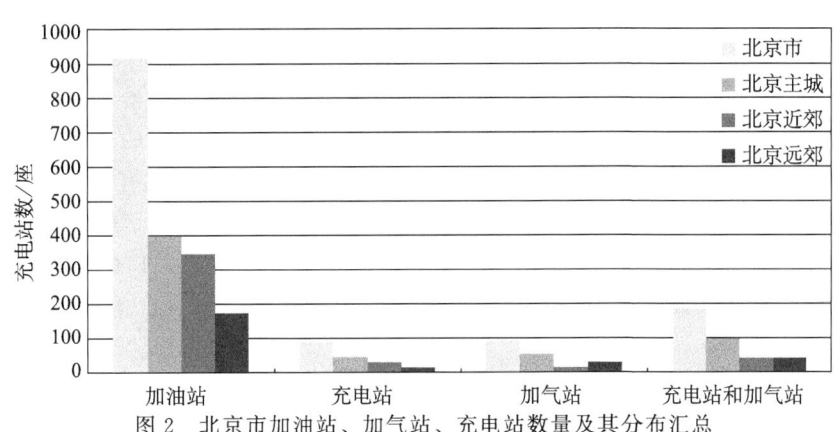

图 2 北京市加油站、加气站、充电站数量及其分布汇总

电站数量约为加油站数量的十分之一，加气站数量约为传统加油站数量的十分之一。假设目前北京所有加油站布局合理，符合顾客要求，可以满足市场需求。那么对比加油站主城区：近郊区：远郊区为 2∶2∶1 的分布，我们发现，北京市的充电站、加气站这些新能源提供设施则主城区偏多，郊区尤其是近郊区分布不足。并且据调查，现有充电站多为出租车、公共交通车、驾校和快递车在用，很多设施利用率低，相应的配套设施也不够完善。此外，这些充电站、加气站并非统一标准建设，这对于以后新能源汽车的规模化发展和民众使用的便利都造成了一定的影响。

表3 北京市加油加气，充电站的数量，密度和日本的对比

	加油站（座）	加油站占平原面积比	加油站占人口比（座/万人）	充电站（座）	充电站占土地面积比	充电站占人口比（座/万人）	土地面积（平原占地比率）（平方千米）	人口（万人）	人口密度
北京市	917	6.80	2.96	90	69.30	24.12	16412（38%）	2170.5	13.23%
日本	33510	0.95	0.38	40000	0.80	0.32	109572（29%）	12730	11.62%

由表3可以看出：北京的平原占比和人口密度与日本相差不大。从经济角度出发，加油站应该建立在车流量大的位置。大城市客流量较多，加油站在人口较多的商圈建立，数量较多。中、小城镇只在市中心有商业区，加油站选址集中在主干道和城镇的出入口，数量较少。加油站位置除了受交通、地形、商圈等因素影响外，一般按蜂巢型分布于蜂巢的六个角，所以，它们具有一定的可比性。由于目前北京市的加气站多是由改装的油气两用车在用，而这种车并不是新能源汽车，所以在跟日本的对比中，我们只考虑了充电站。在日本，电动汽车设施的数量已经超过加油站。日本公共场所充电桩和家用充电桩数量达到 40000 个，超过了日本 33510 个的加油站总数量。这主要得益于日本汽车充电速度较快，且在公共充电桩和家中均可实现充电。而北京市加油站数目 917 座，充电站才 90 座，充电站大概只有加油站数目的十分之一。可见，我们的充电站等新能源基础设施建设仍然处于起步阶段，是新能源汽车全面推广的一个重要阻碍。从充电站数目占土地面积的比重来看，北京每 69.30 平方千米才能有一个充电站，而日本仅 0.80 平方千米就有一个，日本充电站密度约是北京的 87 倍；从充电站占人口比重数目来看，日本每 3200 人拥有一座充电站，而北京则 241200 人拥有一个充电站，日本充电站占人口的比约是北京的 75 倍。所以就基础设施来说，北京离新能源发展较快的国家（日本），还有相当大的一段差距。

因此，我们认为，面对新能源充电站利用率低且不规范的现状，政府应积极履行其职能，进一步完善其公共基础设施——充电站的建设，进而才能使居民使用新

能源汽车无障碍，使得新能源汽车能够得到推广，最终达到我国"十三五"规划的目标，使新能源汽车逐步进入家庭，同时也使得我国的环境得到进一步保护。对此，我们还建议政府应当与新能源汽车生产设计的企业合作，在扶持企业继续技术创新的同时，设计并进一步规划城市的建设问题。其中，最为重要的便是针对充电站建设的考虑。

（二）企业角度

1. 加大新能源汽车研发投入

在消费者是否购买及其原因的调查结果中，充电情况是非常重要的考虑因素。根据问卷调查结果显示有30.29％的人表示1小时以内充满电可以接受；37.71％的人表示1~2小时可以接受；21.14％的人表示2~4小时可以接受；接受程度在4个小时以内的总比重就占了89.14％。由此推断，4小时以内是大众所能接受的。

现在的新能源汽车[4]一般用磷酸铁锂电池[5]，充电方式分为快充和慢充。以普通家用轿车为例，快充的话可以在半小时以内充满70％~80％，但是充电电流极大，对电池有损害，如果慢充的话则大约需要7~8小时才能充满[6-11]。由此看来，现在市场上的充电时长是无法满足大众需求的，有待改善。这也证明了新能源汽车的充电技术还需不断完善发展，其目前的技术水平仍然有很大的提升空间。值得一提的是，我国的比亚迪汽车股份有限公司在新能源汽车电池的技术研发上目前处于世界领先地位。

技术是企业的核心。而从企业的角度来看，我国的新能源汽车产业与国际巨头实力差距悬殊，缺乏核心竞争力。以特斯拉为例，特斯拉作为纯电动汽车品牌，通过开放专利以及与其他汽车厂商合作，大力推动了纯电动汽车在全球的发展。其在质量、安全和性能方面均达到汽车行业最高标准，并提供最尖端技术的空中升级等服务方式和完备的充电解决方案，为人们带来了最极致的驾乘体验和最舒适的消费体验。现阶段特斯拉的销售在中国更是达到了供不应求的状态。由此可见，并不是新能源汽车没有市场，只是我国目前在新能源汽车上的技术发展水平上仍然需要很大的提升。国产品牌新能源汽车在政府补贴后的价格多集中在15万元左右，尽管价格适中，但是因其性能、充电等问题使很多消费者不敢购买，而发展完善的高端系列却高达80万元，令人望而却步。所以，我国应该加强自主研发能力，不依赖国外产品，不要再让"苹果"一度垄断了手机产业的情况再次出现。我们认为企业在新能源汽车的研发过程中扮演着重要角色，企业应当注重产品创新，进一步加大技术研发资金的投入，着重提升自身技术，形成自己的核心竞争力。

2. 重视产品性能、消费者使用成本及价格

产品性能、消费者使用成本以及价格是影响消费者购买的主要因素。随着科技水平不断地提高，人们在产品的选择上也提出了更高的要求。通过我们对相关影响因素的调查，其结果显示，会购买新能源汽车的居民主要考虑的影响因素包括：使

用性能[12-16]、成本及价格,不会购买的人群中关注最多的是价格因素。这也体现出了新能源汽车现在仍处于发展阶段,仍然存在相对于传统汽车价格较高、性价比不高的问题。而选择看情况购买的消费者则更加注重性能和使用成本,可见,新能源汽车不光要在技术水平上更加成熟,更应注重产品自身性能和在购买之后的使用所需的花费[17]。因此,企业除了注重产品质量的提升,同时也要兼顾对产品售后服务的进一步推出和优化,并结合三大因素,系统地推行合理的营销方案,进而提高企业的销售额。

3. 加大市场推广

产品的市场推广在当今尤为重要。以华为手机为例,作为中国自主研发的手机品牌,华为不光占领了国内绝对的市场份额,更是在国际上都占有了一席之地。近几年来,国内的手机品牌层出不穷,魅族、创维、OPPO等,再加上一直以来长期霸占着市场的三星和苹果。在这样激烈的竞争环境下,华为依然能够突出重围,占据市场重要一席之地。2015年以来,华为开始在实体广告上大力投入,在各个机场都可见其大幅广告,甚至与三星发生广告牌语言竞赛的小事件。此外,华为还在时代广场展示大幅广告,凭借着这庞大的线下广告的投入,华为的品牌影响力快速提升。因此,我们认为新能源汽车在推广方面同样可以借鉴华为手机的经验,企业可以开拓与特斯拉汽车有明显区分度的产品,借助特斯拉的巨大影响力打开市场,从而获得市场影响力,使消费者知晓并了解产品。

(三)居民视角——应将环保意识融入到实际行动中

目前居民对新能源汽车购买热情不高的原因之一是不敢轻易尝试购买,大多数人都持观望态度。虽然国家已经出台了很多包括限行、摇号等政策,在一定程度上减少了汽车尾气排放量,但汽车尾气污染问题仍然没能得到有效解决。要想真正改善环境,就应当从源头上做起——减轻汽车尾气污染,我们认为居民应该清醒地认识到这一点。因此,居民应当更多地去了解、去尝试新能源汽车。现在大家普遍对于新能源汽车的印象都停留在很久以前一部分人群对于新能源汽车的感受。而现在随着技术的发展,在新能源汽车的很多问题上都有所改进,所以,居民应该更加积极地去尝试,去响应国家的号召。居民作为一个庞大的消费群体,能够对生产产生重要的反作用,极大的拉动经济增长、促进生产发展。党的十八大提出:建设经济繁荣、环境优美、生态良好的美丽家园是每一个公民义不容辞的责任。作为这个世界的一分子,我们居住在这里,我们都应该积极为生态环境的保护做出一份贡献,不应该总是口头上抱怨我们生活的环境越来越糟糕,而应该用实际行动去改变这种现状,从自身做起,从使用节能环保的物品开始,保护我们共同的家园。

参考文献

[1] 郑伟. 我国新能源汽车产业的现状与发展趋势 [J]. 汽车工程师, 2011 (10): 19-21.

［2］李文辉．新能源汽车产业链构建研究［D］．郑州大学，2012．
［3］赵亮．BYD公司新能源汽车发展战略研究［D］．山东大学，2013．
［4］李哲．纯电动汽车磷酸铁锂电池性能研究［D］．清华大学，2011．
［5］牛利勇，时玮，姜久春，等．纯电动汽车用磷酸铁锂电池的模型参数分析［J］．汽车工程，2013（2）：127-132．
［6］汤思佳．低碳经济背景下我国新能源汽车产业发展的对策研究［J］．中国高新技术企业，2016（19）：1-2．
［7］李大元．低碳经济背景下我国新能源汽车产业发展的对策研究［J］．经济纵横，2011（2）：72-75．
［8］吴时舫，徐春荣．低碳经济视野下的新能源汽车发展战略［J］．改革与战略，2011（8）：43-45．
［9］杨德锋．加油站选址研究［J］．中国石油大学学报（社会科学版），2006（3）：20-23．
［10］刘俊宝．加油站选址的原则和影响因素［J］．石油库与加油站，2007（5）：1-4．
［11］于林．加油站选址与布局［J］．石油商技，1999（4）：39-42．
［12］罗少文．我国新能源汽车产业发展战略研究［D］．复旦大学，2008．
［13］李金津．对我国新能源汽车产业的发展思考及相关建议［J］．工业技术经济，2008（1）：6-8．
［14］陈柳钦．新能源汽车产业发展的政策支持［J］．中国市场，2010（20）：84-93．
［15］金永花．日本新能源汽车市场推广策略对我国的借鉴［J］．东北亚论坛，2012（3）：105-112．
［16］孙浩然．日本新能源汽车产业发展分析［D］．吉林大学，2011．
［17］唐黎标．发达国家新能源汽车充电设施经验与我国的对策［J］．城市公共交通，2016（6）：70-72．

美丽乡村视角下民俗旅游发展情况调研

——以北京市怀柔区六渡河村为例

袁 雷 高 彤*

摘 要：在六渡河村，民俗旅游的发展不仅改善了生态环境，还推动了第一产业和第三产业的深度融合和发展，进而推动了经济的发展和人民生活水平的提高。然而，民俗旅游也存在着一些问题：破坏生态环境、冲击当地民俗文化、缺乏专业管理。为此，要大力发展民俗旅游，必须加大政府对民俗旅游的扶持力度、减小民俗旅游对环境的负面影响、大力弘扬和发展民俗文化、加强对民俗旅游的专业化管理。这样，才能在建设美丽乡村的过程中推动民俗旅游的发展，进而推动经济建设和生态文明建设的深度融合，实现经济效益、文化效益和生态效益的统一。

关键词：六渡河村 民俗旅游 美丽乡村 经济建设 生态文明建设

民俗旅游是指积极利用广大农村地区的民俗资源，大力推进旅游业的发展，积极推动经济发展和生态环境保护，实现经济建设和生态文明建设、经济效益和生态效益的有机统一。六渡河村位于北京市怀柔区渤海镇东南部，总面积约4.78平方千米，总人口553人（196户家庭）。六渡河村不仅因自然环境优美而出名，村庄内有著名的原始部落景区和秀美的怀沙河，2009年被评为"北京市最美乡村"，还因糖炒栗子享誉北京，2007年被誉为"京郊板栗第一村"。近年来，六渡河村积极发挥自身独特的自然条件优势，在建设美丽乡村的过程中大力发展民俗旅游，成为北京市民俗村，努力实现生产发展、生活富裕、生态良好的目标，为建设美丽中国贡献自己的力量。

本次调查主要采取实际调查问卷方式，由调查组成员到六渡河村实地发放给村民和游客填写，并当场收回。本次调研共发放问卷169份，收回169份，回收率达100%；有效问卷169份，有效率为100%。本次调研主要涉及以下几方面问题：被调查人员基本信息、民俗旅游发展概况、民俗旅游对生态文明环境和经济建设的影响、游客和村民对民俗旅游的态度等。本次调查目的在于了解六渡河村民俗旅游发展的成绩和存在的问题，并提出相应的对策。

一、六渡河村民俗旅游的发展成绩

在调研过程中，我们对作为经济建设和生态文明建设深度融合的民俗旅游进行

---

* 本课题指导教师袁雷（北京工商大学马克思主义学院），课题组组长：高彤（电子141班）；课题组组员：贾怡恬、赵慧敏、王孝义、杨腾迪、黄敏、李月然（电子141班）。

了全面的考察，重点考察了六渡河村民俗旅游的发展成绩。

（一）改善生态环境

民俗旅游的发展必须建立在良好的生态环境的基础之上。为了推动民俗旅游的持续快速健康发展，在当地政府的指导和支持下，六渡河村突出污染治理及生态保护的重要性，大力改善生态环境，使得生态环境取得了明显的改善（图1）。其一，实行环境整治村工程。六渡河村明确村庄道路改造、改水改厕、环卫设施、农房建设、卫生保洁、拆除违章等量化标准，以建立农村环境综合整治长效管理机制。为了实现这一目标，六渡河村建设了自来水、污水、秸秆汽化系统及汽化站，配套完善村庄内部道路、排水、生活垃圾收运、公共厕所、路灯等必要的基础设施。其二，大力开展绿化和建设湿地公园。由于绿化是美化乡村家园，改善农村环境、提升乡村品质的有效途径，六渡河村加大村旁、路旁、水旁、宅旁的绿化力度。由于湿地公园不仅有利于充分发挥湿地多种功能效益，还能满足公众需求和社会经济发展的要求，因此，为了达到保护湿地生态系统、维持湿地多种效益持续发挥的目标，六渡河村大力开展湿地公园建设。这对改善区域生态状况，促进经济社会可持续发展，实现人与自然和谐共处具有十分重要的意义。总之，生态环境的改善是民俗旅游开展的基础，而民俗旅游的开展有利于推动生态环境的改善。

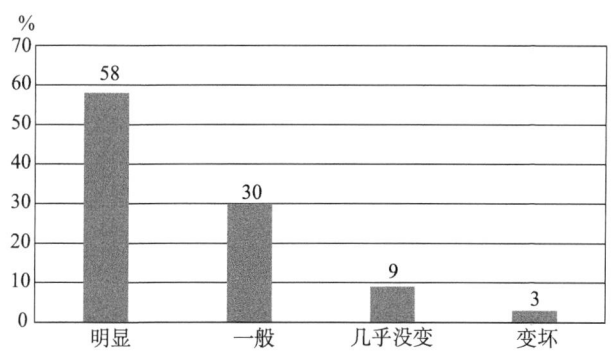

图1 "村庄环境改善程度"调查结果

（二）推动第一产业和第三产业的深度融合发展

六渡河村拥有4000亩（1亩＝1/15公顷，下同）板栗树，平均年产板栗250000千克，人均近500千克，是名副其实的"京郊板栗第一村"。然而，在发展民俗旅游之前，多数村民一直以板栗种植为主要收入来源，一旦收成不好或者是价格下降，其生活便举步维艰。随着民俗旅游的发展，作为第一产业的板栗种植不仅依旧是村民的重要收入来源，还成为推动作为第三产业的旅游业发展的重要手段，实现了第一产业和第三产业的深度合作和融合。在实践中，六渡河村以板栗产业为基础，以板栗文化为切入点，在吃、游、娱、购、住上下足功夫，大力推进民俗旅游的发展。一是在"吃"上做出新文章。游客不仅可以随时吃到现炒的板栗,还可以在农户家中吃板栗粥和板栗宴。二是在"住"上找到新感觉。农户家中结合板栗特色进行文化装饰,让住宿游客感受板栗文化农家特色。三是在"游"上点燃新亮点。依托每年6月板栗开花季节和9月收获季节,六渡河村推出板栗赏花节、板栗消夏节、板栗采摘节、板栗丰收节等活动,丰富乡村旅游文化内涵,吸引游客前来游玩。四是在"购"上展出新花样。六渡河村培育和建设板栗特色市场,出售生、熟板栗及深加工产品等,拉动乡村旅游业发展。五是在"娱"上找出新体验。六渡河村包装了面积60余亩的板栗采摘和认养园。园内有大板栗树71棵,中板栗树591棵,小板栗树418棵。游客不仅可以在金秋时节采摘板栗,也可认养栗树,体验农村生活,并能够现场炒制糖炒栗子,让游客体验板栗农耕文化,感受亲自采摘板栗、收获板栗的乐趣。根据调查(图2),六渡河村村民认为民俗旅游成为推动第一产业发展的最重要的因素,占比例为49%,远远高于其他因素。显然,作为第三产业的民俗旅游极大地推动了第一产业的发展。总之,民俗旅游推动了第一产业和第三产业的深度融合和发展。

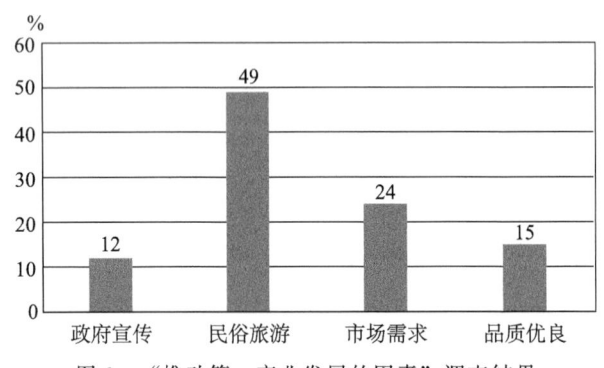

图2 "推动第一产业发展的因素"调查结果

(三)促进经济社会的发展和人民生活水平的提高

民俗旅游可以推动经济建设和生态文明建设的深度融合和协调发展,进而提高人民群众的生活水平,实现生产发展、生活富裕和生态良好的格局[1]。民俗旅游六渡河村非常普及:高达91%的居民对民俗旅游有一定的了解,其中有52%的人较为了解,只有9%的人对民俗旅游知之甚少;承办民俗旅游的居民很多,全村共有196户,553口人,其中旅游接待户70余户,占总数的38%,可以同时提供1000人住宿,1500人就餐。据统计,民俗旅游占旅游接待户总收入20%~35%的人数最多,占据50%;其次是占35%~50%,占据30%;另外占收入50%以上和20%分别占据10%。在发展民俗旅游过程中,六渡河村建设了板栗市场、湿地公园、亲水平台、栗花湖、科技展厅、板栗采摘、认养园、旅游咨询站等,拉动其特色乡村旅游业发展,进而能更好地发展当地板栗特色市场,不仅推动了第一产业发展,还提高了村民的收入和生活水平。早在2009年，六渡河村17户村民试种了2万棒栗树蘑，种植大户户均增收3000元，也使得栗树和栗树蘑取得双赢。

总之，民俗旅游作为六渡河村的主导产业，对于提高当地村民的收入和促进当地经济发展发挥着重要作用，改善了当地的生态条件，还推动了第一和第三产业的深度融合和协调发展，进而促进了当地经济社会的发展和人民生活水平的提高。有利于实现经济效益、社会效益和生态效益的有机统一。

二、六渡河村民俗旅游存在的问题

虽然六渡河村民俗旅游发展迅速，取得了重大的成绩，但仍存在一些问题，主要体现在以下几个方面。

（一）对生态环境的负面影响

人们往往将民俗旅游视为一种经济活动，偏重追求其经济效益，而相对忽略其对环境的影响。随着民俗旅游的快速发展，六渡河村的生态环境受到了一定的破坏。根据调查（图3），74％的居民认为生态环境与过去十年相比有很大污染，23％的居民认为污染适度，只有3％的居民认为污染很小。这些污染主要表现在垃圾污染、水污染、噪声污染和自然保护对象受损害等方面。

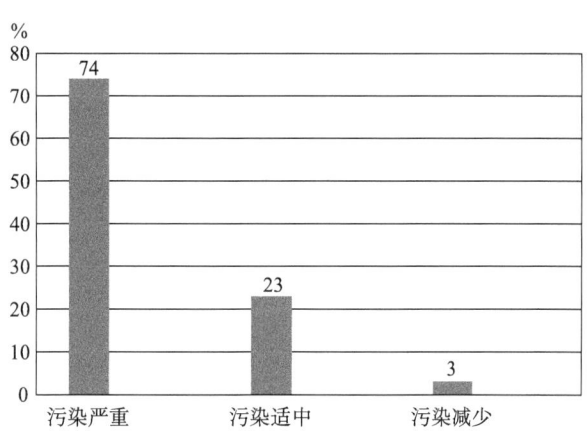

图3 "与之前相比现在的污染"调查结果

例如，作为六渡河村的母亲河——怀沙河像一条蜿蜒曲折的银色丝带盘绕在村前。以前的怀沙河环境优美，生态平衡，河中生存着许多不同种类的鱼、虾、蟹，不仅可供村民灌溉、捕鱼，使六渡河村得以繁衍生息，还为村里的孩子们提供了玩耍嬉戏的场所。虽然六渡河村依靠这一道清水打造生态和谐的度假观光圣地，但是随着旅游业的兴起与发展，怀沙河的生态平衡逐渐遭到破坏，不仅出现了水位大幅度下降的现象，而且河中鱼、虾、蟹的种类和数量都大大减少。出现这种现象的主要原因有两个方面。一是人们的生态环境保护意识较差。部分游客没有养成爱护环境的良好习惯，在旅游过程中乱扔乱吐，不注重个人文明行为，景区内垃圾随意乱丢，污水、污物随处可见。同时，当地居民也缺乏对环境保护的重视，没有深刻意识到环境保护与自身利益息息相关，不仅没有采取有效措施疏导旺季游客过分集中的现象，也没有采取有效措施制止游客对生态环境的破坏。二是开发过程中缺乏整体的规划和保护。在六渡河村，随着民俗旅游的发展，旅游设施开发与日俱增导致很多完整的生态地区被逐渐分割，使生态环境面临前所未有的人工化改造，甚至出现了对旅游资源做过度性、掠夺性开发的情况。总之，民俗旅游的发展客观上对生态环境造成了一定的破坏。

（二）冲击当地传统民俗文化

民俗文化是我们民族文化的重要组成部分，不仅可以推动传统民族文化的复兴，还可以推动民俗旅游的发展。六渡河村的民俗文化主要以板栗文化为主。在发展民俗旅游的过程中，六渡河村以板栗文化为立足点，逐步形成了"游栗花沟美景，饮板栗美酒、品板栗宴、铁锅鱼美食"的旅游发展模式，使游客在娱乐中得到全新的体验，极大地推动了民俗旅游的发展。然而，我们发现板栗文化的传承者要是靠种板栗作为其家庭主要收入来源的中老年人，鲜有年轻人热衷板栗文化。这一方面是因为年轻人大多外出求学和上班，没有更多的机会接触当地的板栗文化；另一方面是因为市场经济和民俗旅游的发展使得年轻人有更多的机会了解外面的世界，而不再热衷于板栗文化。然而，等热衷于板栗文化的中老年人逐渐老去之后，这个民俗村该如何发展下去呢？这种民俗文化的淡化不仅影响着民俗旅游的发展，也影响着中国传统民族文化的继承。这些传统民族文化所包含、传递的文化基因，对于现代人和现代社会仍具有现实价值。显然，我们需要为传统文化注入新鲜的血液，使那些带着浓厚的民族情结的文化能借助民俗旅游业的发展得到传承和弘扬。总之，民俗旅游的发展客观上使民俗文化受到冲击。

（三）缺乏专业的管理

根据我们的调查，六渡河村民俗旅游的发展缺乏专业的管理。譬如，在进行民俗旅游的过程中，游客一般居住在当地居民的家中，而非酒店和旅馆。许多游客反映居住的卧室没有独立的卫生间，有诸多不便，无法得到酒店一般的专业服务。出现这种现象的原因有两方面：一是从整体上缺乏管理人才对民俗旅游进行管理；二是村里有文化修养的年轻人大多在外工作，使得村里大部分的管理人员都是文化水平较低的中老年人，导致游客的居住环境达不到专业水平。当然，民俗旅游的管理应该有自身的特色。游客主要体验当地的民俗文化和民俗生活，过于专业化的管理会丧失当地的文化特色，减少游客的兴趣。因此，要更好地发展民俗旅游，必须结合当地特色进行必要的专业管理。

总之，缺乏专业的管理成为制约民俗旅游持续发展的重要因素。六渡河村的民俗旅游发展存在的问题，也是广大农村地区在建设美丽乡村、积极利用自身条件开展民俗旅游过程中所遇到问题的集中反映，必须引起我们的重视。

三、六渡河村民俗旅游发展的对策

基于以上调研结果，结合六渡河村民俗旅游的情况，我们认为，应该从以下几方面加强六渡河村民俗旅游建设。

（二）加大政府对民俗旅游的扶持力度

民俗旅游作为一种回归田园、体验民俗的旅游方式，成为现代旅游的一大亮点。然而，人才缺乏、资金缺乏等问题使乡村旅游在发展过程中困难重重，这些问题单靠农民自身的力量无法从根本上解决，需要政府有所作为[2]。根据调查（图4），67.5%的居民认为民俗旅游发展的主要制约因素是缺乏政府的政策扶持，5.5%和8.0%的居民认为是缺乏人才和交通不便，19%的居民认为是受季节限制。显然，缺乏政府的支持，是目前民俗旅游的开发和发展存在的主要制约因素。在六渡河村，虽然政府在支持民俗旅游发展过程中做出了重要的成绩，但是，民俗旅游的进一步发展仍然需要政府的政策支持。例如，加大基础设施建设、改善生态环境、培养当地管理人才、提高当地村民文化素质等，都是仅仅依靠村民的力量是无法解决的，必须得到政府在政策和资金方面的支持和引导。总之，只有得到政府的大力扶持和科学指导，民俗旅游才能在正确的轨道上不断发展。

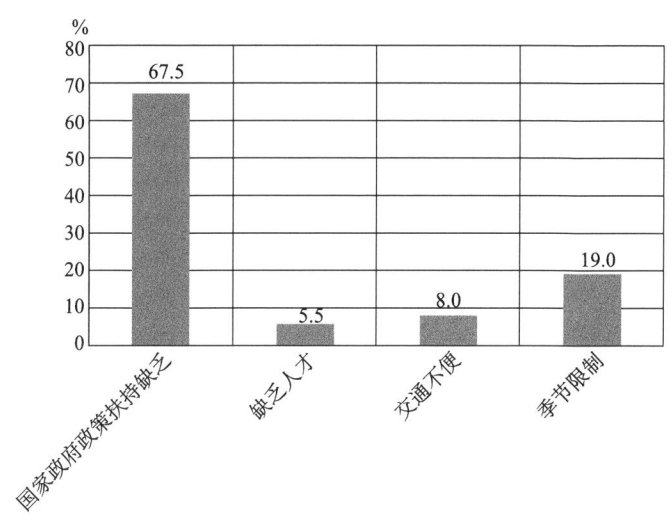

图4　"制约民俗旅游持续发展主要因素"调查结果

（二）减小民俗旅游对环境的负面影响

1. 增强人们的环保意识

针对游客在民俗旅游中存在的一些破坏环境的行为，必须加强宣传文明旅游的力度，充分运用微博、微信、微视、微电影等现代传媒手段，大规模、多渠道地向全社会倡导文明旅游和环保旅游的理念，以增强游客的环保意识。针对部分居民的环境保护意识不够和民俗旅游的自身特色，必须充分利用互联网、广播、电视和科普读物等媒体，普及农村环境污染治理知识，提高农村居民的环保意识，使他们意识到环境保护和经济发展相统一的重要性。同时，必须充分发挥新闻舆论的监督作用，对旅游中不文明行为，及时进行曝光，警示游客、影响公众，让游客时时处处感受到文明旅游的浓厚氛围。显然，增强人们的环保意识是保护环境的基本前提。

2. 加大对环境污染的治理力度

针对民俗旅游对六渡河村造成的垃圾污染和水污染等情况，必须加大对环境污染的治理力度。在六渡河村，虽然现在每周会有一名村民打捞河中垃圾，以阻止水资源遭到进一步污染，但是这无法从根本上解决问题。因此，在污染源短时间内污染得不到有效减少和消除的情况下，必须增加环保工作人员。环保工作人员一方面可以管理游客，劝阻他们不要随地乱扔垃圾，以免环境遭到污染；另一方面可以及时处理污染，打捞河中的垃圾、进行垃圾分类和回收等，以保持良好的生态环境。虽然保护环境不能产生直接的经济效益，却能为经济可持续发展提供有力的保障。因此，在民俗旅游发展与环境保护之间寻求一个平衡点，这样，才能在利用生态条件的基础上发展民俗旅游，在发展民俗旅游的过程中积极推动生态环境保护。显然，要做到生态环境与经济平衡发展，需要人们在增加生产和发展经济的同时，注意环境的保护与改善，使自然、人类和社会经济持续健康发展，达到自然和人类的和谐、发展和环保的统一。总之，加强对环境污染的治理是改善生态环境的关键。

（三）大力弘扬和发展民俗文化

1. 深入挖掘民俗文化内涵

六渡河村作为民俗文化村的重要代表，逐渐成为处于商业文明社会中人们旅游的重要去处，反映了城市居民对乡村生活宁静与舒适的向往。民俗旅游的发展必须要与当地生态优势、乡土人情、特色文化充分结合，是建立在民俗文化、民俗意识和乡土特色等元素的基础之上的。因此，在民俗文化受到冲击的情形下，必须在现代社会条件下，进一步挖掘民俗文化的内涵、树立民俗意识，保持乡土特色。在开展"游栗花沟美景，饮板栗美酒，品板栗宴、铁锅鱼美食"的旅游发展模式的基础上，必须深化挖掘六渡河村民俗文化的内容，必须将民俗旅游与当地文化发展相结合，推动经济建设、文化建设和生态文明建设的协调发展。这就需要邀请专家学者和专业导游人员对民俗文化内涵作深入的讲解和再加工，进而丰富和发展民俗文化的内涵。显然，深入挖掘民俗文化的内涵，是大力弘扬和发展民俗文化的前提。

2. 加强对民俗文化的继承和发展力度

六渡河民俗村被誉为怀柔区"京郊板栗第一村"，以板栗产业为基础，以板栗文化为切入点，形成了"游栗花沟美景，饮板栗美酒，品板栗宴、铁锅鱼美食"的旅游发展模式。现代化和民俗旅游的发展在冲击民俗文化的情形下，也为民俗文化的发展提供了新的契机。因此，当地居民更应该继承和弘扬板栗文化，不仅将其看作是发展民俗旅游、提高自身生活水平的重要抓手，还要充分意识到民俗文化对于弘扬和发展中华民族优秀传统文化的重要性，对于现代人和现代社会具有的现实价值和意义。尤其是，必须在老一代人的带动下，鼓励和教育年轻一代充分认识到以板栗文化为代表的民俗文化的重要性，并将其继承和发展下来。当然，在继承和发展的过程中，必须在现代化的进程中，对民俗文化不断注入新鲜的血液，使那些带着浓厚的民族情结的文化能借助民俗旅游业的发展得到更好地传承和弘扬。显然，加强对民俗文化的继承和发展，是弘扬民俗文化的关键。

（四）加强对民俗旅游的专业化管理

1. 大力培养本地管理型人才

在六渡河村，由于管理人员基本上是当地的中老年人，不仅很少有年轻人参加，而且有管理能力的人才很少留在本地发展。这导致了缺乏管理人才成为民俗旅游专业化管理的首要问题。因此，必须大力培养民俗旅游的管理人才，尤其是要积极鼓励当地年轻人积极参与民俗旅游的发展，参与到民俗旅游的管理中去。由于当地的许多人受过高等教育，思路开阔、见识广博、充满活力与朝气、富有创新精神，而且了解当地文化特色，更适合成为民俗旅游的参与者和管理者，进而为六渡河村的民俗旅游的持续发展注入新鲜血液。显然，只有大力培养管理人才，才能为民俗旅游提供专业的管理保障。

2. 加强统一的管理规范和标准

游客到达六渡河民俗村后，在住宿时大都希望住在有独立卫浴的房间中，但大部分民俗户却无法提供，这给游客们造成了诸多不便。因此，对民俗旅游进行专业管理，尤其是加强统一的管理规范和标准是必须的，这样才会避免生活、环境、文化的一系列问题。在六渡河村，要改变游客的住宿难题，必须在培养管理型人才的基础上，加大对游客居住环境的改善力度，尤其是对游客居住的房间进行专业化管理，一切从游客的实际需求出发，充分满足游客的正当的合理的诉求。这样，才能使游客享受到满意的民俗旅游，才能推动民俗旅游的持续健康发展。显然，加强统一的管理规范和标准，是对民俗旅游进行专业化管理的关键。

总之，随着经济社会的持续发展，人们闲暇时间和收入不断增多，民俗文化旅游的重要性不断凸显。作为有着丰富民俗文化的文明古国，我国有着发展民俗文化旅游的坚实基础，因此，广大农村地区合理开发和利用好民俗旅游资源，可以推动美丽乡村建设不断取得新的进展，为建设美丽中国贡献力量。

参考文献

［1］北京市农村工作委员会．北京最美丽乡村休闲攻略［M］．北京：经济日报出版社，2014．
［2］北京市农村工作委员会．2006－2010年北京最美的乡村［M］．北京：经济日报出版社，2011．

关于北京市推行智能分类垃圾箱、优化城市生态环境的调查研究

赵春丽　刘玉珍*

摘要： 近年来，北京市在全市范围内开始试点推广智能分类垃圾箱，只要扫描二维码，垃圾箱便能够自动开启。通过这些二维码，系统能够精准记录每户分类投放垃圾的情况。此举旨在培养用户的分类习惯，提高垃圾回收的精准率，同时，降低处理成本，减少土地资源的消耗。既避免了传统填埋或焚烧方式所产生的污染，又可以变废为宝。让垃圾分类之路从粗放型向精细型转变，真正的实现资源可持续利用，更有利于创造干净卫生的宜居环境，提升城市生态文明。

关键词： 垃圾分类　创新智能　生态保护

城市垃圾处理是关系到城市环境保护和资源再利用的重大问题，垃圾分类是处理城市生活垃圾的基础步骤和重要环节[1-3]。本文运用资料分析方法，全面分析了北京市推行智能分类垃圾箱的收益和推广使用中的困难和问题，并通过问卷调研方法，考察了北京市居民对智能分类垃圾箱的认知与评价，分析了北京市推广智能分类垃圾箱中存在的困难，并提出了相关政策建议。

一、智能分类垃圾箱简介

二维码智能垃圾分类项目主要由三大硬件设备组成——一个垃圾袋自助发放机、一台智能垃圾分类专用收集箱以及一个可回收垃圾智能回收平台。它利用了目前流行的物联网、二维码等技术，居民从领取垃圾袋开始，到投放垃圾，都是智能化操作。

（一）垃圾袋自助发放机

垃圾袋自助发放机的主要流程为物业管理处借助智能垃圾管理系统，根据社区业主的居住信息（单元楼、房号、业主身份信息），为每一位业主分配专属的"智能二维码"卡。业主只需在"垃圾袋自助发放机"上扫描一下"智能二维码"，即可获得厨余垃圾袋和其他垃圾袋各一卷，垃圾袋上有对应二维码，扫描即可自动打开对应的垃圾箱门，这样就不会出现投错垃圾箱的问题了。此外，还极大程度上简化了垃圾投放，无论男女老少，只要使用对应的垃圾袋，皆可通过垃圾袋自助机来进行

---

* 本课题指导教师赵春丽（北京工商大学马克思主义学院），课题组组长刘玉珍（会计142班）；课题组组员：林瑄、马业尧、王潇、李宜蔚（会计142班）。

有效地垃圾分类，这加大了垃圾分类在居民中的普及。

（二）智能垃圾分类专用收集箱

相较于传统垃圾箱，智能垃圾箱新增二维码扫描头，通过扫描垃圾袋上的"厨余垃圾"和"其他垃圾"两种二维码，对应分类垃圾盖子便会自动打开。这样不但不会出现投错箱口的问题，还解决了日常投放垃圾时很多人不愿意用手接触垃圾箱的问题。设备面板上还有电子屏，会自动将用户投放的垃圾称重计量并显示出来，整个过程不超过20秒，十分方便快捷。此外，该设备还配置了脚踏自动开关，防止由于二维码读取识别困难或者居民投放垃圾时二维码标签丢失破损等原因无法自动扫描开仓。

（三）智能垃圾管理系统

智能垃圾管理系统的工作原理主要由三个步骤完成：

首先，试点小区的每户居民都有一张专属的"智能二维码卡"，也就是每个家庭垃圾的专属"身份证"，通过扫描二维码可获得标明"厨余垃圾"和"其他垃圾"的垃圾袋各一卷，同时垃圾袋上也印上了和居民"一户一卡"相对应的二维码图标。

其次，为了激励居民进行垃圾分类，该系统设置了"积分兑换礼品"系统。居民只要正确扫码和投放，就能根据不同的垃圾重量产生不同的积分记入账户，通过官网即可兑换生活用品、电话卡、购物卡。例如，30千克报纸能计3000积分，能兑换30元的话费充值卡。对于旧家具、电子产品等"大件"的可回收物品，市民也可以通过微信公众服务号"e回收"进行申请，就会有专门的回收员与市民联系并上门收取。

最后，对居民投放的垃圾，智能分类垃圾箱会将其准确分类和称重计量，统计垃圾的质量、种类和投放时间，精确跟踪垃圾去向，并生成分类数据上传云端物联网管理平台，并基于云端自动化分析并预测垃圾数据趋势，为清运资源的分配、可回收垃圾的再造利用、政府监督执法工作等提供精准的大数据依据。

二、北京市推行智能垃圾分类系统带来的益处

（一）带来长远的经济效益

把垃圾分类和回收，并不代表把所有的垃圾都回收，这样绝不会有任何经济价值，相反会成为政府很大的负担。智能垃圾分类系统是从垃圾制造的源头着手将其初步分类为"厨余垃圾"和"其他垃圾"，为垃圾后续再分类工作节省了大量人力、财力。从短期来看，政府需要在宣传教育以及垃圾后续处理设备方面投入较大成本，但从长远来看，一旦整个智能分类处理系统完善，就会在科技领域、市场带来巨大的经济效益，并为国家未来环境治理和绿色生态工程节约大量成本。

（二）提高居民垃圾源头分类的环保意识

能让垃圾分类的关键不在于垃圾箱有多智能，而在于如何提高居民垃圾分类的意识。基于我国居民垃圾源头分类意识薄弱的客观事实，智能垃圾箱对垃圾分类进行的精细管理，也不失为强迫人们对垃圾进行分类的硬性手段。在投放垃圾前得先让分类意识"扫扫码"，同时积分兑换相应礼品，实实在在"变废为宝"的额外服务更是给足人们新鲜感。再结合必要的宣传讲解，提高居民对垃圾如何分类的科学认知，培养良好的垃圾分类习惯。在智能垃圾分类系统的推广实践中，也必将提升人们的环保意识，推动人们的环保实践。这也正与国家发改委《垃圾强制分类制度方案（征求意见稿）》的最终目标不谋而合。

（三）能切实保护生态与节约资源

废弃的电池含有金属汞、镉等有毒的物质，会严重危害人体健康；生活垃圾中有些物质不易降解，使土地受到严重侵蚀；恶臭的河流导致植物疯长变异的事件常有发生。垃圾分类，通过原生垃圾零填埋，去掉可以回收的、不易降解的物质，就能减少60%以上的垃圾数量。进而，能减缓土地污染恶化程度，减少河流污染，避免新病原的产生。从源头上抑制垃圾中有毒物质在生态食物链中的传递和积累，使我们居住的生态环境保持自然健康的状态，生活垃圾与工业垃圾是再生资源的两大来源，其中又以生活垃圾为最主要源头。因此，要解决再生资源回收难题，就必须高度重视生活垃圾的处理问题。这些垃圾里最有价值的就是那些可回收垃圾，主要包括废纸、塑料、玻璃、金属和布料五大类。通过综合处理回收利用，1000千克废纸可造好纸850千克，节省木材300千克，比等量生产减少污染74%。而不可回收垃圾中厨余垃圾比较有价值，他们多数是剩菜剩饭、骨头、菜根菜叶、果皮等食品类废物。经生物技术就地处理堆肥，每1000千克可生产600～700千克有机肥料。可见，垃圾分类、变废为宝可成为目前解决资源枯竭难题的最有效途径[4]。

（四）促进互联网思维的应用

智能垃圾箱最大的价值就在于能够将用户相互联系起来，让用户为其他人提供有价值的内容。通过智能垃圾管理系统的赋码管理记录用户倾倒垃圾的次数、种类，获得与用户需求和消费习惯相关的统计数据。一方面反馈给小区物业管理部门以及垃圾回收站，确保后续的垃圾处理工作可以做到"定时、定点"，提高工作效率和节约人力、物力；另一方面可将其销售给周边的商场，商场通过对大数据的分析，了解未来要备货的数量，促进供应商与消费者之间的协调交易，创造更多社会效益。在信息时代，智能垃圾分类系统带来的大数据价值也不言自明[5]。

三、北京市居民对智能分类垃圾箱的认知及推广中的困难

（一）北京市居民对智能分类垃圾箱的认知

智能垃圾分类系统已经逐渐在多个城市投入试用，以北京市为例来了解一下市民及各个部门对它的认知和评价。

首先，在智能分类垃圾箱的使用上，根据调查结果显示，有22.58%的受访群众表示见过并且使用过智能分类垃圾箱，另有22.58%的表示只见过并没用过，超过50%的人并没有见过智能分类垃圾箱（图1）。可见，此垃圾箱的推广程度只是小范围的，并未达到广泛使用的程度。但北京市政府表示：今后这种智能的垃圾分类体系和再生资源回收体系的覆盖面将进一步扩大，丰台区近300个小区、房山区10个小区，将设置1000个智能回收柜、500台自动回收机，通过智能回收柜和自动回收机的推广，逐步替代人工回收。

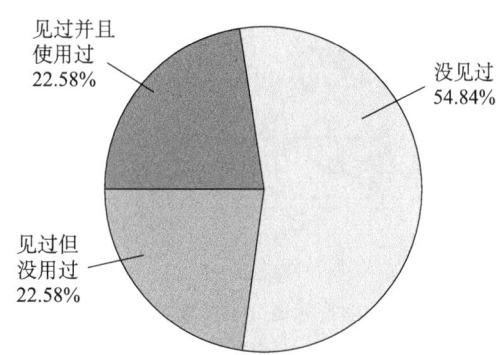

图1 智能分类垃圾箱的使用状况

其次，在智能分类垃圾箱的真正使用效果上，70.97%的受访用户表示只在"一定程度上"能有效解决平常使用中的烦恼，这说明新型垃圾箱并不能100%使用户达到满意（图2）。

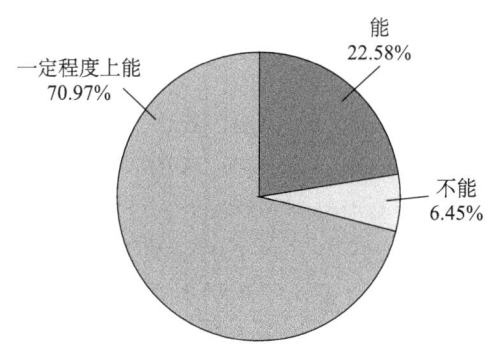

图2 "智能分类垃圾箱能多大程度上真正发挥作用"的调查结果

最后，在智能分类垃圾箱的推广上，尽管有6.45%的居民并不看好智能垃圾箱的未来发展，但仍有74.19%的居民显示对此项措施十分期待。多数市民还是对自己周围各具特色的智能垃圾箱既好奇又关心，可以看出过半数的居民是对智能分类

垃圾箱的进一步推广十分期待并充满兴趣的。总体而言，它的推广被广大群众所支持和拥护，群众基础是公益事业快速发展的重要因素，因此，可推测此垃圾箱的大范围推广还是很有希望的。比如，据媒体报道，在朝阳区麦子店枣北社区的居民们对它改善了小区死角卫生的效果赞叹有加，更是把它当作"小区明星"。还有部分市民表示，如果这一系统能良好运作、大范围配置，将会大大改善我们的城市生态环境（图3）。

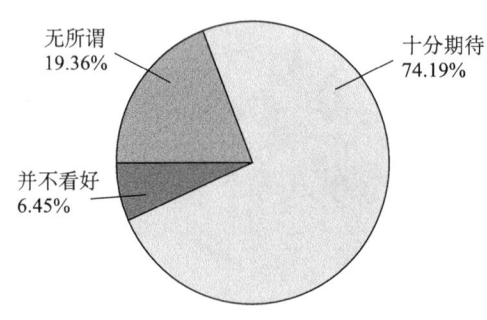

图3 "您期待智能分类垃圾箱的推广使用"调查结果

不少专家认为，这一系统的推广将是我们实现绿色环境的重要进步，它的成功推行会使居民垃圾分类习惯和文明面貌焕然一新。另外，它所体现的"互联网＋垃圾分类"模式是一种最新技术的体现，以技术辅助解决垃圾分类问题，是一种发展方向。从长远来看，这种系统化智能分类模式的利润能大于成本，会成为一个市场大蛋糕。但是，越是这样高端有价值的系统，越注重从分类到收集再到回收利用的整个流程的精益求精，协调配合。

（二）北京市在推广智能分类垃圾箱中存在的困难

1. 智能分类垃圾箱本身的缺陷影响其使用和推广

第一，不可避免的分类错误。比如，有居民反映扔垃圾的步骤要比以往烦琐，一个垃圾袋能解决的要分三个垃圾袋，在家经常装错袋，出门经常扔错桶。通常境况下，人们由于缺乏分类意识和认知，不知道什么样的垃圾属于什么类别，仅仅以生活常识来进行分类往往会出现错误。所以，保证垃圾分类的源头还是应该提高居民垃圾分类意识，普及垃圾分类知识。

第二，故障频现，维修不及时。不少居民反映垃圾箱要么盖子经常打不开，二维码扫描不灵敏，而要等维修好则要等上三五天的时间。另外，还出现垃圾箱太高，小孩不方便使用，电子显示屏画面模糊等状况。对于这些问题，相关技术人员表示：由于目前还处于试点阶段，肯定会有技术上的漏洞需要不断修补改正。智能垃圾箱的推广使用无疑对管理者和设计者提出了新的要求，如何兼顾智能垃圾箱的便利实用性和后续实现垃圾分类的正确处理，还需要企业、政府和社会在工作中不断总结经验，摸索出适合我国国情和满足居民真正需要的垃圾分类模式。

第三，设计过度。当前，智能垃圾分类箱一般还具有其他功能，如"会说话"、智能除臭、可消毒、给环卫工人发短信、为垃圾箱周围的人提供免费WiFi服务等。其实，一般垃圾箱的要求就是人们把垃圾扔进去。如果倒个垃圾需要先扫二维码，而且还要到处找垃圾箱，很可能逼着用户随手丢弃垃圾。此外，互联网的交互和通信功能在实际应用中也并非居民的刚性需求。垃圾箱的位置是否明确便捷，容量是否足够，标识是否易懂，才是人们对于垃圾箱真正的关注点。因此，垃圾箱的智能化似乎一定程度上存在着设计过度之嫌。避免过度设计，满足刚需最为重要。

2. 居民"垃圾分类"意识不强、使用智能环保设备动力不足

首先，受传统习惯的影响，大多数居民对"垃圾分类"的意识还不强，也不能准确理解垃圾分类对生态环保的意义[6]。无法自我培养垃圾分类和环境保护的意识，这对智能分类垃圾桶的接受程度和使用效果也有影响。另外，北京市流动人口巨大、人口多样性高、文化素质差别大等因素也影响着垃圾分类的实施和智能分类垃圾箱的使用。

其次，居民使用智能分类垃圾箱的动力不足，激励措施效果不明显。按照马斯洛的需求层次论，对居民按照需求从高到低可分为三类：一是视垃圾分类为现代化文明的标志，追求高层次的精神需求并不需要经济激励的居民；二是需要"积分换购"的经济激励手段来调动其改变垃圾投放方式，仍处于物质需求追求阶段的居民；三是固守原有的行为习惯不愿参与垃圾分类的居民。智能垃圾箱用高科技和积分制给居民带来了新鲜冲击，这对第二层次的一部分居民类似家庭主妇，中年人等群体尚有吸引力，但始终是一种被动并脱离责任感的"激励措施"，毫无疑问，不利于未来垃圾分类减量工作的可持续发展。而对第三层次的居民几乎没有作用。

3. 投资和运营成本高，公共服务设施投入不均衡

在垃圾分类问题上，除了全民意识的提升需要时间，垃圾分类后端的系统建设也需要时间，比如，各种再生纸厂、再生塑料厂、电子垃圾处理厂等；此外，也需要法律法规的跟进，涉及多个政府部门，关系到一个庞大的系统，政府在产业链的建设中也要发挥重要作用；垃圾收集、分类、积分、录入等运营成本高，高科技环保企业的投入短期来看，难以实现收支平衡；智能分类垃圾桶市场投资难，还需要摸索一套有效的商业模式；垃圾分类后端系统建设不到位等。另外，北京市多数小区楼盘规模小而分散，不利于公共服务设施的配套。如果大规模推广，就会增加巨大的成本耗费。北京市作为中心城市，核心区完全在北京市四环以内及周边这个非常狭窄的区域内，郊区的公共服务设施相对缺失，人口多样性高，这就要求政府投入更多的精力和资源去建设，避免城郊发展水平不均衡的加剧。

除此之外，还有一些外部环境因素也不利于智能分类垃圾桶的推广。如社区利益相关方如业委会、物业公司权责利缺失，参与程度较低。

四、推广智能分类垃圾箱的政策建议

（一）进一步改进智能分类垃圾箱的设计和摆放

对于智能垃圾箱，把金属箱"变身"为塑料箱，可以降低成本，从而促进推广；出于环保考虑，二维码也可以使用环保材料，代替一次性纸片；此外，垃圾箱可以

增加夜间照明标志，避免居民夜间找不到垃圾箱而乱扔垃圾；还可以增设太阳能电池板，来满足电子屏和夜间使用所需[7]。

根据图4，居民对智能分类垃圾箱系统的建议中，对"增加试点，加大推广"和"简化垃圾投放步骤"的期望名列前二。"垃圾箱垃圾袋使用环保材料"和"多宣传并讲解使用方法"的建议也达到60%以上。缩短安置点间距等也是更有利于推广使用、提高居民满意度的有效措施。除此之外，将积分的兑换使用范围扩大到商场消费等方面；并可以增设一些荣誉激励和道德教育，坚持精神奖励与物质奖励并重。

关于垃圾箱摆放问题，不同场所可以因地制宜，摆放不同特点的智能分类垃圾箱。比如，饮料瓶智能回收机适合在人流量较大的地铁站、公交车站、大型商场等区域推广使用，而"二维码"智能垃圾桶则在社区里摆放使用效果较好。

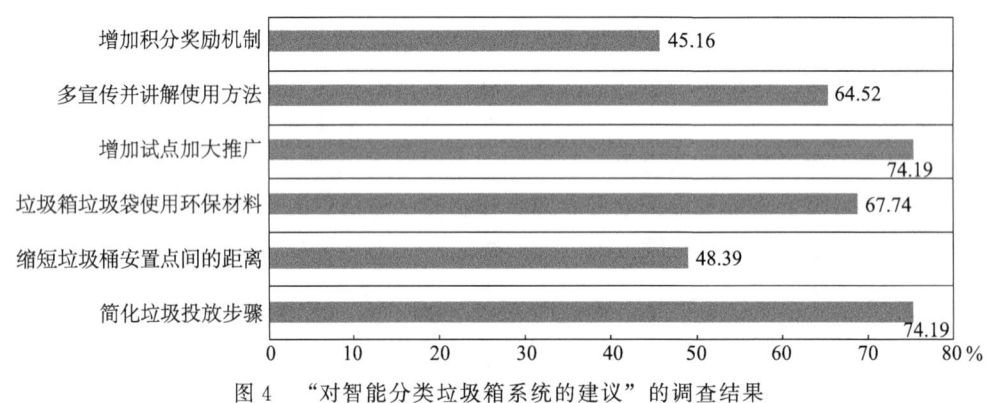

图4 "对智能分类垃圾箱系统的建议"的调查结果

（二）政府、企业协同努力

在整个智能垃圾分类系统的建设推广中，政府要有明确、有效的主导规划安排，与企业联手，共同为智能分类垃圾箱系统的推广提供服务。

首先，政府应加大对智能生态环保技术的投资和支持，对相关高新企业给与政策支持和税收优惠，鼓励高新技术企业投资于环保领域，加大对智能生态环保产品的推广。同时，企业对于垃圾分类后端的系统建设必须同步跟进，比如，建各种再生纸厂、再生塑料厂、电子垃圾处理厂等。相关企业应该沉淀好这方面的经验内功，关注垃圾分类等生态环保领域，改进智能生态环保技术。

其次，法律法规的跟进也必不可少。许多国家对"垃圾分类"要求严苛，其强制性的措施也有值得借鉴的精华部分。比如，在德国，邻里间会相互监督，一旦做不好垃圾分类就会遭受斥责，甚至会有环境警察专门负责给放错垃圾的居民开罚单。瑞士政府更是为垃圾分类颁发足足厚达108页的手册。相比之下，在我国与垃圾有关的法规、法律很少，甚至缺失。若在智能分类系统试点的同时，加上法律制度的监督和多部门的有效配合，相信会使智能垃圾分类系统的推行乃至国家垃圾分类事业的发展取得事半功倍的效果。

（三）提升居民"垃圾分类"和生态环保意识

政府、社会组织、社区等应该加大教育宣传力度，通过网络新媒体、上门宣传、发放传单、开展讲座等方式来为民众普及垃圾分类知识、提升意识。而作为社会的主体，居民也应不断提升自身的"垃圾分类"和生态环保意识[8]。

首先，政府环保教育人员、小区管理人员应耐心地引导和讲解，政府可投放大量公益广告，利用互联网等新媒体加大宣传和教育。学校对义务教育阶段的青少年多开展"化废为宝"的创意活动以及垃圾分类常识竞赛等，从青少年开始培养环保知识，争取在最短时间内提高我国国民垃圾分类意识。

其次，作为参与者和最终受益者的城市居民，要从根本思想上认定"垃圾分类、扫码分投"并非"多此一举"；要提高自觉性，自我学习垃圾分类的知识；积极参与相关活动和指导政策，配合宣讲人员的教育工作，主动提出有效意见，从而，促进智能垃圾分类系统推广的顺利进行。居民们也可以把自己作为一个宣传主体，将垃圾分类知识对周围群众进行普及，鼓励他人主动参加小区和社会的公益活动。另外，我们应该把垃圾分类与民众素质的提升联系起来，无论何时何地都要做到"不乱扔，不错扔"。只有行为素质真正提高，才能展现一个民族文化乃至国家的文明进步。

参考文献

[1] 席俊清，蒋火华，汪志国．我国城市生活垃圾处理现状及存在问题分析［J］．中国环境检测，2003，19（1）：167-168.

[2] 谌丽，张文忠，李业锦，等．北京城市居住环境类型区的识别与评价［J］．地理研究，2015，34（7）：1331-1342.

[3] 叶新．源头分类，激励模式管用吗？［J］．环球经济，2016（Z3）．

[4] 国际绿色经济协会．北京市智能垃圾箱将实现扫码分类投放观点：分类意识先扫码［EB/OL］．［2016-07-15］．http：//www.igea-un.org/.

[5] 杨永健．国内垃圾智能物回系统应用及发展前景分析［J］．城市地理，2015（5X）：200-201.

[6] 物联中国．重要但麻烦的垃圾分类，终于有智能垃圾箱能帮你［EB/OL］．（2016-04-06）［2016-07-07］．http：//www.50cnnet.com.

[7] 韩晓静，张德富．智能分类垃圾箱的设计与研发［J］．中国市场，2017（2）：182-183.

[8] 王斌．智能垃圾为何推广难［N］．中国青年报，2015-05-13．

北京市社区垃圾分类现状与问题的调研

徐秀春　张可佳[*]

摘要：把垃圾按一定规定或标准进行分类储存、投放和搬运，是对垃圾进行有效处置的一种科学管理方法，也是力争物尽其用的一种手段。本文通过网上调查的方式了解了北京市社区垃圾分类情况的基本现状，深入考察垃圾分类过程中存在的问题，细致分析问题形成的原因，并提出相应的对策与解决方案。希望能够通过此次调查让居民了解垃圾分类的基本知识与意义，帮助提升居民爱护环境，从我做起的意识，并为北京市改善垃圾分类状况提供现实依据和参考意见。

关键词：北京市社区　垃圾分类　环境保护

本次调查采取的是网上调查的方式。调查问卷由本课题组成员通过互联网发放并及时回收。共发出调查问卷269份，回收269份，回收率达100%；有效问卷269份，有效率达100%。20岁以下的受访者占37.92%，21~30岁占15.24%，31~40岁占18.96%，41~50的比例占16.36%，50岁以上的受访者占11.52%。本次主要调查北京市社区垃圾分类设施的提供及其使用情况和居民对垃圾分类的了解程度及态度，目的在于了解北京市社区垃圾分类现状，居民感受和居民对垃圾分类提出的改进意见。

一、北京市社区垃圾分类现状

随着大气污染、水环境污染、土地荒漠化等问题的加剧，环境问题逐渐成为我国实现全面持续发展的关键问题[1-3]。作为特大城市的北京市，常住人口已突破2200万，每天产生生活垃圾1.84万吨，如果用装载量为2.5吨的卡车来运输，这些卡车连成一串，能够整整排满三环路一圈。令人担忧的是，生活垃圾的数量仍在不断增长。而垃圾分类可以有效地解决上述问题，同时将垃圾变废为宝，循环使用。

北京市政府目前也在积极推进垃圾分类工作，垃圾智慧分类等活动在大力开展，通过调查，我们发现北京市垃圾分类工作已经获得了一定的成效，但其中还存在一些问题亟需解决。

（一）垃圾分类设施普及，但分类标志不够清晰

调查问卷中，根据"您所在的社区有分类垃圾桶吗？"和"您所在社区垃圾分类

---

[*] 本课题指导教师徐秀春（北京工商大学马克思主义学院），课题组组长张可佳（金融工程151班）；课题组员：陈盈妤（金融151班）、邸思涵、郭晗雪、张璐（金融工程151班）。

的设施是怎样的?"的相关调查,了解到78.07%的受访者所在社区有分类垃圾桶,仅有21.93%的社区没有分类垃圾桶。同时,我们发现有37.17%的居民社区中有专门的垃圾桶,且垃圾桶上分类标志清晰,分类标准明确;37.17%的受访者所在社区有专门的垃圾桶,但分类标志不够清晰或没有分类标志;受访者中有17.10%的人表示有专门的垃圾桶,但没有分类标志;仅有8.55%的受访居民的社区中没有专门回收垃圾的垃圾桶,垃圾随意放置。由此可见,绝大多数居民所在社区有垃圾桶,且超过一半的社区垃圾桶上有相应的垃圾分类标志,但仍有五分之二社区垃圾分类标志不够清晰明显,政府垃圾分类基础设施的设置还是较为普及的,也基本符合标准,但还需完善。

(二)分类垃圾桶的使用效果不尽如人意

根据"您认为社区的分类垃圾桶使用效果如何?"的回答结果来看(图1),14.87%认为效果很好,大部分人都按照分类指示扔垃圾;38.29%的人认为效果一般,有部分人不按分类指示扔垃圾;36.43%的受访者认为效果很差,人们都没有按照分类指示扔垃圾;10.41%的人表示没见过社区内有分类垃圾桶。可见,虽然垃圾分类设施齐全,但其使用效果不太令人满意,大部分的居民不会按照垃圾桶上的分类标志进行分类并扔放垃圾。

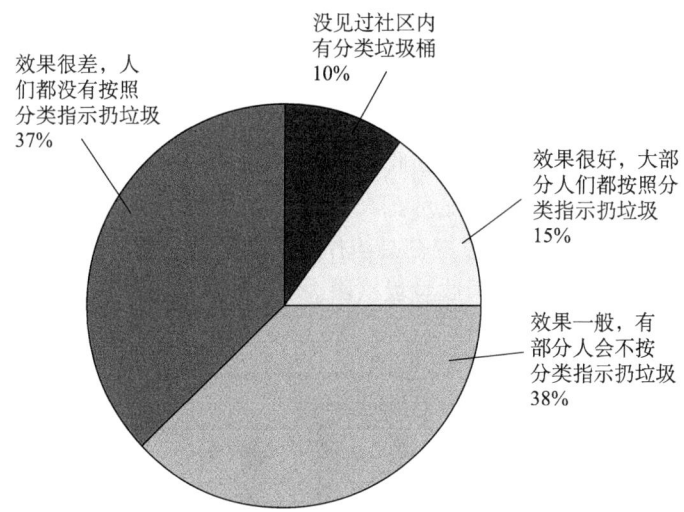

图1 北京市社区分类垃圾桶使用效果图

(三)堆放的垃圾基本能按时运走,但运输方式不够科学

根据"您所在的社区垃圾堆放情况是怎样的?"的调查,24.16%的人选择了垃圾由相关管理人员定期分类运走;63.20%的人选择了垃圾由相关管理人员定期运

走,但运走时垃圾被随意混合;8.55%的人选择了垃圾堆放较长时间后才进行处理,容易造成堆积;同时有4.09%的选择了垃圾经常堆积,无人管理。我们看到,87.36%的社区能将垃圾按时运走,但在运输过程中,垃圾被混合的数量是垃圾没被混合的3倍,也就是说将本来分类好的垃圾又混合在了一起,这种运输方式不够科学,使居民的分类垃圾处理成了徒劳。

(四)绝大多数居民对垃圾分类的认识正确,态度积极

根据"您对垃圾分类持有的态度是怎样的?"的回答结果来看,79.18%的居民认为垃圾分类可以美化周围环境,应大力提倡;13.38%的居民认为垃圾分类可有可无,持中立态度;有5.58%的居民认为垃圾分类花费精力,没有必要;仅有1.86%的居民认为垃圾分类浪费时间,坚决反对。由上述比例来看,北京市居民对垃圾分类是大力支持的,态度是相当积极的。

(五)居民对垃圾分类的相关知识了解不够,执行力低

根据"您了解《北京市生活垃圾管理条例》吗?"和"您对北京市垃圾分类的标准了解吗?"的调查,我们发现北京市居民对垃圾分类相关条例以及分类标准了解程度较低。为了对居民们垃圾分类知识掌握水平进行了深入了解,我们设置了"您知道北京市城市生活垃圾按什么标准分类吗?"的统计结果,69.14%的居民知道北京市生活垃圾按照可回收垃圾和不可回收垃圾标准分类,剩余的30.86%的居民选择了错误答案,这说明大多数居民掌握了垃圾分类的基本知识,但是垃圾分类知识普及度仍需提高。可回收垃圾即可再生循环的垃圾,分为废纸、塑料、玻璃、金属和布料五大类;不可回收垃圾是除可回收垃圾之外的垃圾,如果皮、菜叶、剩菜剩饭、花草、树枝、树叶等。调查结果显示,大家对于垃圾分类的标准存在着很大的误区,比如30.5%的居民把废电池、过期药品当作可回收垃圾(图2),36.8%的居民认为塑料袋、塑料包装物属于不可回收垃圾(图3)。

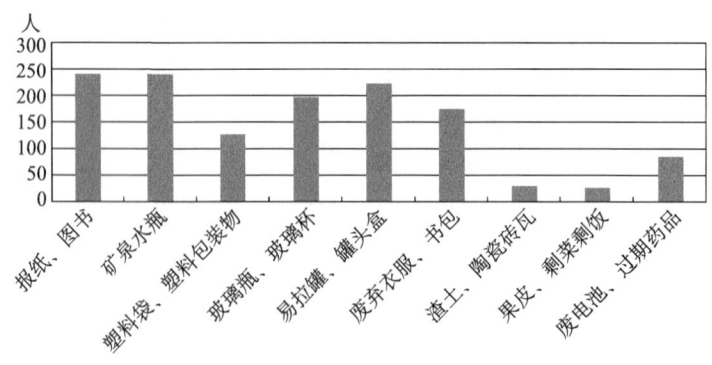

图2 "可回收垃圾的了解度"调查结果

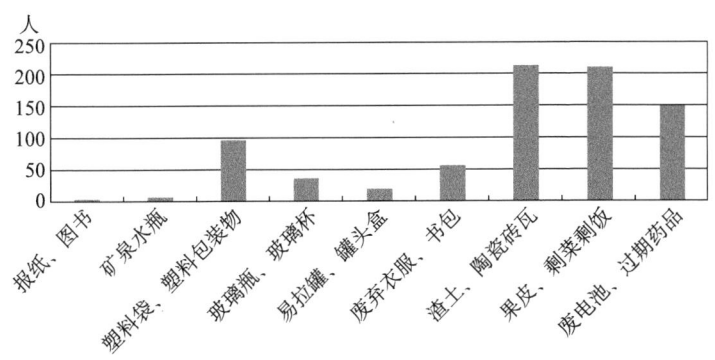

图3 "不可回收垃圾的了解度"调查结果

调查中,"您平常是怎样处理生活垃圾的?"的结果可知:22.68%的人处理方式为所有垃圾都没分类处理,直接扔到垃圾桶;54.65%的人将旧报纸、饮料瓶等废品收集后出售,其余垃圾没有分类处理;18.59%的人将所有垃圾分为可回收和不可回收两类处理;还有4.09%的人选择了其他处理方式。由此看出,绝大多数的居民虽然对垃圾分类持积极的态度,但很少有人能严格地执行,执行力太低。

二、北京市社区垃圾分类存在的问题及分析

(一)垃圾分类设施不够完善,垃圾运输处理方式存在弊端

目前北京市大多数社区有专门垃圾桶,但是通过调查我们发现,有将近50%接受调查的居民所在社区的垃圾桶没有分类标志或分类标志不够清晰,有的社区甚至没有专门的垃圾桶。这直接反映出北京市社区垃圾分类设施不够完善的问题。居民在扔垃圾时没有明确的提示,增大了垃圾分类的难度。要使社区垃圾被明确分类,必须使社区有专门的垃圾桶并使垃圾桶上的分类标志清晰。

至于垃圾的运输方式,虽然63.2%的受调查者表示社区垃圾由相关管理人员定期运走,但在运走的时候随意混合。这不仅使最终的垃圾分类处理更加困难,垃圾的随意混合也会对环境产生巨大的损害。因此,改善垃圾运输处理方式,也是北京市在解决垃圾分类问题时不容忽视的一大问题。

(二)居民对垃圾分类了解不够,且了解程度与年龄相关

居民对垃圾分类的意义、垃圾分类的知识了解不够,这直接导致了居民在平时生活中不重视垃圾分类,即使进行垃圾分类,也不能正确地进行分类。

如前所述,对于垃圾分类,79.18%的受调查居民持积极态度,认为垃圾分类可以美化周围环境,应当大力提倡,但大多数居民支持垃圾分类仅是理念上的支持,他们对可回收垃圾和不可回收垃圾的理解仍十分粗浅,不能准确指出哪些是可回收垃圾,哪些是不可回收垃圾。有的居民还会因为觉得浪费时间或不知如何分类而放

弃垃圾分类处理。

为了更好地找出居民对垃圾分类了解程度低的原因，我们将垃圾分类程度与年龄放在一起进行了分析，根据图4、图5的对比，我们发现，50岁以上的居民对《北京市生活垃圾管理条例》和北京市垃圾分类标准非常了解或大体了解；21～50岁的居民次之，20岁以下的青少年可以说是了解最少的人群。导致出现这种现象的原因应该跟居民在家中从事家务劳动的时间、所受的环保教育有关。广大青少年由于把主要精力用在学习上，从事的家务劳动很少，对垃圾的处理自然是一知半解。而随着年龄的增长，人们在家中的时间越来越长，人们更加注重生活质量、环境质量，对垃圾分类的了解也不断增加。因此，应该根据不同年龄的兴趣爱好，采用不同的方法对不同的年龄群进行垃圾分类教育宣传。

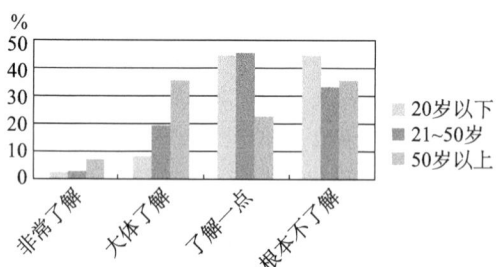

图4　年龄与《北京市生活垃圾管理条例》了解程度关系图

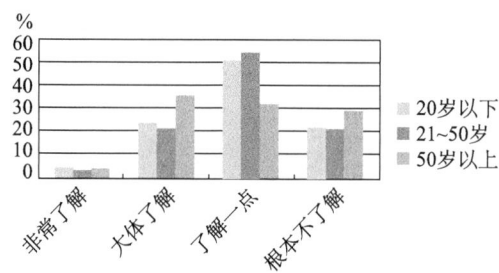

图5　年龄与北京市垃圾分类的标准了解程度关系图

（三）政府、社区对垃圾分类的宣传力度不够

政府和社区对垃圾分类的宣传次数少、知识普及不够广泛、力度不深，导致大多数居民不了解垃圾分类。宣传力度不够也限制了居民有意识有效地进行垃圾分类。

根据调查报告结果，只有2.6%的居民表示非常了解《北京市生活垃圾管理条例》，80.67%的居民表示了解甚少或是根本不了解垃圾管理条例。72.86%的居民表示对垃圾分类了解很少或根本不了解。这反映出居民在垃圾管理、分类这方面存在大片的知识空白。垃圾分类知识很难纳入中学或者大学的正式课程，要想使各个年龄阶层的居民都能有垃圾分类的意识、养成垃圾分类的习惯，政府和社区必须加大对垃圾分类的宣传力度，使居民真正明白垃圾分类的意义、了解垃圾分类的相关知识、能正确对垃圾进行分类并养成垃圾分类的习惯。

94.42%的受调查者表示所在社区很少对垃圾分类进行宣传，大多数社区都是以在宣传栏张贴宣传画、发放手册的方式来进行宣传，仅有25.65%的居民表示是通过社区居委会宣传了解垃圾分类。社区对垃圾分类的宣传次数少、形式单一。很少有居民会认真看板报或手册，并不能使垃圾分类的思想真正深入人心。

大部分居民表示他们是通过电视、广播、报纸、网络等媒体了解到垃圾分类。因此，政府有必要在这些平台发布垃圾分类的相关知识，让居民意识到垃圾分类的重要性。

三、对北京市社区垃圾分类提出的建议

结合以上调研结论，对于如何在北京社区更好的实行垃圾分类的措施，有效提高垃圾回收利用率，给出以下几点对策和建议。

（一）加强居民垃圾分类意识

通过对年龄与垃圾分类关系的调查分析，我们了解到要提升居民垃圾分类的整体意识，就要先增强中青年对垃圾分类的了解程度，于是我们认为可以有以下解决方案。

一是社区和学校开设相关课程，普及垃圾分类知识，养成垃圾分类的习惯，提高居民垃圾分类意识，能更好地实现垃圾分类的目标。

二是大力宣传垃圾分类的益处。在调查中我们发现居民对垃圾分类的益处了解的很少。现在网络媒体相当发达，公益广告宣传日益普遍，这些也是中青年群体经常接触到的信息媒介，通过这些大众媒体加大对垃圾分类好处的宣传，能够使垃圾分类深入人心，从而提高居民，尤其是中青年居民对垃圾分类的意识。

三是编制垃圾分类细则，印制成册，对每户人家免费发放。我们在调查中发现，社区居民不是很清楚各种垃圾到底是属于什么垃圾，这就大大增加了垃圾分类难度。出版相关垃圾分类细则的手册资料并发放给到每个家庭，可以让居民们更方便地了解有关垃圾分类知识。

（二）加强垃圾分类的制度建设和设施建设

首先，政府应细分垃圾分类标准并制定相应的政策法规。我国制定的环保法规和北京市政府制定的环保规定，虽然都有城市垃圾处理的一些原则性条款，但是具体的、可操作性措施不够，因此，政府应细分垃圾分类标准并制定相应的政策法规，明确垃圾投放者、收集运输者和分类处理者等各自的职责，让每一个人都明白自己在垃圾处理方面应尽的义务和应负的法律责任，形成法规制约下的垃圾分类投放、

回收的全民行动。

其次，应增设多种分类垃圾桶和固定回收站点，并及时回收垃圾。根据调查，大多数居民知道回收旧报纸、塑料瓶这种简单的可回收物品，而且回收大多数依靠社区中收废品的人员来进行回收的，这样的效率和力度是远远不够的。所以，应该将垃圾细分，在社区、大街上设立多种分类的垃圾桶，以实现最大程度地回收，增设固定回收点、也方便居民变卖自己所积攒的旧报纸、塑料瓶等可回收物品。及时回收垃圾，可以实行"规定在每周特定时间把特定垃圾袋放在特定地点，并由专人及时拉走"的方法，比如可规定在某天中午之前扔相应分类的垃圾，并由专人当天就拉走，这样就不会导致环境污染或引来害虫了。

再次，对积极参与垃圾分类回收的居民，可以适当予以奖励。经调查发现有43.88%的居民会回收旧报纸、塑料瓶，是因为它们卖了可以换钱。因此，为了提高居民进行垃圾分类与回收的积极性，对于自觉遵守垃圾分类投放法规的人们，政府可给予适当的奖励。

（三）应实现垃圾回收处理产业化

垃圾处理不能永远作为一种公益性事业，只有政企分开，将垃圾输送、分类，再到垃圾资源化输出形成一种产业化链条，才能得到长远的发展。目前，只有城市环卫部门在管理垃圾，他们主要负责将垃圾从社区运送到垃圾处理站。在此过程中，并没有注重垃圾的资源化，垃圾分类回收的程度并不高。对此，建议：

第一、建立完善的垃圾回收体系。垃圾分类问题光靠一个企业是无法得到根本解决的，我们需要建立一个完善的垃圾回收体系，把控垃圾分类、收集、运输、到垃圾再生产利用的各个环节，将以前粗线条的处理方式细致化、具体化，才能有效解决垃圾分类回收程度不高、可利用率低的问题。

第二、垃圾分类方面的科学技术水平应不断提高。近几年，垃圾用填埋方式处理的数量在不断降低，采用其他新型方式处理的数量日益增长，而垃圾回收问题解决的关键还是科学技术水平的提高。因此，国家应当积极鼓励垃圾处理科技的研发，并在此方面加大资金投入。

第三，要加强监管。随着垃圾回收处理产业化的发展，监管力度也要跟上，只有监管力度不断加强，垃圾分类处理产业化才能成为现实。

参考文献

[1] 沈颖青. 我国垃圾分类现状及对策建议 [J]. 环境与发展, 2011 (8)：13-14.
[2] 深圳新闻网. 中国垃圾分类回收现状及展望 [N/OL]. [2012-08-16]. http：//www.sznews.com/zhuanti/content/2012-08/16/content_7088745.htm.
[3] 朱贤婧. 城市生活垃圾处理的现状与对策浅议 [J]. 能源与环境, 2009 (5)：77-78.

有关首都大学生生态文明教育的调查研究

张宏伟 张 茹*

摘要：近年来，人与自然的关系渐趋恶化，面对资源极其有限、环境污染日趋严重、生态系统急剧退化的严峻形势，党的十八大将生态文明建设提升到了前所未有的战略高度，同时提出的"五位一体"总布局也深刻体现了党和国家对生态文明建设的重视程度，而生态文明教育作为其中重要的一环，更值得我们去探讨研究。我们大学生作为今后建设祖国的主力军，对生态文明建设是否能够落实到实处起到了非常关键的作用，了解大学生所能触及到的各方面生态文明教育也就成了一个重要的命题。此次调查主要在于强调生态文明教育的重要性，同时揭示当下生态文明教育存在的问题，最后提出解决问题的措施与建议。

关键词：首都大学生 生态文明 教育

本次调查主要采用网上调查的方式。调查问卷由小组成员在微信平台发送链接，由北京高校大学生填写后回收问卷。共发出问卷309份，回收问卷309份，回收率达100％；有效问卷309份，有效率达100％。问卷的发放群体为首都大学生，受访者所在年级分布如下：大一占12.94％，大二占37.22％，大三占39.81％，大四占10.03％。根据问卷调查结果显示，75.4％的受访者认为很有必要进行生态文明教育，6.47％的人认为没有必要，还有18.13％的人则秉承着无所谓的态度。而当我们问及"您是否主动学习过有关生态文明的知识"时，仅有38.19％的受访者表示曾主动学习过相关知识，剩余61.81％的受访者表示没有主动学习过相关知识。同时，在"对生态文明建设的基本概念及相关法规的了解程度"的调查中，仅有26.22％的人选择了比较了解和非常了解，63.43％的受访者表示不太了解，甚至还有10.35％的受访者表示完全不了解。这些调查结果表明了虽然在意识层面大学生普遍认为生态文明教育是非常有必要的，但是在行动上却没有落实到位，出现了"思想上的巨人，行动上的矮子"的现象。如果想要真正落实生态文明建设，必然离不开教育这一重要环节（这里所说的教育是泛指一切增进人们知识和技能、影响人们思想品德的活动），所以我们需要在社会、家庭、学校三个层面广泛开展生态文明教育来提高生态文明意识和水平，让人们成为"思想与行动上的双重巨人"。

---

* 本课题指导教师张宏伟（北京工商大学马克思主义学院），课题组组长张茹（工商144班）；课题组组员：刘淼、陈思琪、郭子晴、赵天润（工商144班）。

一、生态文明教育的重要性及意义

（一）大学生主动接受生态文明教育有助于提高个人素质修养，使自己成为符合当代社会需要的复合型人才，与此同时，在一定程度上也可以影响他人树立生态文明意识

当代首都大学生生态文明意识依旧处于一个相对薄弱的阶段，这对个体的发展是不利的。许多大学生认为大学开展教育的主要目的在于提高大学生就业能力与竞争力，这是在经济高速发展的环境之下必然衍生出来的一种观念，但我们不得不进一步思考，这种思想会不会过于功利和片面？大学教育的真正目的是为了培养德、智、体、美、劳全面发展的人才，形成对自我的意识，对他人、社会的责任，对人与自然的协调发展的关怀，是一个完善自我的过程，这有利于大学生建立更加科学的全面的世界观。从近几年的社会大环境来看，越来越多的人开始更加注重人文科学方面的发展，这也意味着社会对于生态文明方面人才的需求会逐步增加。学习生态文明知识，建立科学的知识体系，有利于帮助大学生更好地就业；同时个人的行为举止会无形中影响身边的人，作为接受过校园生态文明教育的大学生，当周围出现不文明的现象时，能够勇于站出来制止，告知他人这些行为的具体危害并引导其做出正确的行为；在家庭中，大学生也能够将所学生态文明知识分享给家人，号召更多的人参与到环保行动中去，扩大生态文明教育的队伍。

（二）家庭教育在一个人的成长阶段起着关键的作用，而对于生态文明方面的教育更是至关重要的

父母是家庭教育的实践者，他们的言行举止会潜移默化地影响着我们自身的行为。家庭缺少生态文明方面的教育，会导致孩子没有正确的生态价值观念；或是父母对生态文明的教育还仅仅只停留在口头上、只言传而不躬行的这类行为，会使得孩子对其言语传授的内容印象不深刻，模仿其不文明行为；同时没有家庭教育做基础，亦会削弱学校、社会生态文明教育的最终效果。所以说家庭对于生态文明的教育是至关重要的。

（三）学校生态文明教育是学生获取相关知识最便捷有效的途径，它更具有可信性与广泛性，同时还有利于校园生态建设和课程体系的科学完善

大学校园是大学生获取新知识的主要途径，大学浓厚的学术氛围和课堂一对多的授课模式使得大学教育成为学生获取生态文明知识最为有效、便捷的途径；同时学校生态文明教育在大学生群体中具有可信性与广泛性，所以学生更容易接受有关生态文明的知识。不仅如此，高校教育还可以实现一对多的普及，而且还有研究生

态文明领域的专家或相关工作人员对大学生进行相关知识的科普，从而使得他们对生态文明知识了解更加深入透彻。所以，学校增设相关课程亦有利于弥补当前课程体系的缺失，使得课程体系更加全面、科学。除此之外，增强大学生的生态文明意识在一定程度上可以改善校园的生态建设环境。

（四）在社会上广泛开展生态文明教育是对改善当前生态环境现状的迫切要求，也是将生态文明建设落实到实践中的重要一环，同时也为经济可持续发展奠定了基础

仅针对北京市而言，近几年随着城市化进程的加快和在京人口的急剧膨胀，城市发展对北京生态系统造成了巨大的压力，雾霾、沙尘暴等生态环境问题已经严重影响到了北京市民的日常生活。除此之外，水资源、绿化建设、垃圾处理等方面也存在较大问题。如果想要提高市民总体生活质量，我们就要重视生态环境的质量问题。就整个社会而言，建设生态文明是我们每个人的重要使命，也是社会发展的要求。近年来，经济发展不平衡、生态退化、环境污染等问题日益加剧。与此同时，生态环境问题以及道德文化领域里出现一些消极现象，使人民忽略了生态环境为经济建设提供的内在动力。保护生态环境和提高全民生态道德意识是经济可持续发展的必然要求，只有环境友好、循环的经济才是长远的可持续的经济，环境破坏往往会制约现代化的进一步实现，这与我们的目标是相悖的。我国环境持续恶化，这与人们的生态道德文化缺失有着直接的联系，针对全社会的生态文明教育，我们应该加强人们的环保观念，让全体公民积极参与到生态治理、环境保护的活动中去。

二、生态文明教育的现状及表现

（一）个人层面普遍存在消极被动、对相关知识了解不深入不全面、知行不一致等问题

在"您是否主动学习过有关生态文明的知识？"的有关调查中，我们了解到，仅有 38.19% 的同学表示曾主动学习过相关知识，而有 61.81%（也就是接近三分之二）的同学表示没有主动学习过；同时在"如果您的学校开设有关生态文明的课程或讲座，你会愿意参加吗？"的相关调查中，我们发现，有 48.55% 的同学选择"愿意，我对相关环境知识很有兴趣"的选项，剩下 51.45% 的同学选择的是"不愿意，感觉对今后就业没有帮助"和"无所谓"。从这些数据中我们可以看出，还有很大一部分同学对于学习生态文明的相关知识采取的是消极态度，这种消极态度不仅影响了个人对于相关知识的掌握、不利于个人全面发展，同时也给学校和社会生态文明教育增加了困难、设置了障碍、不利于相关法令条例的传播与普及。在"您是否听说过限塑令、阶梯水费、阶梯电费等环保法令？"的调查中，我们发现在当今网络如此普及、信息传递如此之快、获取信息变得轻而易举的环境下，竟然还有 11.65%

的同学表示没听说过这些环保法令。受访者表示没有听说过这些耳熟能详的法规，这只能解释为他们完全不关注这方面的消息，即使是看见了也并不留意；在"您知道是什么时间开始实施限制使用塑料袋（限塑令）吗？"的调查过程中，我们看到，只有55.02%的人选出了正确答案"2008年"，其他受访者即使知道一星半点有关"限塑令"的知识，但对这些法令的了解也并不深入；在"您认为以下哪一种生态环境问题对您的生活质量影响最大？"的调查中，有高达93.2%的受访者认为空气污染和水资源污染对他们的生活质量造成了极大的影响，但在"您有过以下哪些不文明行为？"中，我们了解到，有30.42%的受访者随手扔垃圾，35.92%的受访者践踏草坪，84.47%的受访者使用一次性产品，41.1%的受访者不及时关灯，64.4%的受访者单面打印，由此，我们可以看出，即使是在大多数的受访者认为环境污染降低了他们的生活质量的条件下，人们也并没有将环保行为落实到实践中去，仍旧延续着某些破坏生态环境的不文明行为，知行脱节的问题较为严重。

（二）家庭生态文明教育缺少言传身教，普及率高但普及力度小，同时某些环保行为由于社会大环境和体制的原因实施难度极大

家庭生态文明教育在一个人的成长阶段起着极其关键的作用，影响深远。我们认为，家庭教育无外乎言传身教，首先是言传：据我们初步统计，有近九成的家庭都向孩子讲述过有关生态文明的知识，这说明家庭教育的普及率还是非常高的，再进一步看，这部分受访者所接受的家庭生态文明教育的频繁程度却是良莠不齐的，有58.25%的人表示只是偶尔听家人讲述有关生态文明的知识，即在接受过家庭生态文明教育的人群中有超过半数的人所受到的教育是较为浅薄的（表1）。

表1　您的家人有没有给您讲述过有关生态文明的知识的调查结果

选项	小计/人数	比例
总是	30	9.71%
经常	68	22.01%
偶尔	180	58.25%
从不	31	10.03%
本题有效填写人次	309	

下面再将家庭生态文明教育与其他几类教育进行对比分析，不难看出，家庭教育的效果在几种获取生态文明知识的主要渠道中相对不太理想，然而，在受访者对这几种生态文明教育重要性的排序中，家庭教育却被排在了首位，即家庭教育被认为是影响力最大的一种渠道。可见，家庭生态文明教育的效果和其重要性之间存在矛盾，同时人们在家庭教育中所接受的知识是较为浅层的，这都揭示出我国现如今

有关生态文明意识的家庭教育无论是在普及范围上还是普及力度上都还存在着一些问题（图1）。

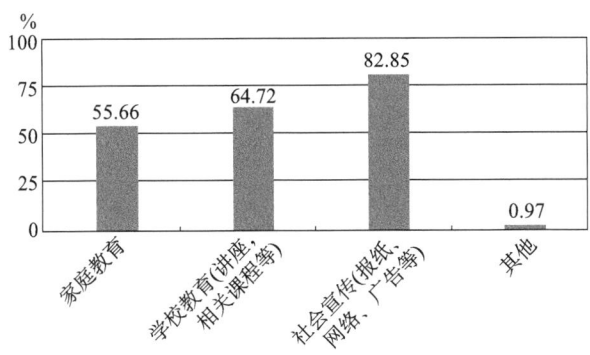

图1 "您从哪些渠道获得有关生态文明的知识"的调查结果

再反观身教，我们在问卷中列出的八项环保行为，虽然每一项都有家庭在履行，但还是有做的欠佳的方面，其中完成度不太好的环保行为分别为"拒绝一次性产品"和"垃圾分类"，这两类行为相对于其他行为实施起来有一定难度。

这主要有以下两个原因：一是履行这两项行为确实会为人们的生活带来一定程度上的不便，二是这些环保行为由于社会大环境和体制的原因实施难度极大。以使用一次性餐具为例，大多数人会更倾向于使用一次性餐具而非自己携带餐具出门，因为携带餐具出门或多或少会有不便之处，同时使用之后的清洗问题也不符合当代人们快节奏生活要求。在法律上，我国从2008年推行实施了"限塑令"，至今已实行了8年有余，却是名存实亡。原本属于禁用的超薄塑料袋现在依然随处可见。之所以会有此种现象，除了与人们的生活习惯密不可分之外，监管不到位是造成这种现象的主要原因。同样，垃圾分类的实施也较为困难，大多数国人没有真正形成垃圾分类的意识，若想养成这样好的习惯是需要很长时间的，而在这段适应期内，不免有一部分人会因为分类工作较为烦琐而放弃。此外，垃圾分类难以施行也有一定的社会原因，现实情况是即使我们将垃圾进行了细致的分类，最后也起不到任何效果，它们最终还会被混于同一辆垃圾车，这样一来分好类的垃圾又会被归在一起，这就大大打击了人们将垃圾分类的积极性，自然也不利于家庭教育的言传身教（表2）。

表2 您有过以下哪些行为

选项	小计/人次	比例
短距离出行选择走路骑车或乘坐公共交通	193	62.46%
拒绝一次性产品	59	19.09%
选择不含磷洗衣粉	124	40.13%

续表

选项	小计/人次	比例
节约水电	244	78.96%
少买或尽量不买过度包装的产品	147	47.57%
买东西时自带购物袋	175	56.63%
垃圾分类	61	19.74%
光盘行动	137	44.34%
本题有效填写人次	309	

从上述分析看来，可以说"拒绝一次性产品"和"垃圾分类"都不属于举手之劳的范畴，然而这也正是我们要倡导大家做的事情，建设生态文明应从小事做起，但绝不是仅做小事。

(三) 学校生态文明教育不断发展，但其问题依旧较多

1. 学校注重对科技和就业能力的培养，轻视人文和生态文明方面的教育

调查"您觉得您所在的大学授课时更注重培养学生哪一类能力？"问题时，有47.72%的学生选择"毕业后就业能力和竞争力"，24.6%的学生选择"个性和创新能力"，仅有12.62%的学生选择"人文关怀和生态的保护意识"。可以看出，在现在这个经济发展迅速的时代，学校为了学生走出校园之后可以更加具有竞争优势，以满足经济社会市场的需求，他们把教育的重心主要放在培育学生专业知识和就业能力上，经过这种针对性的训练和教育，学生毕业后也许能在短时间内找到工作，但与此同时缺乏综合素质的弊端就会慢慢显现出来，这种功利型的人才培养现状与复合型人才培养需求是矛盾的。本报告主要调查的对象是北京市在读大学生，北京市作为全国一线城市，同时更是中国的政治、文化中心，这里的高校教育资源和设施是较为丰富和完善的。但我们在数据分析中发现，仅有少数的学生选择"人文关怀和生态的保护意识"，可见我国高校对于人文和生态文明方面的教育关注度是极低的。缺乏人文和生态文明教育也会严重阻碍我国高等教育的发展，造成专业间相互疏离、人文学科和自然学科两极分化、专业学术环境狭隘以及无法树立全局观等问题（图2）。

2. 学校的生态文明教育实施不到位，质量较差，没有健全的生态文明教育体制

在问卷"您的学校开展过以下哪些生态教育活动？"的调查中，有12.62%的同学选择"没有任何生态文明教育活动"。党的十八大明确提出"五位一体"总布局，极力提倡生态保护，而大学生的生态教育更是必不可少，但从我们调查的结果来看，仍有一部分高校没有采取任何举措，这种大学教育的不到位为我国生态文明建设的发展增加了阻力。在"您所在的大学开设的选修课中，通常哪三个类别可供选择的

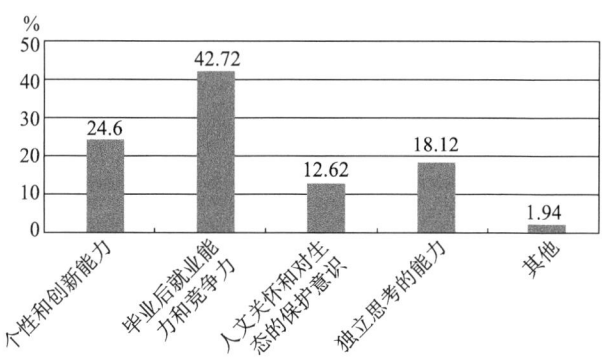

图 2 "您觉得您所在的大学授课时更注重培养学生哪一类能力"的调查结果

课程较多?"调查中,结果表明文学与艺术鉴赏类、素质与个体成长类、自然与科学文明类这三类的课程排在前三位。但随后通过对"您对生态文明建设的基本概念以及相关法律法规的了解程度是?"的调查中,"不太了解"与"完全不了解"的所占比例达到了 75.33%,这个数据突出地说明了我国大学开设的自然和科学文明类的课程,在课程设置的目标和课程内容上存在缺陷,很少涉及生态文明建设方面的知识,不能做到与时俱进、跟上社会大环境的发展。从师资方面来说,由于大学所培养的相关专业的人才较少,造成我国高校也同样缺乏生态文明方面的专家和老师,这是一个迫切需要解决的问题。

(四) 社会生态文明教育宣传力度较大,发展较为完善,是当前学生获取相关知识最为主要的渠道,促进了整体的生态文明教育

大学生接受生态文明教育的方式是多种多样的,我们在问卷"您从哪些渠道获得有关生态文明的知识"(多选题)(图3)调查中了解到,在参与调查的有效问卷中,有 55.66% 的同学选择了家庭教育,有 64.72% 的同学选择了学校教育,还有高达 82.85% 的同学选择了社会宣传教育,仅有 0.97% 的同学选择了其他。可见,家庭教育、学校教育、社会教育是首都大学生生态文明教育的主要来源。根据问卷调查结果的具体数据我们可以看出社会生态文明教育占总体生态文明教育的比重较大,这表明相对于家庭和学校教育来说,社会教育是生态文明教育的最主要也是最重要的渠道。同时在问卷"您是否听说过限塑令、阶梯水费、阶梯电费等环保法令?"的调查中,有高达 88.35% 的同学选择了"是"这一选项,可以看出,在选择"是"的受访者中有 84.25% 的受访者表示他们获取生态文明知识的主要途径是社会渠道,这也充分体现了社会生态文明教育的普及程度和宣传力度较大,大多数参与调查的同学对有关生态文明法令条款的熟知均是通过社会生态文明教育这一渠道,正是在全社会通过多种手段传播相关知识,才使得社会生态文明教育取得如此显著的成效。

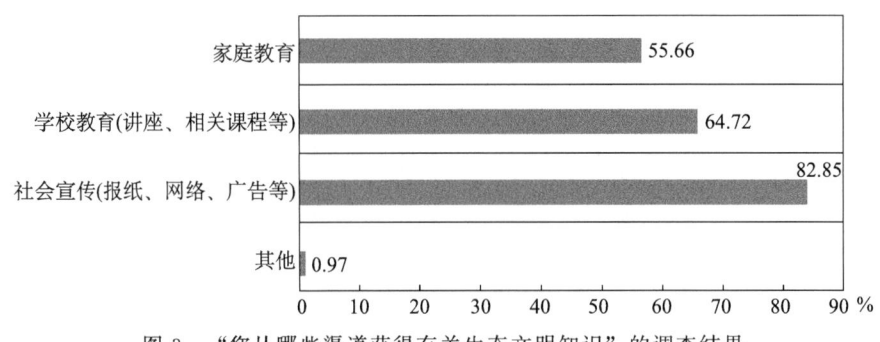

图3 "您从哪些渠道获得有关生态文明知识"的调查结果

每种教育方式对大学生自身的影响程度也是不同的，在"您认为以下生态文明教育的方式对您的影响程度如何？"（排序题）（图4）调查中，我们通过对排名第一的选项进行分析，了解到51.79%的同学将家庭教育排在第一位，有32.69%的同学将社会教育排在第一位，还有15.22%的同学认为学校教育影响程度最大。由此，我们可以看出，尽管社会生态文明教育在一部分同学心中的地位不及家庭教育，但社会教育对于整体生态文明教育的作用是不能忽视的，它的发展较为完善，这一成果有效弥补了学校、家庭教育存在的漏洞，同时我们仍然需要社会与学校、家庭相辅相成，以促进整体生态文明教育的长远发展。

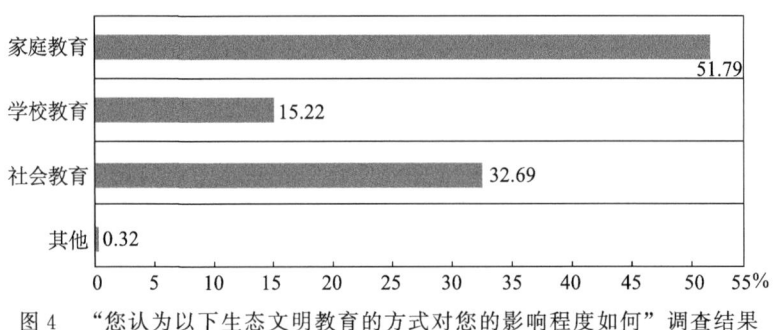

图4 "您认为以下生态文明教育的方式对您的影响程度如何"调查结果

三、针对生态文明教育现状提出的几点建议

（一）结合家庭生态文明意识教育现状及其重要性，家庭教育在生态文明意识的养成中最为重要，然而其普及范围和力度却是最弱的，这正是我们亟待解决的问题

1. 加大有关家庭生态文明教育重要性的宣传力度

家庭生态文明教育需从小抓起，当我们处于孩童时期的时候，父母的言行举止

对我们的影响是最为深远的，因此，在生态文明教育问题上，可着重加大对学龄前儿童父母的宣传力度，开展有关亲子之间的互动活动，这是一个需要时间积累的过程。

2. 对现有的法令实施过程中做到违法必究，吸取在这方面做得好的国家的经验教训，并结合本国国情制定策略

现今某些环保行为由于社会大环境和体制的原因实施难度极大，自然也不利于家庭教育的言传身教。国家应为其提供相应的施行条件。

首先，对于已经明令禁止的事物或行为，有关部门应加大其监管力度。以"限塑令"为例，相关部门应对仍在违法使用超薄塑料袋的商家做出相应处罚，体现法律法规的严肃性，也对违法商贩起到威慑作用。不仅要监管使用者，更应监管生产者。对超薄塑料袋的生产源头进行监管把控，才是杜绝其发生的最佳方法。

其次，国家应为培养公民环保意识创造条件。以培养公民垃圾分类意识为例。我国可以参考、学习在这方面推行得较为成功的国家。日本在这方面做得尤为出色，他们的垃圾分类细致严谨，不同垃圾的处理方式各不相同，日本地方政府会印刷发放包含了详细条款的垃圾分类手册，同时会根据自身情况制定相应的垃圾分类与回收方法。由于垃圾类别划分得十分细致严谨，很多日本家庭按照垃圾划分种类在家里就准备了相应数量的小垃圾桶，里面套上指定的垃圾袋，在日常生活中扔垃圾时就完成分类的流程。在日本，不仅垃圾分类有相应的规定，垃圾收集日和具体投放时间也同样受到严格的限制，如果错过了规定时间，就只能存放垃圾到下个"收集日"再进行投放。我国可以从中吸取经验，制定出适合本国的垃圾分类方法，先选择一些城市进行试点推行，根据推行效果修改方案，最终找到适用于我国的垃圾分类方法。

（二）内外结合解决校园生态文明教育现存问题

1. 借鉴国外的成功案例，在校园里广泛开展保护生态环境的活动，加大学生的实践力度

生态文明建设是经济社会发展到一定阶段的产物。经济发展和社会进步的必由之路是工业化，越早开始工业化的国家就会越早遭到经济发展带来的恶果——生态环境严重破坏。经济发达的国家较先开始工业化，同时他们也较早开始保护生态环境，所以，他们在这方面积累了大量宝贵的经验。在现在这个经济全球化的大环境中，生态文明建设是全世界人民的共同责任，因此，我们可以借鉴发达国家的经验来开展我国的生态文明建设。例如美国的"绿丝带学校"计划[1]，建立环境友好型校园。在活动中可以提高大学生的生态保护意识和践行能力。正如在问卷题"您认为应该如何发展生态文明教育?"调查中，有65.05%的学生选择"重点在于实践，落实到行动中去"，可见实践是非常重要的一个环节，它可以使学生更快地融入到生态文明建设当中，培养大学生对大自然的热爱，增强学生保护生态环境的意识。因

此，高校在开展各种各样的保护生态活动中，要着重于实践，例如，开展以生态教育为主题的讲座、摄影、绘画、征文等竞赛，除此之外，还可以倡导同学们从节约校园内的资源着手，爱护校园的花草树木，抓住每一个有关生态的节日，例如"植树节""世界节水日"等，加强学生"爱护自然、保护自然、顺应自然"的观念，使他们学会用实际行动去与自然和谐相处。

2. 从课程设置、内容、目标以及教师等多方面入手，建立健全高校生态文明教育体系，提高生态文明教育的质量

高校可以根据生态文明建设的具体要求确定正确的、合理的教学目标，并开设相关的公众必修课、选修课，同时给予这类别的选修课更高学分，以此鼓励更多的同学投入其中，让学生意识到生态文明建设的重要性。在开展课程的内容上要仔细斟酌、与时俱进，教授给学生最优、最先进的生态文明知识。生态文明建设不是一个单独的个体，它是和经济、政治、文化相关联的，除了设置特定相关的课程以外，学校还需要将其他课程和生态文明建设相结合，让学生在学习其他方面知识的时候，潜移默化地吸收生态文明建设的知识，形成一个相互联系、统一的教育体系，这样才能增强大学生的生态文明意识、增加大学生生态文明建设的知识，端正保护生态的态度，更好地提升大学生的技能，培养具有综合素质的复合型人才。目前，关于生态文明教育方面的师资力量较为薄弱是当前高校面临的重大障碍之一，学校可以提高这方面老师的薪酬待遇，吸纳更多优秀人才。除此之外，学校还可以通过开设专项学习，加强和国外交流，对现有的老师进行培训等措施来提升老师的专业水平。从传道授业的主体——教师开始，进一步提升生态文明教育的质量。

（三）加大社会文明教育的宣传力度，促使教育形式多元化

社会教育是生态文明教育中普及力度较大且对人们影响深远的一种教育传播方式。但尽管如此，还是有一部分人对国家在社会上颁布的有关法律法规不甚了解。发现有11.65%参与调查的同学没听说过"限塑令""阶梯水费""阶梯电费"等环保法令，还有高达44.98%的同学不知道"限塑令"是从哪一年开始实施的。造成这种现象的其中一个原因是这部分大学生缺乏自主性，没有主动了解这方面的信息，甚至不屑于去关注，所以，导致他们保护生态环境的意识较低。其次，这种现象也间接暴露了社会教育宣传力度有所欠缺的问题，因此，我们需要进一步加大社会生态文明教育的宣传与普及力度，同时使得社会教育形式多元化，例如政府可以组织"公益广告、短片创意"大赛，在植树节举办"人人种树"等活动，这样不仅使得宣传途径多样化，还能获取更多有创意、吸引眼球的广告短片，在公共场所尽量多地播出这类公益广告，倡导企业也加入到公益广告的制作中去，这样既树立了企业形象同时也承担了社会责任，获得了双赢的结果。除此之外，相关单位应加强相关立法，建立有关生态文明的法律法规，做到有法可依，政府还可以加大管理力度，做到执法必严，对于违反生态文明建设的行为给予一定的处罚。

（四）大学生应增强环保意识，认清社会形势，从自身做起，积极参加学校以及社会开展的实践活动

在问卷调查"您是否主动学习过有关生态文明的知识？"这一题中，有高达61.81%的受访者选择"否"这一选项，这说明大学生自身缺乏学习生态文明知识的主动性。如今大学生的社交、外出活动非常频繁，并且面临着即将走入社会、寻找工作的现状，而当今社会所需求的是复合型人才，因此，我们建议大学生应主动了解生态文明的有关知识，积极参加环保实践活动，拓宽自身视野，具备真正与社会需求相匹配的竞争力。

（五）培养人才的观念应当转变

根据以往数据来看，在大多数学生填报高考志愿时，家长们总会建议甚至要求孩子们选择一些"容易就业"的技能型的专业，例如会计、法律、教师等，这是受我们多年以来社会发展环境影响的结果，但是如今我们必须意识到生态环境的严峻形势，它使得经济发展和现代化建设受到了一定程度地制约，这也引起了政府的重视。所以当前我们需要有关生态文明的相关专业为我们培养更多的人才，来保护我们赖以生存发展的环境，有了需求必然会要求供给，所以，我们的观念要转变，让更多对生态文明有热情、有兴趣的人们投入到这里面来，学习更多专业的知识，为生态文明建设贡献力量。

（六）国家领导人、政府各级官员、明星等公众人物应树立榜样，起积极带头作用

列宁曾说过："榜样的力量是无穷的。"这里就涉及一个"榜样效应"的问题，当我们心理达到成熟阶段时，我们对自身的认知通常是通过与他人对比建立的，对比往往是一些比我们优秀的人，当我们对比以后发现自身的不足时会予以纠正，同时对于他们的行为会进行模仿，而公众人物往往会成为我们竞相模仿的对象，同时公众人物也同样承担着为公众传播正确的价值观、正能量的责任。基于上述原因，我们倡议各级官员和明星等公众人物，应当为百姓树立榜样，放下"偶像包袱"，积极投入到生态文明教育的实践活动中去，这也不失为一种有效的社会教育方法。

参考文献

[1] 张艳茹，万秀兰. 美国中小学环境教育新举措——"绿丝带学校计划"[J]. 外国教育研究，2013（1）.

北京市城区市民太阳能资源使用调查报告

孟繁宾　姜海晨[*]

摘要：近年北京市雾霾灾害频发，生态环境面临巨大挑战，市民生活、出行遭受极大影响，如何改善生态实现可持续发展成为一个摆在我们面前刻不容缓的问题。本次调查以清洁能源中的太阳能为出发点，调查部分北京市民对于太阳能的了解、使用及发展状况的看法，不难发现太阳能以其环保、友好、节能的优势博得不少消费者的青睐，但由于使用时存在冻堵、漏水和极易受天气、日照等因素影响导致无法在日益激烈的行业竞争中占据一席之地。因此如何增强太阳能热水器使用时效、减少不必要的能量损耗及使用过程中的冻堵、漏水现象成为该产业进行技术革新的首要任务。除此之外政府部门加大对该产业的扶持力度、加强对民众的宣传教育必将成为促进太阳能产业蓬勃发展、提高行业竞争力的强心针、催化剂。

关键词：生态环境　太阳能　热水器

太阳能是一种取之不尽、用之不竭、无污染、没有地域限制的环保辐射能源，其简单、经济、环保、可靠的优势在当今倡导绿色、清洁、健康、可持续的时代发展主旋律下彰显无遗，如何合理开发利用已成为各国进行节能、环保的重要研究项目之一。截至2014年底，北京市太阳能利用总量超过100万吨标准煤，约占可再生能源开发利用总量的48.7%[1]。因此，北京市具有合理利用太阳能的潜力。为了有效地对北京市环境进行保护，如何科学利用太阳能资源成为我们关注的热点。但是到目前为止北京的太阳能利用存在诸多阻力。由于投资成本大，使用率低，消费者简单将太阳能资源等同于太阳能热水器等观念问题及太阳能利用本身存在的技术问题均制约了太阳能产业的发展。

本次调查时间为2016年7月至9月主要采取的是网上调查的方式。调查问卷是由小组成员在朋友圈、QQ空间、微博发送链接的方式让市民填写并收回。共发出调查问卷245份，收回245份，245份全部有效，有效率达100%。在参与调查的市民中有33.88%居住在海淀区、18.78%居住在丰台区、14.29%居住在朝阳区、12.24%居住在房山区，其他为西城区、昌平区、东城区等居民，同时调查人群的年龄段在20~40岁所占比例达75.51%、41~60岁占14.29%，其他为20岁以下及60岁以上居民。通过调查发现作为市场消费生力军的年轻家庭缺乏对太阳能资源及其相关产品的了解、存在使用率低等问题，但对于太阳能这一新兴产业的发展前景

---

[*] 本课题指导教师孟繁宾（北京工商大学马克思主义学院），课题组长姜海晨（食品141班）；课题组组员：迈诗祺（食品141班），谭娴娴、刘家齐（食品142班）。

仍持积极乐观态度。

一、北京市城区太阳能资源认知和使用情况现状

（一）太阳能资源产品了解程度调查

在问卷中，关于人们对生活中使用到太阳能资源产品的调查，70%以上的人们都熟知太阳能热水器与太阳能路灯，而了解太阳能汽车与太阳能温室的人比例分别是26.83%与23.98%（图1）。太阳能路灯是一种利用太阳能作为能源的路灯，因其不受供电影响，不用开沟埋线，不消耗常规电能，只要阳光充足即可就地安装等特点受到人们的广泛关注，又因其不污染环境，被称为绿色产品。系统每天照明3～12小时可连续3～5个阴雨天气正常工作。它既适用于太阳能资源丰富区，又适用于太阳能资源较丰富区和太阳能资源可利用区。在这些地区，既可用于城镇居民区、高档住宅区、花园别墅、公共绿地、城市广场、道路照明，又可用于常规能源匮乏，难以用常规能源发电的偏远乡村的家用照明及环境照明。

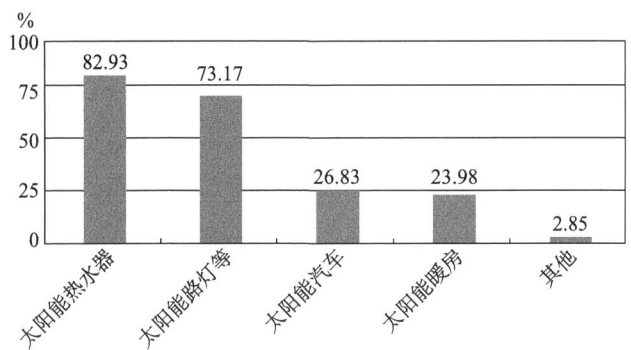

图1 "您了解生活中使用到太阳能资源的产品"调查结果

现在太阳能资源的使用已经进入到了人们生活中的方方面面。太阳能光伏应用产品的设计目标是为了有效地把可持续利用的太阳能能源运用到产品中，而且太阳能资源有普遍性、长久性、清洁性、安全性等优点，太阳能资源不会污染环境，不会造成气候变暖等当今人们需要面对的问题，符合我们的生态理念。这种太阳能光伏产品的出现也诠释了绿色高效的产品设计新理念，为我们人类创造了一个新的生活形态。所以，在可以预期的未来，它具有广阔的市场发展潜力，将会带领我们人类进入到一个节约能源减少污染的新时代。优秀的太阳能光伏应用产品不仅应在基本功能上给人们带来方便，还要积极拓展出更多的延伸功能，让使用者享受产品带来的愉悦。充分利用和发展太阳能光伏应用产品，不断拓展产品设计的功能性，完善太阳能在产品设计中的应用体系，实现经济的可持续发展，达到人—机—环境合为一体[2]。

（二）近年北京市运用太阳能资源情况

北京市在 2010 年实施六大"金色阳光"工程，加快开发利用太阳能，带动新能源产业发展，将北京建设成为太阳能技术研发中心、高端制造中心和应用展示中心。

据介绍，六大"金色阳光"工程包括 2 万千瓦光伏屋顶工程、5 万千瓦光能示范上网电站工程、阳光校园工程、光能热水工程、阳光惠农工程和园林阳光夜景工程。同时，为大力促进高端太阳能热利用与建筑一体化领域技术产业的发展，在国家财政补贴基础上，北京市将对符合一定标准的光伏屋顶发电工程，按每年每瓦 1 元的标准连续三年给予补助，并对新建两限房、普通商品房、公共建筑及工业企业安装使用的太阳能热水系统，按照每平方米 20 元的标准给予补贴。

北京市实施的"阳光惠农工程"，将大力支持与农业生产相结合的太阳能杀虫灯、温室大棚中的太阳能采暖设备，以及与农民生产相结合的阳光浴室，促进农村传统用能方式转变，改善、提高农民生活质量。

2010 年起，北京市将在有条件的中小学建设太阳能热水、太阳能灯、小型并网光伏发电、太阳能科普教室等工程，培养少年儿童从小树立起可再生能源的利用意识。到 2012 年，北京市 50%的中小学全部建设成阳光校园。

与此同时，北京市还将在有条件的公园安装太阳能夜间景观路灯。到 2012 年，市属公园和 30%区属公园将完成园林阳光夜景工程。

太阳能是一种清洁、安全、可再生绿色能源。北京地区年日照时数达到 2600 小时，根据规划，到 2012 年，北京市太阳能集热器利用面积将达到 7000 万平方米，太阳能发电系统达到 70 兆瓦，太阳能产业产值超过 200 亿元。届时太阳能每年可替代近 90 万吨标准煤，减少二氧化碳排放 196 万吨[3]。

（三）太阳能热水器普及率调查

在问卷中，家中使用太阳能热水器的市民并不多，只占 12.24%，远低于使用率最高的电热水器，反映出太阳能热水器的普及率偏低。这 12.24%的市民中 70%以上的市民每天都会使用太阳能热水器，大多数市民每次使用的时间通常小于 2 小时。据我们了解，太阳能热水器是可以满足人们平时日常需要的。同时我们也能了解到现在北京大多数家庭对热水器需要的类型（图 2）。

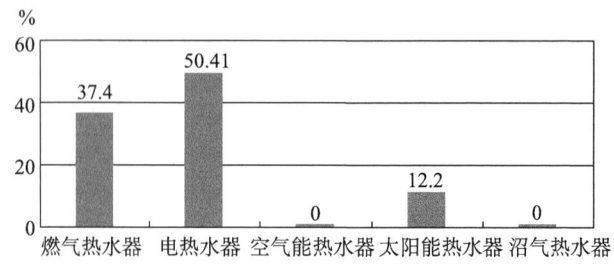

图 2 "您家使用热水器类型"的调查结果

二、太阳能热水器使用状况

（一）太阳能热水器使用优势

北京市太阳能资源相对丰富，年日照时数达到 2600 小时左右，年累计太阳能辐射量达到每平方米 5227.14 兆焦耳。并且，北京市各地太阳能资源稳定程度很好，属于稳定等级。太阳能在新能源利用中比例最高、资源潜力最大、应用前景最为广阔。

调查中，"认为太阳能的优势""选择太阳能的理由"的统计结果中，太阳能的节能、环境友好、安全、有效期长等是大多数人欣然接受它的原因。另外，在所有选择使用太阳能的理由中，环境友好和节能占有极大百分比，这也体现出了北京市民具有的环保意识。

（二）太阳能热水器使用劣势

在此次调查中，被调查者大多处于海淀区，丰台区，朝阳区，集中于北京市的城区内，众所周知，北京目前处于快速发展阶段，大型高楼住宅区林立，太阳能的使用受到局限，造成太阳能使用率低，这也从侧面反映出北京市的城市化发展和人员流动大使住宅区增多的情况。

从问卷结果可知，极少部分人群考虑的是价格及使用时间等因素，说明与同类热水器产品相比较，价格及使用年限方面在构成太阳能产品的购买率降低上只占有一小部分因素，而绝大多数人群没有选择太阳能产品的根本原因在于太阳能产品的使用局限性。当阳光不充足，或者是连续阴雨天时，太阳能热水器无法提供 24 小时热水，这是太阳能产品在与同类产品竞争中面临的主要问题（图3）。

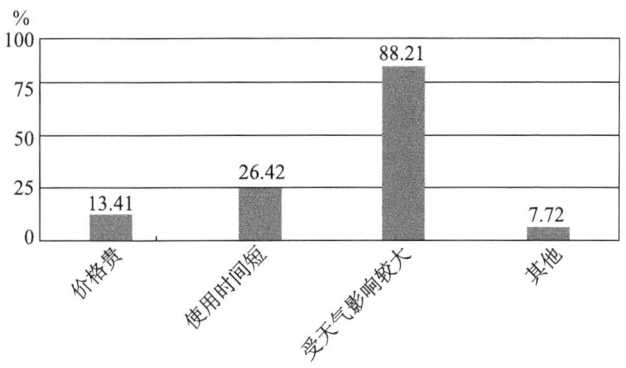

图3 "您觉得太阳能热水器的不足之处"的调查结果

(三) 太阳能热水器需要改善的部分

从"使用者希望太阳能有哪些方面的改善?"调查结果可以了解到,排除个别非太阳能用户的非关键因素外,绝大多数太阳能热水器产品的使用者以及对太阳能产品的期待者都希望可以减少产品的冻堵现象。在冬天,太阳能热水器产品的管道容易堵塞,根本原因是因为普通太阳能热水器的水温难以控制,容易产生水垢进而造成管道堵塞。从问卷中显示,不足一半的人会选择减少漏水现象,这说明相比于冻堵现象,漏水现象虽然没有显得那么严重,却也是我们不可小觑的问题之一,由于太阳能水管中一节没有保温管,保温管对水管起到保护作用,日光暴晒,容易破裂出水,所以,能够及时地解决保温管的扩张问题才是解决漏水问题的有效手段。

最后我们调查了居民对太阳能产品前景的看法时,大多数人对太阳能的前景持有乐观积极的态度,表明居民在面临拥有相同使用效果的产品上,更愿意选择环境友好型的产品。

我们在对太阳能的改进和完善上也一直都在努力,江苏省双能太阳能有限公司与南京航空航天大学、盐城工学院联合研制的4D变频太阳能供热系统已经推向了市场,该技术可以任意设定用水时间,自动调节。阴雨天时,由于系统内安装温差补偿器,可以对水进行正常加热。同时循环泵和碳纤维双重保护也有效解决了冻堵问题。同时会看天气的太阳能热水器以及常压分体即热式太阳能热水器也会陆续上市[4]。

三、太阳能资源发展前景

(一) 太阳能发展的有利条件

从广义上讲,太阳能是地球上众多能量的来源,像我们平时接触频繁的风能、化学能、水势能等都是由太阳能导致或者是转化的能量形式。而利用太阳能的主要有太阳能电池,其中太阳能电池主要是通过光电转化把太阳能中包含的能量转化为电能,而太阳能热水器主要是利用太阳光的热量加热水,并利用热水发电等。

调查了解到,大约有一半的人对太阳能电池板的原材料有一定的了解,这些人中包括使用其他热水器的人群。太阳能电池主要有单晶硅、多晶硅、非晶态硅三种。这些原材料均为能源节约及环境友好型原材料。但从问卷的前半部分我们可以看出太阳能热水器产品的使用率仅仅12.24%,说明目前的太阳能热水器产品还存在着某些不足和需要改进的地方。

就太阳能的利用率来讲,照射在地球上的太阳能非常巨大,大约40分钟照射在地球上的太阳能足以供给全球人类一年能量的消费,太阳能是真正取之不尽、用之不竭的环境友好型资源,太阳能发电绝对干净,不产生公害,所以,太阳能被誉为理想的能源。

（二）太阳能发展的制约因素

现今社会中，太阳能能否被广泛应用的主要障碍之一就是太阳能系统在初期的性价比低。根据相关资料，可得出这样的结论[5]："如果和现有电站总投入相比，太阳能热电成本，即使在最好的年份，与大型常规电力系统相比无明显优势，即使在最好的情况下，如要大规模应用，操作存在困难。"但对于用电规模小的边远地区，太阳能特别是光伏系统的竞争力就会明显凸显。

1. 总的投资能力

能否找到未来几十年发展太阳能所需的资金，这是非常重要的问题，这一问题在发展中国家尤为突出，根据资料显示，相关专家预测今后 10 年发展中国家发展电力工业每年需要的总投资估计至少为 1000 亿美元。世界银行及其他的多边机构和双边资助机构预计只能为发展中国家提供发展电力所需资金的 20％。因此，必须让私营投资在资助能源发展中发挥更大的作用，最大程度地开发本国的私人投资资源。由此可见，资金短缺问题是太阳能能否进入市场的一大关键因素。从积极方面来说，太阳能光伏系统确实有潜力为农村和边远地区提供电力，但成本过高，边远地区很难承受。如此，广泛发展太阳能很可能会使总的能源利用发展速度变慢，得不偿失。

2. 制造生产能力的合理增长

现在世界上太阳能硬件的生产制造能力非常有限。太阳能技术的每个环节和每个零件的制作，都有不同的工艺要求，过去曾试图建立起大规模的制造能力的国家或公司，大都收效甚微。因此，要想让私营企业的制造能力达到实际需要是有实际困难的。不过，随着工业实力的增强和各国创新发展脚步的加快，到 2020 年，这项因素将不会再制约太阳能的发展，太阳能的广泛应用也将成为可能，也能尽快造福世界各国人民。

3. 间歇性能源

太阳能是一种非连续性资源，昼时有夜时无，并且受到天气变化的影响，这种影响只能通过储存或远距离输送太阳能产生的能量来加以解决。但是在常规能源系统努力占据更大市场份额的时候，太阳能的这种时有时无的特点，必将影响它的发展[7]。

（三）世界各国高度重视太阳能等新能源产业发展

当前，利用和发展新能源已成为一场全球革命，世界各国纷纷出台新能源产业鼓励政策。

美国政府推出"绿色能源计划"，提出 3 年内使太阳能等可再生能源利用量增加一倍，到 2025 年前，将投资 1900 亿美元用于清洁能源和可再生能源的开发利用。2009 年，美国联邦政府开始实施《可再生能源鼓励政策投资税收抵扣法》。主要政策内容：一是对于使用太阳能光伏、风能、燃料电池、地热以及其他太阳能发电技术的居民给予 30％的税收抵扣，其中一套太阳能发电系统最高抵扣 2000 美元，太阳能光热最高 2000 美元。二是对于商业企业，也给予税收抵扣，太阳能给予 30％税收抵扣，同时给予 5 年的加速折旧期，没有封顶。对于微燃气轮机最高每千瓦抵扣 200 美元。

日本政府在 2008 年 11 月发布了"太阳能发电普及行动计划"，确定太阳能发电量到 2030 年的发展目标要达到 2005 年的 40 倍，并在 3～5 年后将太阳能电池系统的价格降至目前的一半左右。2009 年重新启动太阳能光伏补贴政策，第一季度政府拨款 90 亿日元用于太阳能电池家用普及活动，用户可得到每千瓦 7 万日元的补贴。

德国、西班牙等 40 多个国家采用固定电价法推动光伏发电的发展；英国、澳大利亚等国家推行太阳能等可再生能源配额制，鼓励太阳能热利用和光伏利用。

（四）民众对于太阳能使用的积极性很高

太阳能的利用不仅局限于热水器，光伏发电也是其中重要的一项应用，众所周知，小区街边的路灯大多都是太阳能光伏发电，这使大家的生活更加舒心方便。类似的太阳能衍生产品还有很多，其中大部分都为便利北京市民的生活做着贡献。现在太阳能资源的使用已经进入到了人们生活中的方方面面。太阳能光伏应用产品的设计目标是为了有效地把可持续利用的太阳能能源运用到产品中，而且太阳能资源有充足性、清洁性、安全性等优点，太阳能资源不会污染环境，不会造成气候变暖等当今人们需要面对的问题，符合我们的生态理念。这种太阳能光伏产品的出现也诠释了绿色高效的产品设计新理念。有 77.55％的人都认为太阳能应被广泛应用于北京市，可见太阳能的贡献得到了大家的认可与支持。

（五）发展太阳能产业的相关建议

太阳能是真正取之不尽、用之不竭的最充沛、最清洁、最安全的清洁新型能源，如果太阳能能够应用到更多的领域上，对人类和社会乃至地球都将是受益无穷的。对于太阳能的使用，有以下四点建议：

（1）学习借鉴其他发达国家针对一线城市发展太阳能产业所提出的政策与计划，吸取经验并多进行合作，进一步加强太阳能的使用率，使太阳能发展步伐加快。

（2）严格遵循太阳能热水器生产准则、太阳能热水器质量标准，严格参照市场准入制度，淘汰"三无小厂"，促进企业整合上市，不断技术升级，加强工业设计，提升国产太阳能热水器市场竞争力。

（3）加快太阳能利用自主创新的步伐，加大研发投入和技术积累，不断改变技术路线，提高技术水平，解决太阳能中出现的各种瑕疵与不足

（4）政府应加大太阳能绿色环保知识普及的力度，使太阳能的发展与前景落实到人民群众的日常生活中，让太阳能的优势所在深入人心。

如果更多的研究人员能够认识并改善太阳能产品的不足，创新出更多有利于人

们的基础产品，相信一定会在群众中广泛传播，并大受欢迎，如此以后，不仅使市民生活更加便利，也会使北京更加环保，摆脱"新雾都"的称号，我们距离环境友好型社会指日可待。

参考文献

［1］北京市政府.北京市太阳能资源状况市场运行回顾分析［R］，2014.
［2］熊兴福，杨政之.太阳能光伏应用产品的功能探析［J］.包装工程，2014（24）.
［3］北京市政府.北京市加快太阳能开发利用促进产业发展指导意见政策解读［R］，2010.
［4］四季沐歌.坚持不懈追求太阳导热技术突破［J］.中国太阳能产业咨询，2011.
［5］骆沙鸣.关于加快我国太阳能开发利用的若干建议的提案［J］.中国科技产业，2010（Z1）.

《水污染防治行动计划》执行中
社会公众参与情况的调查研究

张秀芬　岂世琛*

摘要：中国水体污染日益严重，水环境保护事关人民群众切身利益，事关全面建成小康社会，事关实现中华民族伟大复兴中国梦，刻不容缓。我国目前的水污染治理中究竟存在哪些问题、《水污染防治行动计划》中的社会公众参与制度应该如何构建、存在哪些问题、国外经验哪些值得我们借鉴、社会公众对此态度如何、如何推行社会公众参与制度才能取得最佳效果，本文对此进行了初探，并提出了一些解决措施。

关键词：水污染　《水污染防治行动计划》　社会公众参与制度　环境保护

本次调查主要采取的是网上调查的方式。调查问卷是由小组成员在朋友圈、QQ空间、微博发送链接的方式让网友们填写并收回。共发出调查问卷768份，收回768份，回收率达100%；有效问卷768份，有效率达100%。其中年龄在18周岁以下的受访者占4.43%，18周岁至30周岁的受访者占76.82%，31周岁至50周岁的受访者占14.97%，51周岁以上的受访者占3.78%。本次问卷发放人群多为北京居民，占被调查网友的46.25%，其次，四川居民占15.63%，河南居民占9.390%，福建居民占6.90%。与此同时，还有来自湖北、新疆、吉林、黑龙江、山东、山西、河北、上海、广东、广西、江苏、贵州、陕西、重庆、海南、安徽、江苏、云南等省、市、自治区的居民。本次问卷调查了来自全国各地的居民对于目前水污染治理状况的看法及他们对《水污染防治行动计划》中的社会公众参与情况的意见，旨在提出适应民意的意见，以便社会公众参与，更好地实施与落实。

一、我国《水污染防治行动计划》的提出背景及研究目的

（一）水污染概况

中国的水体污染日趋严重。全国水环境的严峻局势主要体现在三个方面：第一，就整个地表水而言，受到严重污染的劣V类水体所占比例较高，全国约10%，有些流域甚至大大超过这个数。第二，流经城镇的一些河段，城乡接合部的一些沟渠塘坝污染普遍比较重，并且由于受到有机物污染，黑臭水体较多，受影响群众多，公

---

* 本课题指导教师张秀芬（北京工商大学马克思主义学院），课题组组长岂世琛（法学141班）；课题组组员：付玉婷（法学141班），邱宗乐（法学154班）。

众关注度高，不满意度高。第三，涉及饮水安全的水环境突发事件的数量依然不少。中国日趋严重的水污染不仅降低了水体的使用功能，进一步加剧了水资源短缺的矛盾，对我国正在实施的可持续发展战略带来了严重影响，而且还严重威胁到城市居民的饮水安全和人民群众的健康。

（二）《水污染防治行动计划》的提出

水环境保护事关人民群众切身利益，事关全面建成小康社会，事关实现中华民族伟大复兴中国梦。当前，我国一些地区水环境质量差、水生态受损重、环境隐患多等问题十分突出，影响和损害群众健康，不利于经济社会持续发展。为切实加大水污染防治力度，保障水安全，国家制定了《水污染防治行动计划》。

在《水污染防治行动计划》中，提出了十个方面的具体要求，分别是：全面控制污染物排放、推动经济结构转型升级、着力节约保护水资源、强化科技支撑、充分发挥市场机制作用、严格环境执法监管、切实加强水环境管理、全力保障水生态环境安全、明确和落实各方责任与强化公众参与和社会监督（简称"水十条"）。课题小组成员对这些具体要求中的最后一项进行了深入研究，依靠公众参与的力量寻求解决水污染的良方。

（三）研究目的

通过对《水污染防治行动计划》的研究，希望能够寻找出该计划推行过程中存在的问题以及解决的方案。通过完善《水污染防治行动计划》，使更多的人在意水环境的重要性。在此基础上，人人都能为水环境贡献出自己的力量。在社会上，形成制度、政府执行、人民监督的有效结合，更加有效率地提高我们所处的水环境质量[1]。也希望通过此次研究，能够带动更多的学者研究并提出更加有效的解决方案。

二、我国立法与《水污染防治行动计划》执行现状

在我国的宪法中，提出了城市水污染防治方面的指导思想。1978年我国《宪法》首次做出规定："国家保护与改善生活、生态环境，防止污染及其他公害。" 2005年出台了《国务院关于落实科学发展观加强环境保护的决定》的相关规定，采取了"区域限批""流域限批"等措施，只不过这些手段只是试图通过间接方式达到强制执行目的一些政策性措施，没有上升到具体的法律制度层面。此外还有单行性的污染防治措施——《水污染防治法》，其中包括行政性的法规、地方性的法规以及其他与之相关的法律法规等健全这一体系。《水污染防治法》作为一部全新的单行性法律，专门介绍了针对水污染防治的措施和办法，还将宪法中与环保法中所涉及的有关防治污染的相关规定进行了更为翔实且具体地划分和落实，这其中有相当大的比重是关于城市水污染防治的。"水十条"是我国水污染防治工作开展的法规，其提出了严格环境执法的具体措施，在执法的方面有了更明确地规定，具备强有力的指

导意义。

虽然我国在水污染治理方面的立法日渐完善，但是执行上仍存在一些问题。其中最为突出的便是公众参与情况。"水十条"中所提及的公众参与即指公众通过合法、公开、公平的程序和渠道，以一定的组织形式和参与方式，参与到流域水污染防治的立法、政策制定和有关项目管理中，实现良好的流域治理，最终改善流域水环境。我国民众在政府的宣传教育、政策引导下，培养了一定的环保意识，能够从自身做起，在生产生活中注重减少污染，有效减少了一定的污染源，但与"水十条"预期的指标还相差甚远。

三、社会公众参与水污染治理后反映出的问题

（一）政府管理职能不完善并且公众环境意识薄弱

环境保护是政府的一项重要的公共管理职能，我国现行管理体制下，政府强调监督管理职能过多，运用指导协调职能过少；依仗政府自身的力量过多，充分利用其他社会主体的自治力量过少，对社会公共事务大包大揽，形成无所不包的"全能政府"。主要表现在：一是政府承担了很多本该企业和社会承担的责任（如污水处理），依赖政府的环保资金投入严重不足、治理绩效不高，历史欠账较多，导致形成"环保靠政府"的局面。二是政府成为污染企业的保护伞。现行财税体制和重GDP的考核状况下，地方政府片面追求经济增长，缺乏保护改善环境的内在动力，甚至主动牺牲环境求发展，为环境违法企业"保驾护航"。

在问卷调查"您认为水污染环境管理中存在的问题"中，有82.5%的人认为地方管理不到位是造成水污染的主要原因。可见在人们的认识中，政府对水污染环境的管理还存在着很大的漏洞。在问卷"您认为您的环境意识如何？"中，有58.75%的人认为自己的环境意识一般（图1）。大多数人对水污染乃至整个环境保护的意识都有着很大的提升空间。人们时常在遇见水污染问题时，不明白应向什么机关投诉，也不明白什么行为会造成水污染问题，这是造成政府管理职能无法很好实施的原因之一。

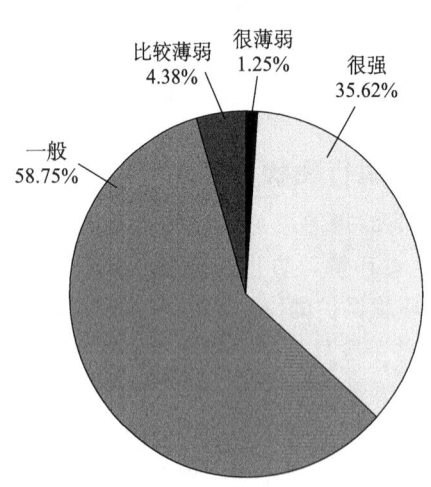

图1 "您认为您的环境意识如何"的调查结果

其次，在寻找造成政府管理职能不完善现象的原因时，人们对政府政策的陌生这一点引起了我们的注意。在提问到"您了解《水污染防治行为计划》吗"这个问题时，有超过一半的人完全不知道有这一新政策。有

45%的人仅是听说过但不清楚。可见，政府希望通过政策调节水污染环境政策的受众度却相当不可观。即使政府制定出何等完善的水污染治理政策，只要人们对其一无所知，其政策的颁布也如白纸一张。最后，政府在管理与执行环节要防止机构之间相互推诿，导致效率低下。

（二）社会参与机制的不完善

调查中，有73%的认为法律规定模糊，社会公众参与权利难以保障、社会公众参与机制不健全。在现实生活中，对法律的陌生成为我们无法积极参与水环境保护的一大重要因素。对政府出台政策的不清楚、遇到困难时不知道投诉的渠道与机制，造成了人们在环境保护中的作用与地位下降的结果。在很多情况下，当人们发现企业无法履职控制污染源、公民个体严重浪费水资源的现象时，只能协商劝告，借助舆论来改变。只有少数的人会选择通过相关机构，维护自身的权益，保护水资源环境[2]。

（三）公众不了解环境信息的公开情况

问卷中"您平时是否了解环境信息的公开情况"调查中，仅有8.13%的人认为平时了解环境信息的公开（图2），其余大多数人都认为环境信息较为闭塞，无法进入人们的生活。"您认为目前的环境信息沟通渠道是否畅通"调查中，却又有超过70%的人认为畅通或者一般。既然环境信息沟通渠道畅通，为何却有多数人不了解环境信息的公开呢？是什么原因造成了这两者间的矛盾？参考国外的信息公开体制，国外环境信息公开体系最为

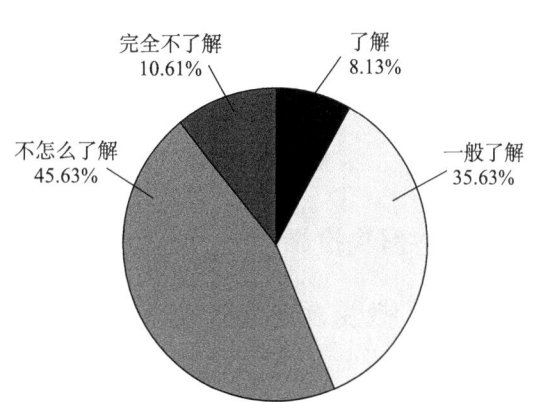

图2 "您平时是否了解环境信息的公开情况"调查结果

完善。这些国家信息公开渠道多样、且有专门机构负责环境信息公开，既能提高效率，又能保证公民对环境信息的了解。国内环境信息沟通渠道畅通，信息技术发达，但是人们能够接收的环境信息单一，且人们对如何了解环境信息一无所知。政府的宣传力度不够，导致了即使信息沟通渠道再畅通，人们对环境信息还是了解不够。

（四）国民教育体系缺失水环境知识教育

对于是否将水环境知识纳入国民教育体系，有59.37%的人表示非常支持，认为它很有用，有39.30%的人比较支持，不太清楚是否有用但持积极态度（图3）。之所以要将水环境知识纳入国民教育体系，与我国的国情和整个世界的水资源环境

现状是分不开的。从上文我国水环境的现状可见，解决水污染问题迫在眉睫。当今世界水资源正处于尴尬阶段，水资源分配不均衡、开发能力不足、浪费现象严重，使得水资源的保护一直成为大众关注的热门话题。然而，如今教育体系却极大地忽视了水环境等环保知识。由于人们的环境保护意识薄弱成为治理水污染问题中不可忽视的一环，将水环境知识纳入国民教育体系也成了理所应当的趋势。如果在人们的接纳知识的初期就贯穿水环境知识，能够很大地提高公民的环境意识和素质。

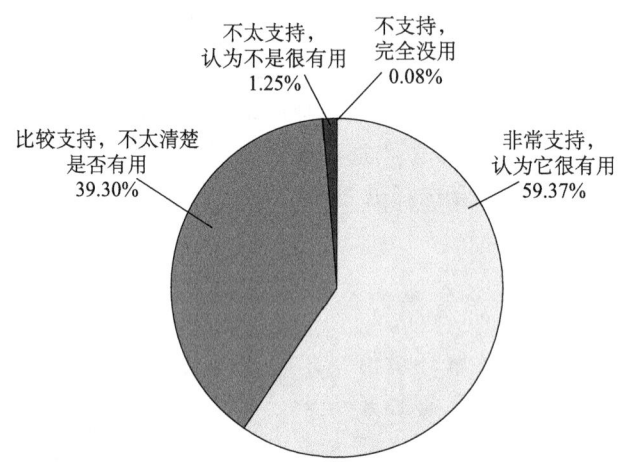

图3 "将水环境知识纳入国民教育体系的态度"调查结果

四、解决措施

（一）改变政府的管理理念

自古以来，政府的管理理念就根深蒂固。公民参与水资源环境保护的空间有限，政府应当淡化管理的专属性，给予公民在水资源保护的回旋余地。首先，政府应当树立"有限的政府"理念，政府不能不断地强化自身的管理职能，从而打击了公民的积极性，反而使公民远离了水资源保护的责任。其次，政府应切实以人为本，为人民服务。公民无法顺畅地参与水污染治理很大一部分原因是政府的服务意识不够强，把环境治理当成政府层面的事务，忽略了主体的重要性。政府的管理理念的改善同时也会促进公民环保意识的加强，当水污染治理真正地进入了人们的生活，人们便会开始意识到它的重要性。

（二）提高立法质量，保障公民参与权

水资源环境保护在法律上的缺陷也是人们关注的一大问题。首先，国家必须确认和完善公众的环境参与权。我国《立法法》第34条第1款规定：列入全国人大常务委员会会议议程的法律案，法律委员会、有关的专门委员会和常务委员会工作机

构应当听取各方面的意见。从群众中来到群众中去，听取意见可以采取座谈会、论证会、听证会等多种形式。在环境法的制定和修改中，要严格听取各方面的意见，避免走过场、立法随意。提供公众渠道参与政府的环境保护行政执法，帮助行政机关更好地进行环境管理和环境决策。其次，要将公众的环境参与权，健全信息公开体制，使得环境信息能够更高效、更有质量地进入人们的生活。最后，确立和完善公众的环境诉讼参与权。环境诉讼参与权，是保障公民诉讼权的重要环节，当公民遇到环境问题时，环境诉讼是最直接的途径。国家层面应当考虑改造传统的诉讼制度，使原告资格的限制变小，较大程度地保证公民参与的资格，承认居民和环境保护社会团体环境诉讼的原告资格，逐步承认和推广环境公益诉讼。

（三）强化公众参与和社会监督

公民是水环境保护的主体，也是水污染治理的关键。强化公众的参与和社会监督便显得尤为重要。首先，依法公开环境信息是水污染治理的基础。借鉴国外的经验，结合国情，制定出适合我国的信息公开体系。在点、线、面上结合，最大程度地提高信息的交流和畅通。其次，加强社会监督，为公众、社会组织提供水污染防治法规培训和咨询，邀请公众参与重要的环保执法行动和重大水污染事件调查。加大宣传机制，使得人们能够了解举报的渠道、途径。有利地促进社会监督从而提高环境保护的效率。最后，要构建全民行动格局，在校园、社会、公司企业全面开展节水活动，使得节水行为成为社会的主流。在新闻媒体上，多传播水资源保护的信息和常识，使人们能够真正地融入到水资源环境保护。了解政府发布的政策、信息。

问卷中"您认为健全举报制度，如实行"随手拍，随手传，随手报"是否会激励您参与水污染监督"的调查表明，有76.88%的人表示同意。监督举报制度是人们保证能够参与水污染治理的一大渠道，也是提高政府治理效率的关键。

（四）完善信息公开制度

在社会公众参与环境保护方面，日本、美国、英国等发达国家都有较为完善的制度[3-5]。公民参与水环境保护的比例很大地促进了国家水污染的治理。在信息公开制度方面，美国"环境大宪章"——《国家环境政策法》就规定了公民的信息知情权和参与环评权利。除此之外，美国还制定了《联邦水污染控制法》和《安全饮用水法》，要求公民必须了解水质状况，以便于公众可以知道如何才能有助于保护每人的饮用水并对其作出有关个人健康的决断。英国早在1992年就制定了环境信息获取制度，明确规定了政府公开信息的义务，和公民获取环境信息的权利以及无法获取信息的救济途径。公民在多年来养成了积极了解环境信息的习惯，使水环境治理有较为广大的民众基础。在英国，各个公共部门都依法主动、及时在网上发布可公布的信息。公民可以向部门发电邮、写信、电话等方式询问自己所检索不到的信息，提出自己的要求。如果索取信息的要求被拒绝，相关部门必须详细解释不能公布的原因。日本也在环境信息公开方面有较为完善的制度：环境省的《审查基础》规定了行政公文的判断标准，和利用信息公开制度的具体手续，细化了法律实施的条件，使得环境信息公开真正有法可依。然而，在我国信息公开的立法只能追溯到 2008 年的《政府信息公开条例》和《环境信息公开办法》，到 2013 年由于雾霾原因又做了调整。但是，政府环境信息公开仍存在着重大的问题：政府主动公开环境信息不积极、各地发展不平衡、地方政府对依申请公开的环境信息设置不合理的障碍……我国可以借鉴国外对环境信息公开方面的法律规定，将信息知情权真正地落实到公民的手中，同时还应加强政府信息公开的义务，使政府自觉、主动地向社会公开环境信息。从网络、环保机构、新闻媒体等各个方面发布可公布的信息；在公民方面，要让公民了解自己的权利，知道诉讼途径和了解信息的途径，防治权利的无用。企业方面，可以规定企业定期发布环境会计工作，为消费者和投资者提供参考，除此之外，可以借鉴日本建立污染物排放与转移登记系统，规定企业必须公开的污染物排放种类。使信息公开能够更加准确化和完整性。

（五）利用现代媒体传播水环境知识

对于问卷中"如果水环境知识纳入国民教育体系，您更喜欢以下哪种教育方式"的调查表明，有 75％的人选择了电视广播，次之为网络教育。时代在日益更新，教育方式也在不断发展，电视广播、网络教育等新型的教育媒介成了最受欢迎的教育模式。但观察如今传媒内容，新闻八卦、时政要事、奇闻异事占据了新闻头条。那些水环境的重大问题却只占了新闻一角，完全无法发挥其宣传、传播的功能。因此，想要加强水环境知识教育，电视网络媒体是最佳的切入点。新闻媒介、公众在传播信息时，应更加关注水环境的保护，创新教育模式，使得传统上陌生的水环境概念能够最大程度地融入教育体系。

参考文献

[1] 周军，李霞，寸志清，等. 水污染防治信息公开与公众参与国际经验研究 [J]. 环境与可持续发展，2010 (5)：56-59.

[2] 李显锋. 水污染防治的立法实践、经验与启示——以日本琵琶湖保护为例 [J]. 农林经济管理学报，2015 (2)：184-191.

[3] 周汉华. 美国政府信息公开制度 [J]. 环球法律评论，2002，24 (3)：274-287.

[4] 路瑞，徐敏，王东，等. 对构建水污染防治社会共治体系的分析与探讨——对《水污染防治行动计划》的解读 [J]. 环境保护科学，2015 (3)：30-33.

[5] 姚金海. 论《水法》修改中社会公众参与制度的构建——兼论"水污染防治行动计划"（水十条）的法律化 [J]. 经济与社会发展，2015，13 (5)：84-87.

大学生生态文明素养调查与分析

——以北京工商大学为例

班高杰　张　莹[*]

摘　要：人与自然的分裂越来越严重。人为了追求自己的功利目标和物质享受，利用高科技无限度地向自然榨取，不顾一切，不计后果。目前，日益恶化的生态环境急切地呼唤人们生态意识的提高。本文通过问卷调查的方式对高校大学生生态文明素养的现状进行了调查。调查结果显示，当代大学生对生态文明知识有所了解，生态文明意识已经觉醒，生态文明行为已开始养成。

关键词：大学生　生态文明　生态意识

生态文明是在反思人类单向度征服自然、改造自然进而引致全球性生态危机的工业文明的基础上，重新审视人类与自然互为主体、双向建构的辩证关系而提出的一种新的文明形态，它是人类在 21 世纪要努力实现的目标之一。在当代中国，环保、资源节约、循环经济等概念在党的十八大报告中被纳入"生态文明"。生态文明不仅与经济、政治、文化、社会一并成为五大建设主题，而且在整个报告中被列为第八部分单独进行阐述。这在过去的报告中是从未有过的。2015 年，中共中央、国务院印发《关于加快推进生态文明建设的意见》，该文件是自党的十八大报告重点提及生态文明建设内容后中央全面专题部署生态文明建设的第一个文件，从中可以看到，生态文明建设的政治高度进一步凸显。社会主义生态文明是实现全面建设小康社会奋斗目标的新要求，是落实科学发展观、建设资源节约型和环境友好型社会的新期待，它的建设和实现与整个国民的生态文明素养密切相关。大学生是国家的未来和民族的希望，是未来生态文明建设的决策者、推动者和主力军，他们的生态文明素养如何直接关系到社会主义生态文明能否真正实现。

一、调查过程与方法

本文以北京工商大学学生为调查对象，本次调查主要采取的是网上调查。共发出调查问卷 320 份，收回 320 份，回收率达 100%；有效问卷 318 份，有效率达 99.4%。其中男性占 52.83%；女性占 47.17%。大一的受访者占 10.38%，大二占 34.92%；大三占 41.51%；大四占 8.49%；研究生及以上的比例占 4.70%。问卷提出了 22 个问题。问卷主要调查了当代大学生对道德调控的认知、大学生个人生活

---

[*] 本课题指导教师班高杰（北京工商大学马克思主义学院），课题组组长张莹（电子 141 班）；课题组员：刘宇晨、赵彦平、张鹏、刘茜、陈佳睿（电子 141 班），王宏兴（电子 142 班），宋为宁（自动 141 班）。

中的环保意识。通过问卷调查,掌握目前高校大学生生态文明知识了解程度、生态文明意识形成和生态文明行为养成的状况,分析他们生态文明素养的表征,进而在此基础上提出提升大学生生态文明意识的建议。

二、大学生对生态环境的态度

大学生对环境状况的关注态度是激发他们关心、重视环境问题的前提。根据我们的调查结果,有90.6%的大学生认为生态文明与大学生的关系是有联系的。这90.6%的人中有21.6%认为仅仅是有联系但离我们的实际生活很遥远,51%认为有关系,仅有18%的人认为不仅有关系,还与生活紧密相连。由此可见在大学生这个群体中,大家都对生态文明有一定的了解,但并没有深入,所以,让大学生这个群体更深层次地了解生态文明是很重要的。

(一)治理环境污染刻不容缓

环境污染对人们的生活造成的严重影响,已经到了刻不容缓的地步。通过调查研究,53.77%的受访者表示环境污染问题非常严重,急切需要治理;43.40%的受访者表示环境污染问题很严重,需要治理;2.83%的受访者表示环境污染问题一般,不需要治理,没有受访者表示环境污染问题并无大碍,完全不用理会。这些数据表明当代大学生对环境污染有一定的认识与理解,大体都意识到了中国现在的环境污染问题不容忽视,而且也意识到了环境污染就在自己身边。

(二)大学生对改善未来环境积极乐观

根据调查结果来看,大学生对于未来环境问题的改善抱有很大信心,当然也有一小部分人有点悲观。这说明,中国未来环保工作面临的困难不少,难度挺大,这既是挑战,同时也是机遇,在这方面我们可以借鉴西方国家的一些经验和教训。总的来说,我们对于未来环境问题的改善非常有信心,当然我们也会用自己行动来展示我们的决心。

三、大学生的生态环境行为

(一)"限塑令"起效,效果不甚明显

调查结果显示,29.25%的大学生经常使用一次性用品,69.81%的大学生选择偶尔使用,0.94%的同学坚决不用一次性用品。结合生活实际分析,绝大多数大学生都使用过一次性用品。生活中的塑料袋、木筷子等一次性用品的使用是不可避免的,无论是在食堂还是路边小吃摊上,都会出现一次性餐具的使用,在超市或商店里也会有塑料袋的使用情况出现。为落实科学发展观,建设资源节约型社会和环境友好型社会,从源头上采取有力措施,督促企业生产耐用、易于回收的塑料购物袋,引导、鼓励群众合理使用塑料购物袋，促进资源综合利用，保护生态环境，进一步推进节能减排工作，国务院办公厅于 2007 年 12 月 31 日发布《国务院办公厅关于限制生产销售使用塑料购物袋的通知》，这份关于限制生产、销售、使用塑料购物袋的通知被群众称为"限塑令"。为了了解大学生对于"限塑令"的落实情况，我们在问卷中提出了相关问题。调查显示 14.15% 的大学生认为"限塑令"没有减少他们对塑料袋的使用，78.3% 的同学选择减少了，但效果不明显，仅有 7.55% 的大学生认为"限塑令"十分有效，在其发布后几乎不使用塑料袋。

在我国，一次性用品可以说已经和我们每个人的生活不可分割了。然而，大量使用一次性用品的背后必然带来了其大量的生产与制造，从而造成资源浪费和环境污染。以一次性筷子为例，其生产过程需要消耗大量的木材，将近占总林木采伐量的 10% 左右，造成了大量的资源浪费和垃圾堆积，但是从圆木到木块再到成品，木材的有效利用率仅约 60%，小小一只筷子背后却是一整片森林。再来看"白色污染"——塑料制品，使用起来方便且廉价，但是一次使用过后往往便被人置之不理、随处丢弃，从而带来了视觉污染和自然污染。无法降解的塑料严重影响农作物的生长；集体填埋的塑料垃圾中的细菌、病毒容易渗入地下，危及人类的地下用水；将塑料直接焚烧处理又将带来空气污染。一次使用的便利，带来的却是后患无穷。对于以可持续发展理念贯穿始终的中国，政府当然不会对此置之不理，"限塑令"的出台，目的就在于减少塑料用品的使用，从销售的源头降低购买率。在对限塑令是否减少了人们对塑料袋使用的调查中，近八成的大学生认为确实减少了，但是其效果并不明显。塑料袋的使用并不能单单从销售渠道终结，应该从它的生产数量、工艺、质量或是可循环利用体制下手去实现杜绝或提高塑料制品的利用率，或者降低环境危害率。当然最根本的应该是人们环保理念的提高，政府在硬性措施实施的同时就提高人们的环保思想意识进行了大量环保宣传的活动，其目的就是在于培养或加强人们的环保意识，也就是从最根本上减少一次性塑料物品的使用量。但是在调查中显示 58.49% 的大学生对市政府曾推出的环保宣传活动不太了解，39.62% 的大学生选择比较了解，仅有 1.89% 的大学生非常关注政府部门的有关活动。分析原因也不难发现大学生群体面对的多是老师及同龄人，其次便是网络、媒体等，所以，很少有机会自动或被邀参与市政府的相关环保活动，这也反映出市政府方面应该更加多方举措去推行环保宣传活动，面向更广的群体，更加深入人心的推广才是最有力度的。

(二) 价格不是问题，环保才是真理

目前我国在大力推行绿色科技创新，发展要可持续，当然离不开绿色。2016 年 G20 峰会围绕"绿色金融"的理念进行洽谈，金融投资开始强调环境友好，可见"绿色"的重要地位。绿色科技离我们并不遥远。绿色产品的生产设计、绿色材料的开发利用、绿色法规的研究出台等，都使人们得以更长远生存和可持续发展，当然随之带来的是产品本身或是服务成本的提高，人们是否能接受呢？从我们此次的调查结果来看，表示一定会支持的大学生占总体的26.42%，68.87%的大学生则是会看情况而定，4.72%的大学生选择不支持。这个结果也是和大学生这一群体的收入来源的影响因素成相关性的，从中我们可以看出大学生的普遍心态是支持绿色科技产品推动环境保护的。这和大家的教育水平是有密切联系的，接受相对较高的教育后也是会有素质教育成果的体现。所以我们应该鼓励进行环境环保方面的教育，培养学生生态环保意识，以推动今后绿色环保更好地可持续发展。

（三）绝大多数大学生对周边环境较为满意

由于工业经济发展迅速、人民素质等问题，我们的生活环境发生了一些变化，幸运的是国家出台了一系列的政策想要改变这种现状，那么效果到底如何？从对大学生所居住地区周边环境的满意程度地调查结果可以了解到同学们对环境较为满意的所占比例最大，达到70%以上（71.7%），而很不满意和不太满意的大约占了30%。针对这些数据我们也进行了一系列的调查研究，大概七成的人认为我们周边的环境还不错的主要原因来自于国家制定了一系列的政策，例如限制私家车的数量、对企业污水排放要求经过处理、大力开展对环境保护的教育等。不可否认，环境的日益改善和这些切实的政策有着密不可分的关系。再加上常驻于校园中的我们也时常可以看到维护环境的环卫人员，他们为环境的维护做出了一定的贡献。当然，我们周边的环境还远远达不到优秀的程度。就在我们的校园外面，没有环卫人员打扫的街道上，还是处处可见一些生活垃圾。

（四）大学生乱扔垃圾现象仍然存在

理论上讲，人人都要做到不乱扔垃圾，但是我们通过调查所得到的结论却并不尽如人意。能够做到把垃圾扔到指定位置的仅有33.02%，而没做到过和仅仅有时做到的却占了14.15%。这说明大学生群体生态环境道德意识良莠不齐的现象较严重，部分大学生的生态环境道德意识薄弱。通过一些对网上资料的了解和一些个人经历，我们发现公共场合垃圾多并不仅仅是环境道德意识差。就拿北京工商大学良乡校区附近来说，个别道路的建设不是很好，硬件设施不健全，而步行几千米去扔垃圾不太现实，这就导致了部分同学随手乱扔垃圾。任何人都应该对环境的变好负有责任，努力做到合理安放垃圾是我们所义不容辞的责任。但是在进行素质教育的同时，我们也应该做一些关于哪里的垃圾收集装置需要更新或是添加等方面的调查，切实安排一些人员去做相关工作。

（五）垃圾分类处理成为新"潮流"

垃圾分类是一个老生常谈的问题，分类回收不可避免地给我们带来了一定的麻烦，但是垃圾分类回收的益处也是很可观的，可以减少环境污染、变废为宝。

作为大学生的我们有 70.75% 的同学愿意去做这些事情，28.3% 的人认为垃圾分类可行，但是应该找清洁工去做，0.94% 的人认为太麻烦了。支持分类回收的人远远多于不愿意去做这件事情的人，由此可见大家都深刻明白垃圾回收的益处，并且愿意参加到这种行动中来。但是，即便于大家都乐意去参与这一行动，但是这一行动的实施状况却不容乐观。我国垃圾分类状况不尽如人意的原因有很多，针对这个问题我们小组也做了一定调查。在我们小组的调查过程中发现一部分人认为是因为环卫基础设施配备不到位（16.04%）和垃圾分类知识普及不够（26.42%），但一半以上的人的意见是长期的生活习惯不容易改变（52.83%）。

（六）空气污染是大学生重点关注的环境污染问题

环境污染是指人类直接或间接地向环境排放超过其自净能力的物质或能量，从而使环境的质量降低，对人类的生存与发展、生态系统和财产造成不利影响的现象。调查结果即表明，空气污染是大学生重点关注的环境污染问题。这说明大学生更关注与自身利益密切相关的环境问题，仍属于日常环境意识。部分大学生对离自己生活较远的生态环境问题知之甚少。因此，当前大学生生态环境意识呈现二元结构，即日常环境意识较高，深层的生态意识较低，是一种自我保护型的环境意识[1]。

（七）生态环境保护措施

从图1可以看出，大学生非常看重身边的小事，着眼于小事之后慢慢向大的方向发展，这是一个比较合理、比较有秩序的发展方法。可见大学生在看待环境保护的问题上是理性的。比如排行的前三甲：植树造林、节约能源、治污减排。我们都能比较简单地做到，参加植树造林活动，随手关灯、关紧水龙头，多使用自行车等绿色交通工具等。其实环保就在我们身边，只要留心观察，我们都能为保护环境做一些力所能及的小事。再看其他相对来说投票率比较低的措施，大多数都需要靠相关的专业部门去完成的，大学生的参与率较低，所以，大家信心就没有那么充足了。如发展绿色产业，这首先需要政府的支持，其次还要有人力物力的投入，以及一些产品的开发。效益周期比较长，但是我们认为，这必定是今后发展的一个重要方向，希望我们能在环境保护方面更上一层楼。

在中国，人们对于企业的一些责任更加关注，因为在有关环境污染的报道中大多都是企业污染比较严重，在此次调查中，大学生对于监督企业治理污染以 65.09% 位列第一，当然这并不说对企业的不认可，恰恰相反，我们认为作为一个合格的企业，就要有企业的担当、企业的责任，所以，对于企业的监管更应该到位。加强环境生态保护宣传教育以 64.15% 位列第二，多做一些宣传活动，在思想上树立节能环保的意识，这样既能让环保意识深入人心，又能为以后开展环保工作打下一个良好的基础。62.26% 的大学生选择健全环境生态方面的法律法规，同时 58.49% 的大学生选择了加大环保执法力度，认为法律的树立对改善生活环境也有着不小的帮助，在健全环境生态方面法律法规的同时加大执法力度，使人们在环境保护方面有法可依是改善生态环境的重要措施。

根据调查结果显示，57.55%的大学生认为促进公民参与环境生态保护活动能为生态环境保护带来新的活力，44.34%的大学生希望增加在环境保护方面的资金，53.77%的大学生认为提高环保技术力度是行之有效的办法。虽然仅有36.79%的大学生认为发挥民间环保组织的作用对改善生态环境有较大帮助，但是我们认为民间环保组织有着非常巨大的潜力，有很多可以发挥的空间。首先来说，民间组织大多数都是普通居民，具有良好的基层影响；其次，出于对环保的一种热爱，一定会不遗余力地进行宣传。所以，政府应该合理地利用这方面的资源，同时也会树立政府威信（图1）。

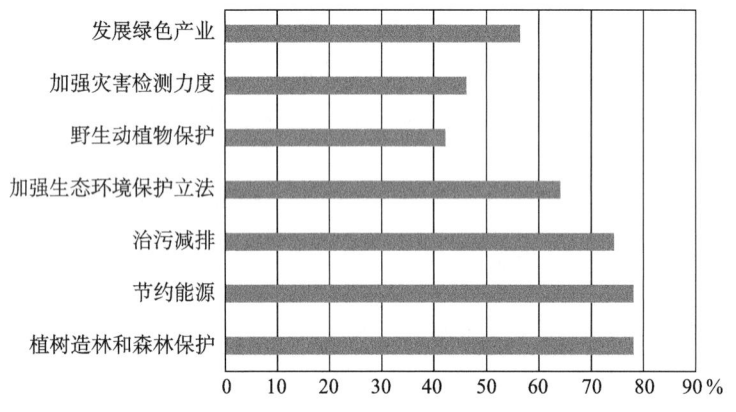

图1 "大学生认为行之有效的生态环境保护措施"的调查结果

四、生态文明教育

（一）大学生获取环保知识的渠道更加现代化、多元化

在互联网时代，大学生是网上比较活跃的群体，他们的生态文明知识很大一部分来自网络。图2显示，大学生获取生态文明的信息的渠道有很多，网络电视媒体占了很大的比重。网络和电视媒体是一种方便快捷地获取信息的渠道，可以让大学生随时随地了解获取生态文明信息。作为学生，学校教育和书本报刊也可以使我们轻松得到这方面的信息。政府宣传的渠道也是一种有效的方式，大约有三分之一的人通过这个渠道得到信息。所以我们认为，为了让更多人能够了解到关于生态文明的信息，应当加大在互联网上和电视媒体中关于生态文明信息的发布，在校园中也应该增加相应方面的宣传与介绍。只有让人们了解更多关于生态文明的信息，才能使生态文明建设更加顺利。

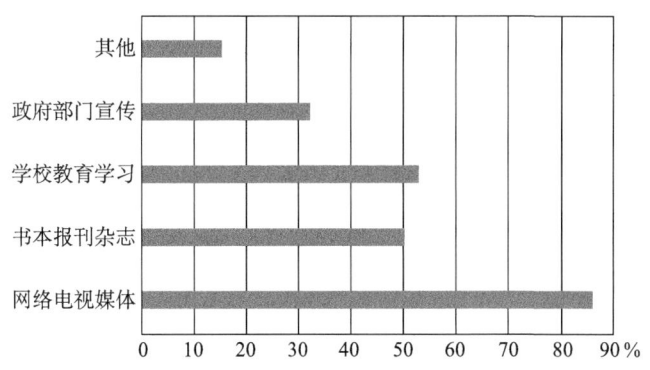

图 2 "大学生获取生态文明信息的主要渠道"的调查结果

（二）多数大学生愿意参加环保活动，但要视情况而定

大学生在回答"如果学校开展环保活动您是否愿意参加？"问题时，调查结果显示，61.32%的大学生表示"愿意，但要视情况而定"，23.58%的大学生表示"很愿意"，12.26%的大学生称"如果好玩就去"，还有2.83%的大学生表示"不愿意"。根据调查结果我们得出结论：当代大学参与环保活动的积极性并不高。数据显示，大学生们大部分都表示参加环保活动要视情况而定。我们认为这个"情况"就需要活动的组织者去改变、去完善。学校环保活动组织者可以从加大宣传力度及增加宣传方法、方式等扩大环保活动的影响力，让更多同学了解到相关活动。此外，活动组织者需敢于创新，打破常规活动方式，以新颖创新的活动内容吸引更多的同学关注并参与校园环保活动。环保不能仅仅依靠个人的力量，以校园环保活动带动更多的人才能让环保更加深入人心。

（三）学校仍需加强生态文明建设，构建绿色校园

通过图3我们发现，大学生对水电资源问题非常关心，意识到了水、电的宝贵。我们可以从以下方面节约水电，如：饮水机如果不使用热水，就把加热键关闭；寝室内11点熄灯后检查开关是否已全部关闭，以防早上来电后无人起床关等而造成用电浪费；图书馆、教室等一些白天光线充足的地方可以不开灯，管理员可根据当天天气情况做出适当地调整和安排。对于使用一次性筷子和塑料袋的情况，我们可以从以下方面解决问题，如：学校的超市对于塑料袋的使用应加强控制，不提供或有偿提供塑料袋都可在一定程度上减少白色污染；去食堂就餐，都必须自带餐具，禁止食堂向就餐人员提供塑料袋、一次性筷子、饭盒等。对于乱扔垃圾和破坏花草树木的问题，我们深刻地认识到一些同学环保意识的缺乏，校园生态文明建设不仅是学校的事，更是我们学校每个人的事。只有付出实践，规范同学们的环保行为，这样才能更好地建设生态校园、文明校园。

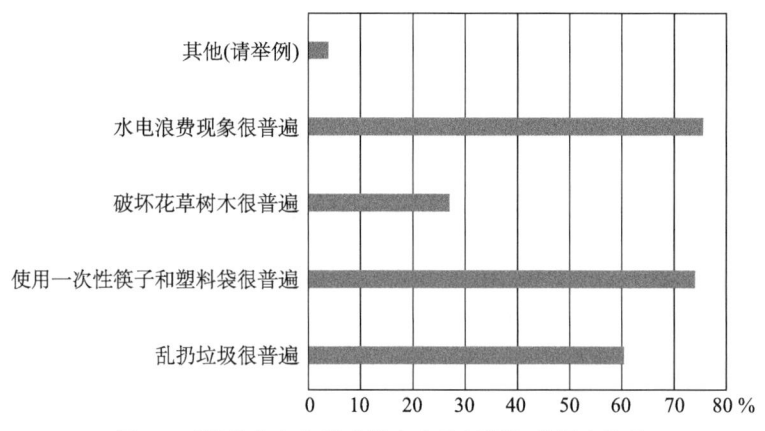

图3 "学校生态文明建设存在的问题"的调查结果

（四）保护环境，从"小"做起

根据我们的调查结果，有94.34%的大学生认为进行环境教育是有必要的，而认为没有必要进行环境教育的大学生仅占5.66%。由此我们分析，绝大部分的当代大学生都认为有必要进行环境教育。那么，环境教育究竟应该从什么时候开始呢？对此，我们以单选题的形式对周围的大学生进行了网上问卷调查。据我们的调查结果，高达70%的大学生认为环境教育最宜从幼儿园开始，近27%的大学生认为从中小学开始，仅有3%的大学生认为环境教育最宜从大专及大学或者工作后开始。据此，我们可以得出初步的结论，当代大学生普遍认为，环境教育越早进行越好，让儿童从小养成保护环境的习惯很有必要。社会发展环境决定了孩子成长轨迹，所以，尽早让孩子形成良好的生态环境意识，对他们的成长进步，有着积极的促进作用。由此，我们可以进一步得出结论，对孩童的环境教育越早进行越好。

（五）实践出真知

何时进行环境教育固然很重要，合理有效地环境教育的方式也必不可少。只有以合理有效的教育方式才能使环境生态意识得到受教育者的肯定与支持。针对环境教育的方式，我们以多选题的形式对周围的大学生进行网上问卷调查。根据图4的结果，我们认为，当代大学生认为最有效的进行环境教育的方式是多种多样的。但是，高达87%的大学生认为最有效的环境教育方式是组织学生参加有关环保的公益活动，分析这一调查结果，我们认为，环境教育还应该讲究实际参与。正所谓"纸上得来终觉浅，绝知此事要躬行"，相对其他纯理论的传统教育方式，组织学生参加有关环保的公益活动更能激起学生保护环境的兴趣。进行环境教育的同时，要让受教育者切切实实地感受到他们参与其中并感受到他们的参与起着至关重要的作用，他们的自身价值得到体现也就自然而然地参与保护环境的活动中。由此我们认为，进行环境教育除了传统的教育方式外,还应该兼顾学生的兴趣。只有激起了学生保护环境的兴趣,才能使学生更加愿意参与到环境保护中。

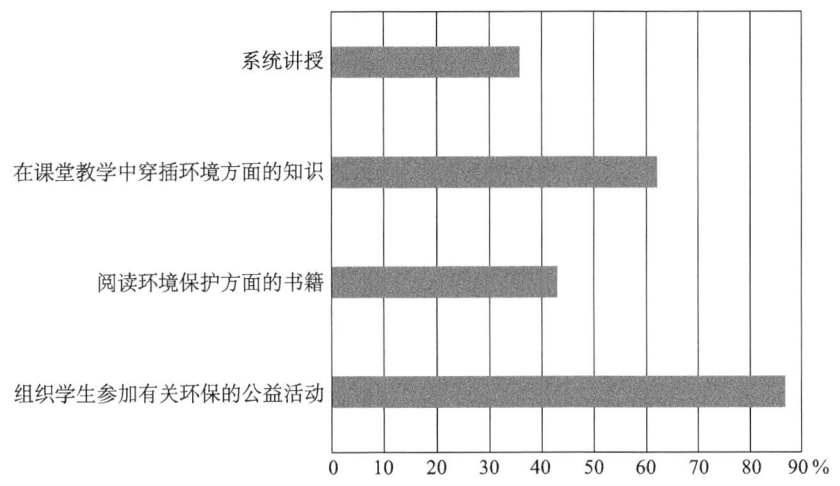

图 4 "大学生认为最有效的环境教育方式"的调查结果

五、关于提升大学生生态文明意识的建议

(一) 注重实践

开展课外实践活动,是巩固大学生生态文明知识、增强大学生生态文明意识、培养大学生生态文明行为的有效形式。但是,开展课外实践活动要贴合大学生生活实际,尽量避免"形式大于内容"的实践活动,以大学生关注和感兴趣的话题为出发点,开展一些生态公益活动,例如"自习教室草稿纸变废为宝活动""与你的大学室友共同植一棵友谊树活动"等;开展一些生态宣传教育活动,例如在一些环境保护的纪念日,如世界环境日、世界无烟日、世界水日等重要的环保纪念日开展校园宣传活动。

(二) 开展系统的生态文明教育

20 世纪 70 年代以来,我国的大学环境教育得到迅速发展,绝大部分高校都已开设了环境教育的选修或必修课程。但与发达国家相比,我国大学的环境学科专业涵盖面小,多属管理类、理工科类,环境人文类所占比例极少。就以北京工商大学为例,在全校公共选修课的五大模块里,自然与科学文明模块中仅有少量课程与生态文明有关,这些课程不仅数量少,而且生态文明或环境保护并不是重点授课内容。因此,高校在生态文明类课程的设置上应加大力度,着力设计生态文明类课程模块[2-3]。

（三）创建绿色校园，强化校园环保硬件设施

校园生态文化[4]即校园文化中的生态渗透。校园文化是高校整体风貌的集中体现，对于校园中的每个成员都具有熏陶作用，高校应当重视在校园文化中进行生态文明的渗透，通过校园整体的生态文化氛围，感染每个沉浸其中的大学生，增强其生态文明意识和行为。学校可以提高校园整体环境的绿化率，在草坪、绿化带等地放置环保贴提示；同时，强化利用校园各项生活设施宣传，包括一些环境教育的宣传栏、生态文化园地等人文设施的设置；当然也可以开展各种专题实践活动，吸引大学生参与生态校园建设，增加校园整体的生态教育气息。

参考文献

［1］国务院办公厅. 国务院办公厅关于限制生产销售使用塑料购物袋的通知［Z］，2006.
［2］崔建霞. 公民环境教育新论［M］. 济南：山东大学出版社，2009.
［3］王民. 环境问题及测评方法研究［M］. 北京：中国环境科学出版社，1999.
［4］朱洪强. 关于大学生生态文明意识的调查分析——以北京8所行业高校为例［J］. 广西社会科学（文化·教育），2011.

北京市房山区琨廷小区污水处理与再生水利用情况

江 燕 吴 龙[*]

摘要：近年来，污水处理与再生水利用是民众关注的重要问题之一。根据调研，目前存在居民家中对自家用水量情况不了解、居民对污水处理不了解、居民对再生水使用情况不了解三个问题。居民了解污水处理与再生水利用的情况，可以使得节约用水观念深入人心、水资源得到更好地分布、水生态良性循环、再生水的使用范围更加广泛，进而解决废水处理技术不够完善、居民知识匮乏、宣传力度不够的问题。

关键词：琨廷小区 污水处理 再生水利用

本次调查主要采取的是网上调查的方式。调查问卷是由小组成员在微信朋友圈、QQ、微博用发送链接的形式让网友们填写并收回，共发放问卷105份，回收问卷105份，回收率达100%。其中有效问卷105份，有效率达100%。受访者中，大多为女性，收入多为中产阶层水平，家庭成员3~5人的占83%。本次问卷主要调查居民家中的用水情况、居民对污水处理以及再生水利用情况的了解程度、对污水处理以及再生水利用提出的建议。目的在于了解居民对污水处理与再生水利用基本情况，普及节水观念；宣传污水处理与再生水利用的知识，号召居民合理用水，对小区污水处理与再生水利用提出建议。

一、居民对污水处理与再生水利用的认识现状

（一）居民家中对自家用水量情况不了解

在受访者的家庭中，不了解每个月用水量的占38.46%，用水低于5吨的占27.69%，用水5~10吨的占26.15%，多于10吨的占7.69%。家庭成员的人数与其每月用水量成正比。

（二）居民支持污水处理，但对如何进行污水处理不了解

调查结果表明，认为居民生活污水的排放严重影响到受访者的日常生活的占33.85%，认为影响不大的占56.92%，认为没有影响的占9.23%；居民能接触到的

---

[*] 本课题指导老师江燕（北京工商大学马克思主义学院），课题组组长吴龙（新闻152班）；课题组组员：李春雪、司梦、王雨菲（广告151班），王馨馨（新闻151班）。

污水包括附近的工厂废水、周围的农田污水、收集到的雨水、生活污水；周围污水产生气味大、严重污染周边土地的问题。结果表明，污水实际上已经影响到人们的生活，但是人们还没有发觉。58％的调查者表示，小区污水处理效果一般。这就说明，小区的污水处理结果，没有达到居民预期。在受访者对污水处理基本知识的调查中，发现大部分受访者具有一定的污水处理知识（图1）。不管人们对小区污水治理的满意度如何，大部分的普通人对污水治理方面没有更多的想法（图2）。

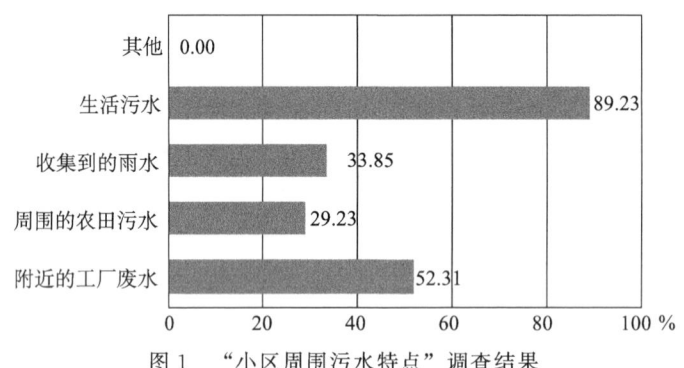

图1　"小区周围污水特点"调查结果

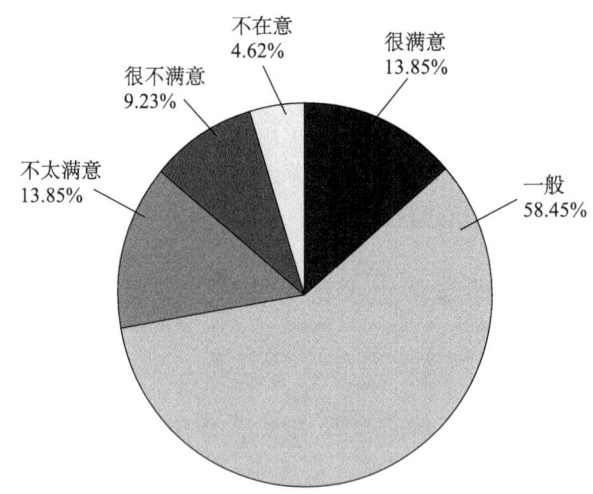

图2　"对小区目前污水处理满意度"调查结果

（三）居民大多愿意二次利用水资源，但对再生水的使用情况不了解

不管人们认为污水对自己的生活影响是否严重，会选择二次利用污水的人比例依然很高。在所有受访者中，会对污水进行二次利用的占72.31%，其中绝大部分是为了节约水资源，另一部分是为了节省水费、减少污染，说明大部分家庭有一定的节水意识。不会对污水进行二次利用的家庭大多是因为觉得麻烦。调查"您对小

区的再生水使用情况有没有了解"时，81%的被访者表示不了解；调查"您是否希望加大小区内再生水的使用量"时，多半被访者表示愿意。出现被访者再生水的利用知识不足、不大了解自己身边的再生水利用方式的问题。这是因为居民没有掌握这方面的专业知识，对小区污水处理和再生水利用情况的不了解，进一步说明了对节约水资源的宣传教育还需要更加深入。

二、对小区居民污水处理与再生水利用的分析

问卷调查给了我们两方面的信息：一是居民日常生活会使用再生水、支持再生水的利用；二是居民不了解污水处理、不知道自家的再生水用量。这反映出了一个很严重的问题：再生水的宣传力度与宣传普及范围有限。我们小组认为，出现这种现象的原因有以下几点：

（一）水作为一种廉价的生活必需品，并未受到广泛的关注

人民的生活水平越来越好、生活品质越来越高，很多居民不会在乎每个月的水费支出，更不会在乎使用的是否是再生水。

（二）基础设施配备不到位

基础设施配置不完善、污水处理方式落后，导致再生水供不应求，水质无法达到居民的普遍要求。污水处理的技术不够广泛普及，并非所有地区的污水都能够及时处理，而是被排到河流、湖泊、海洋，造成极其严重的水污染。一方面缺水，一方面污染可利用的净水，这是水资源利用的一个恶性现状。

（三）政府的宣传力度不够

政府的宣传活动存在着没有新意、不能抓住宣传对象、不够全面的问题。再生水市场的完善离不开政府政策的支持和鼓励。而我国的现状是，政府的政策没有起到引导居民使用再生水的作用，导致再生水项目处于低迷状态。我们的问卷调查中显示关注家庭用水的大部分人都是家庭主妇等中年群体，也就是说水资源利用的问题在青少年中普遍不受到重视。

国家的政策扶持与宣传力度不足而导致的民众节水意识差与污水处理的基础设备落后，是污水得不到有效处理、再生水得不到广泛利用的根本原因[1]。

三、污水处理与再生水利用的优势及问题

（一）污水处理与再生水利用的优势

1. 使得节约用水观念深入人心

通过我们制定的问卷调查可以看出，74.47%的人能够认识到"节约用水，从我

做起",超过50%的人能够对废水进行二次利用,并且是有效而及时地利用。这也间接证明了"废水处理"在居民的脑中是有一定概念的。节约用水是我国一直倡导的水资源利用的概念,包括阶梯水价等政策由此孕育而生。80%的人都认为废水二次处理能够节约用水,从而使得水资源能够更好地利用。

2. 水资源能够更好地分布

在社区调查中,50%以上的人认为废水二次利用能够节约资金,促进水资源得到更好地利用。但仍有38.89%的人对污水二次利用有一定了解、但是并不使用。在严重缺乏水资源的中国,二次利用是十分重要的。水资源不仅仅能够在我们日常生活中使用到,而且在农业、工业、重工业等方面都是用处多多。二次利用的推广,使得水资源能够更广泛地使用,促进水资源的结构合理化。

3. 可以实现水生态良性循环

再生水相对于其他水资源的优势在于有助于改善生态条件,实现水资源的良性循环。水资源,尤其是淡水资源,是一种不可再生的资源,一旦地球上的水资源全部枯竭,对于人类来说就是一场不可避免的灾难[2-3]。二次利用正是改善这一情况的最好办法,在生活用水方面实现水资源的良性循环,能够让农业、工业方面的用水得到更多的保证。

4. 再生水的使用范围广泛

再生水不仅仅是在生活中能够使用,在农业灌溉、工业生产和大型建筑物的冲洗,消防、市政都能得到使用。根据调查,居民普遍认为再生水在冲厕(75%)和绿花浇水(41.67%)方面运用的比较多,在对小区物业的走访中,物业管理人员也肯定了这一说法。

(二)污水处理与再生水利用存在的问题

1. 废水处理技术不够完善

根据问卷,有一部分不愿意使用再生水的居民表示对废水的处理技术持怀疑态度,他们担心技术不能够完全处理污染水。我国现在有严重的城乡发展不均衡的问题,城市发展速度快,带动了城市的废水处理技术不断发展;而发展速度较慢的农村废水处理技术就比较薄弱。我们的问卷调查中显示,许多居民也对污水处理中出现"二次污染"的问题有所耳闻,这也是目前亟待解决的问题。

2. 居民普遍对再生水不够了解

通过调查显示,81.54%的被访者对再生水并没有一个确切的了解。再生水是指污水经过适当的处理,达到一定的水质标准,满足某种使用要求,可以进行有益使用的水。这里所说的污水是指在生产与生活活动中排放的水的总称,包括生活污水、工业废水、农业污水、被污染的雨水等。再生水本身与中水并不完全等同,中水一般只用于建筑,而再生水则是用在生活的各个方面。

3. 小区对再生水的宣传力度不够

居民对再生水的了解不够，原因主要在于小区物业没有做到再生水知识的普及。小区在手册宣传方面做得十分出色，但是对于每个居民的讲解并不到位，导致居民的再生水知识缺乏，对再生水的使用产生没必要的担心。

四、对污水处理与再生水利用提出的建议

（一）我国污水处理应当因地制宜，适当处理

随着我国城市化发展进程的加快，居民小区建设蓬勃发展，生活小区的用水量和排放量越来越大。污水处理的方法出现以下问题：问题一，由于小区位置分散，如果全部污水依靠城市污水厂处理，收集水传送难度大。问题二，用于小区绿色景观维护的用水量不断加大，使城市供水压力加剧。

针对以上问题，要缓解水资源危机、满足城市居民小区用水要求，建立小区污水处理站是解决污水排放和用水不足的有效方法。将住宅小区中人们生产活动排放的生活污水、冷却水，经集流、水处理、输配水等技术手段，再回用于住宅小区。经再生处理后的水可用作冲洗便器、浇洒街道、绿化灌溉、洗车、空调冷却、消防等方面。小区污水处理站一旦建成，将会大大减轻城市用水紧张的问题，是一种值得提倡的绿色低碳环保的生活方式[4-6]。

（二）在城市中针对用水较多的小区建立完备的污水处理系统

在我国的南、北方地区，污水问题的现状和治理方式差异大。对于污水生态处理必须结合本地目前的实际情况，因地制宜地改革治理方法。例如在我国北方地区，虽然土地资源丰富，但存在土地沙漠化、气候问题和人口密集等问题，导致水资源严重短缺，因此，在技术方案的选择上则应该考虑污水处理和资源的再利用相结合，比如将处理后的水用于农业灌溉、城市绿化等对水质要求较低的用水环节。而在南方地区，因为土地资源相对紧张，当采用生态处理的方法时，可将现代化的除污染技术与之结合再加以应用，则能够降低建设和运行所需的费用，有效地提高除污效率。

（三）减小污水排放的成本

随着我国经济的飞速发展以及房地产市场的快速膨胀，不断扩大的住宅社区规模对小区中水的回收以及再利用有很大的促进作用。小区内部的中水处理系统具有以下优点：施工作业便利，不会影响市政道路畅通，规模小，耗资少，对大型社区较适合。目前，在我国的大城市中，大部分居民住宅区已经建立了中水处理系统，并在未来几年内将会不断完善。由于居民住宅区的用水与排水量都较高、用水种类丰富、水量可平衡性较高，为中水系统的建立和运行提供了很好的条件。而居民社

区物业管理公司体系的日趋完善也为中水系统的投资提供了保障。在居民社区建立并使用中水系统以后，社区总体用水量可以节约 30%～40%，排水量可以降低 35%～50%，无论是从保护环境的角度，还是从经济效益、社会效益的角度出发，都是非常有利的。

参考文献

[1] 汪华莉. 城市居民小区再生水利用初探［J］. 中国西部科技，2012（4）.

[2] 刘霞，陈洪斌. 村镇及小区污水的生态处理技术［J］. 中国给水排水，2003（12）.

[3] 张齐云，唐楚丁. 中水系统在我国的应用及应注意的问题［J］. 国外建材科技，2004（2）.

[4] 吴同华. 生活小区污水处理与中水回用水质在线监测应用研究［D］. 湖南：湖南大学，2007.

[5] 胡洪营、吴乾元、黄晶晶，等. 再生水水质安全评价与保障原理［M］. 北京：科学出版社，2011.

关于北京市水环境生态安全的探讨

李 金　张宝珊[*]

摘要：近几年，随着经济的快速发展，水污染日趋严重，尤其是像北京这样的大城市。北京市是主要以地下水为主要供水水源的大都市，每时每刻都存在水资源短缺的风险，由于地下水和用水两方面的不确定性，使得区域水资源系统发生供水短缺的可能性较大，另一方面，就是市民节约用水和保护水资源的意识不强，浪费水资源的现象比较明显。为了使城市的明天变得更美丽，呼吁政府积极采取措施增强市民保护水资源的意识。软性措施就是宣传、倡导市民知道水体环境的重要性；具体硬性措施有南水北调，建立污水处理厂，产业结构调整等，使得水环境问题能够尽快得到解决。也可以对水资源风险的主要因子进行识别，对风险造成的危害等级进行划分，对不同风险因子采取相应的有效措施来规避风险或减小其造成的危害。

关键词：水污染　方法和措施　水资源

本次调查主要采取的是网上调查的方式。调查问卷是由小组成员在朋友圈，微信群，QQ空间，微博等以链接的方式让网友们填写并回收。共发出调查问卷565份，收回565份，回收率达100％；有效问卷565份，有效率达100％。其中受访者将近88％的为成年人，与此同时，高达93％的受访者为暂住北京（北京读大学的学生）或者是北京本地人。这对于我们探讨北京水环境生态安全问题起到了很大的作用，受访者的准确定位很好地展现了调查结果。本次问卷主要调查了人们对于水污染概念的理解，认识，水体污染导致的后果，水污染处理方法以及水环境的保护，节约用水的宣传。目的在于提高市民节约用水保护水资源的意识。

一、北京水环境现状

（一）市民对于节约用水的倡导不重视

问卷调查"您了解水体污染导致的后果么？"表明，17.65％的朋友和网友表示不了解，17.65％的朋友和网友表示了解，64.71％的朋友和网友表示知道一些，可见大多数人对于水体污染导致的严重后果不是很清楚，也就是人们还是不够重视水环境保护，没有水环境保护的意识，环境保护时时刻刻都是一个重要并且不能懈怠的工作，而政府近几年对于水环境保护和节约用水的宣传并没有很重视。市民也

---

[*] 本课题指导教师李金（北京工商大学马克思主义学院），课题组组长张宝珊（软件142班）；课题组组员：杨华鹏（软件142班），王妍、陈晨、赵梦瑶（软件141班），王雨雪、吕悦颖（计算142班）。

对节约用水的倡导和宣传不重视。问卷中"您经常看见有人向水中投掷垃圾么?"调查结果表明,29.41%的朋友和网友表示肯定"是",35.29%的朋友和网友表示否定"没有",35.29%的朋友和网友表示"无所谓",可见大多数人对于水体环境的态度都是麻木的,即使看见有人往水里投掷垃圾也不过去制止劝阻一下,对他们而言水体环境是否被污染无所谓,处于这种思想的人们的确应该接受一下这方面的教育,提高市民对于水体环境的重视程度。从"您觉得有关部门对于治理污水的态度如何?"中,了解到11.76%的朋友和网友表示"治理不严",70.59%的朋友和网友表示"不够积极",17.65%的朋友和网友表示"还行",可见有关部门对于治理污水的倡导和宣传不到位,想要很好地处理污水,政府相关部门要积极主动地倡导、宣传,只有这样,水污染问题才会解决。

(二)地下水过度抽取,水位低

地下水是一个庞大的家庭。据估算,全世界的地下水总量多达1.5亿立方千米,几乎占地球总水量的十分之一。北京市以地下水为主要水源,全市95%的城市居民饮用地下水。同时,北京市又是一个水资源匮乏的城市,近年来,人口的迅速增加和城市经济建设的飞速发展,使得水资源的供需矛盾日益突出。人类活动的影响使地下水水质受到污染,引起地下水污染的物质称为地下水污染物,而各种污染物的来源称为污染源。

根据问卷调查结果显示,82.35%的人认为水污染的主要来源为工业生产排放的废水,88.24%认为是生活排放的污水,52.9%认为是突发性水污染。而64.71%的人对水体污染的情况仅限于了解。

北京地下水污染囊括了工业废水、生活污水、固体废弃物污染等。北京市平原区地下水的污染途径主要有以下几种:垃圾场和废物堆的淋滤下渗、地表水入渗、渗井、渗坑排污,地下水的超量开采等。据中新网报道,北京市水污染形势严峻,地下水污染较重,夏季日直排污水量约100万吨。北京浅层地下水四类、五类水质占平原面积50%,深层地下水四、五类水质占监测面积的20%。雨污合流比重高,全市排水管9147千米,雨污合流管道占24%。

由于北京市水资源的需求量日益增大,所以大量开采地下水,会造成区域地下水位下降,形成区域性的水位降落漏斗,使得地下水硬硝酸盐氮等升高,水质恶化。北京市地下水平均补给量为每年37.80亿立方米,地下水可开采量约为每年24.5亿立方米,当开采量大于可开采量时,会引起地面下沉,水井供水衰减,水质发生变化等现象。

(三)污水处理设施滞后

据原建设部2005年组织对全国部分村庄调查结果显示:我国96%的村庄没有排水沟渠和污水处理系统;89%的村庄将垃圾堆放在房前屋后、坑边路旁甚至水源地、泄洪道、村内外池塘，无人负责垃圾收集与处理。2014年住建部有关领导称，全国农村污水处理率只有8%。北京市在政府投资支持下全市农村污水处理建设发展很快，2011年全市农村污水处理率达40%，远远高于全国平均水平，但值得关注的是，北京市的农村污水处理设施出现了普遍闲置的状况，陷入"有钱建设、无钱运行"的困境。

2016年9月5日，北京市水务局召开了关于全市河湖水环境百日整治工作的阶段工作会。以清河污水处理厂为例，清河污水处理厂为300万人口提供服务，应具备日均100万立方米的污水治理能力，但实际上，该厂日均只能处理50万立方米左右的污水，而该厂目前每日需要处理的污水达到65万立方米，污水处理能力与处理需求相差了30%。

这些都充分表明污水处理设施的滞后和污水处理力度的不到位。根据问卷调查显示，64.71%的人对于污水的处理方法是倒掉，所以，人民群众的污水处理方法的普及是很重要的。

（四）水污染严重，水质较差

北京水质硬度大致可以分为五个区域。东区：建国门、双井、潘家园等地区水质较硬，硬度一般在200～280毫克/升；南区：宣武、丰台、大兴等地区水质较差，硬度一般在450～800毫克/升；西区：八里店、甘家口、羊坊等地区水质硬度较高，硬度一般在350～450毫克/升；北区：亚运村、望京、左家庄、安贞、和平街等地区水质较好，硬度一般在120～180毫克/升；中区：木樨地、复兴门、三里河等地区水质较硬，硬度一般在400毫克/升左右。不管用何种净化材料、设备、先进净化技术，把水中污染物质全部清除掉，哪怕是纯了又纯，这些污染物质引起的水分子物理结构改变还是不能复原。

这些除去了污染物的水，虽然干净了，但质量已经下降，对人体的作用已经"退化"。它不仅仅影响到我们的口感，更为严重的是，它在慢慢侵蚀着我们的健康——使人体的免疫功能降低、细胞活力下降、代谢疾病增加。

根据调查问卷显示，88.24%的人认为水污染的表现是有刺鼻气味，94.12%的人认为有垃圾或废液漂浮，58.82%的人认为是有水华等，且超过60%的人认为北京市的水污染严重。种种迹象表明北京市的水污染严重，水质差。

（五）城市面积过大，降雨频繁

很多人都知道，城市空气中的凝结核比郊区要多。凝结核的大小也对降雨有着一定的影响，在凝结核大的情况下，如果在云层中有大量的水滴被冷却过，并且有着足够大的凝结核，这就会产生降雨。暖云中，大小不一的云滴碰撞产生了降雨，在降雨过程中，云滴会逐渐增大，然而此时如果存在微小的凝结核，那么空气中的水汽会被凝结核吸收形成大小均匀的云滴，从而破坏了降雨。

从气象条件上看，在城市高层建筑集中区，"热岛效应"有利于城市上空的热对流发展，容易引起暴雨出现。而与此同时，北京排放大量的污染物，形成"混浊岛效应"，有利于凝结核的形成，使北京部分降水量往往多于周边地区。同时，由于气候变化的影响，近几年来，北京暴雨过程较之以前有了明显的增加，表现在暴雨日数增多、暴雨降水量增多等。

（六）市民不注意环境保护

回答"是否了解水体污染导致的后果"的结果表明，17.65%都选择不了解，17.65%选择了解，其余均选择了解一些。由此，我们可以看出大部分人对于水体污染都有一定的了解但是没有意识去主动了解。

环境友好型行为与保护环境是分不开的。环境问题产生于生产与消费这一关联的整体之中。存在于每一个人中间的环境保护道德意识以及环境友好型行为在保护环境的过程中都是非常重要的。每一个市民既是环境破坏者也是受害者。

居民的受教育程度与对环境的满意度成负相关，从调查中可发现，居民的受教育程度对环境判断有重要影响，文化水平和知识层次越高，对生活环境问题的严峻形势认识得就越清醒，从而造成对环境状况满意度的下降。

居民的受教育程度与环保意识成正相关，因为他们对环境问题的认识程度更清晰，而且在相当多的情况下会对环保采取行动。例如：自备环保袋，分类丢弃垃圾，循环利用垃圾袋。

居民的环境保护意识与他们所处的环境紧密联系。所处的环境越好，居民的环保意识越强，反之亦然。居民的年龄也是影响环保意识的一个因素。从调查中发现，老年人环保行为强于年轻人，他们通常会自备环保袋或竹篮购物，他们的环保意识较强。

二、北京水环境污染的原因

（一）城镇居民生活污水

如何处理污水的调查结果表明，64.71%的城镇居民都选择倒掉，城镇居民对于生活污水的处理还未形成良好的再回收利用的意识。城镇污水指城镇居民生活污水，机关、学校、医院、商业服务机构及各种公共设施排水，以及允许排入城镇污水收集系统的工业废水和初期雨水等。

长久以来，人们都认为水资源是源源不断、无穷无尽的，直到人们对水资源毫无节制的索取超出了水资源的承受能力，同时大量的水资源被人类活动所污染，引发了严重的水资源危机，人们才开始正视水资源保护问题。城市生活污水作为重要的水污染源，引起了人们的足够重视，深入研究生活污水处理问题，妥善处理城镇生活污水，对于保护水资源、促进城市化发展具有非常重要的意义。

为了妥善治理城镇生活污水，保护人们赖以生存的自然环境，需要相关部门加强管理力度，控制和治理两手抓，不断提高污水治理水平，为城镇经济建设提供良好的环境保障。

要正确认识和处理好经济发展与环境保护的关系、当前与长远的关系、局部与全局的关系。一些地方重经济发展、轻环境保护，甚至不惜以牺牲环境为代价换取经济增长；只顾当前，不计长远，考虑局部利益多，考虑全局和整体利益少的做法是不可取的。

（二）工业废水

调查结果表明，大部分网民认为水污染的主要来源为工业废水和生活废水。通过调查发现有82.35%的网民认为水污染来自工业生产排放的废水，有88.24%的网民认为是生活排放的废水，有52.94%的网民认为水污染是突发性水污染造成的。因此，工业废水是水污染的重要组成部分。

工业废水指工艺生产过程中排出的废水和废液，其中含有随水流失的工业生产用料、中间产物、副产品以及生产过程中产生的污染物，是造成环境污染，特别是水污染的重要原因。

工业废水的危害表现在多种方面：(1) 工业废水直接流入渠道、江河、湖泊污染地表水，如果毒性较大会导致水生动植物的死亡甚至绝迹；(2) 工业废水还可能渗透到地下水，污染地下水，进而污染农作物；(3) 如果周边居民采用被污染的地表水或地下水作为生活用水，会危害身体健康，重者死亡；(4) 工业废水渗入土壤，造成土壤污染，或者重金属污染，影响植物和土壤中微生物的生长；(5) 有些工业废水还带有难闻的恶臭，污染空气；(6) 工业废水中的有毒有害物质会被动植物的摄食和吸收作用残留在体内，而后通过食物链到达人体内，对人体造成危害[1]。因此，解决工业废水污染迫在眉睫。具体解决有两种方法：(1) 加强对工业污染源管理。推行各项环境管理制度，加强对工业企业的环境管理，重视大中型企业的污染治理，同时加强中小企业环境管理。继续推行企业排放污染物申报登记制度、排污收费制度和排污许可证制度，加强对污染源的监测，规范排污口，经常监控工业废水处理设施运行情况，淘汰落后的生产能力及工艺、设备。对新建项目要从严管理，按照污染物排放总量控制要求严格审批。(2) 改善排污收费制度，促进工业废水处理设施运行对排污收费制度进行适当调整，重新确定排污收费原则，收费方式以及其管理和使用原则，建立新的排污收费机制，使排污收费制度有利于企业运行工业废水处理设施。

（三）水土流失

水土流失是指人类对土地的利用，特别是对水土资源不合理的开发和经营，使土壤的覆盖物遭受破坏，裸露的土壤受水力冲蚀，流失量大于母质层育化成土壤的量，土壤流失由表土流失、心土流失而至母质流失，终使岩石暴露[2]。

中国是世界上水土流失最为严重的国家之一，由于特殊的自然地理和社会经济条件，使水土流失成为主要的环境问题。中国的水土流失分布范围广、面积大，根据公布的中国第二次遥感调查结果，中国的水土流失面积达356万平方千米，占国土总面积的37%，其中水力侵蚀面积达165万平方千米，风力侵蚀面积191万平方千米。在水蚀和风蚀面积中，水蚀、风蚀交错面积为26万平方千米，侵蚀形式多样，类型复杂，水力侵蚀、风力侵蚀、冻融侵蚀及滑坡泥石流等重力侵蚀特点各异，相互交错，成因复杂。土壤流失严重，根据统计，中国每年流失的土壤总量达50亿吨。长江流域年土壤流失总量为24亿吨，其中，上游地区年土壤流失总量达15.6亿吨，黄河流域、黄土高原区每年进入黄河的泥沙多达16亿吨。水土流失成为我国非常严重的一大问题，而且水土流失的治理需要的时间比较长。

（四）污水处理问题

随着生活用水量的逐渐加大，污水处理变得至关重要。由问卷调查调查结果表明，有64.71%的人选择将废水倒掉，有11.76%的网友选择再利用，有23.53%的人选择其他的方式。

在这里介绍三种污水处理的方式：

物理法：利用物理作用处理、分离和回收废水中的污染物。例如用沉淀法除去水中相对密度大于1毫克/升的悬浮颗粒的同时回收这些颗粒物；浮选法（或气浮法）可除去乳状油滴或相对密度近于1毫克/升的悬浮物；过滤法可除去水中的悬浮颗粒；蒸发法用于浓缩废水中不挥发性的可溶性物质等。

化学法：利用化学反应或物理化学作用回收可溶性废物或胶体物质，例如，中和法用于中和酸性或碱性废水；萃取法利用可溶性废物在两相中溶解度不同的"分配"，回收酚类、重金属等；氧化还原法用来除去废水中还原性或氧化性污染物，杀灭天然水体中的病原菌等。

生物法：利用微生物的生化作用处理废水中的有机物。例如，生物过滤法和活性污泥法用来处理生活污水或有机生产废水，使有机物转化降解成无机盐而得到净化。

（五）城市排水系统不完善

由于城市化速度的加快，北京市也在逐渐向外扩张。土地大量被征用，水泥路面代替了原来地表，地表水和地下水流通渠道被阻碍，排水成了问题。一到下雨天，整个路面便是"汪洋恣肆"，混流成灾。这给排水系统造成了极大不便的同时，也影响了交通运输。

北京市是一个缺水的城市，一个缺水城市和一个海滨城市在排水问题上肯定不同。北京市在发展，而北京市的气候和天气条件也在发生着变化。就2016年"6·

23"大水事件来说,专家介绍说这是几十年不遇的大洪水。诚然,专家的观点肯定是权威的,但是,我们不能说过去几十年没有发生,以后就不会发生。我们能做的就是要我们在这个城市里安全健康的生活。为我们自己,也为我们的子孙后代。

北京尽管近几十年都在改进排水系统,但是现状仍是不容乐观。随着城市化进程,一些行洪问题也相继出现,如今北京市的护城河已全部改造成混凝土衬砌,并集中于东便门铁路桥附近汇入通惠河,结果每降大雨通惠河洪水位迅速增高,下水道排水不畅。紧随洪水到来,对护城河沿河两岸下水道出口排水造成严重顶托,造成城中心区部分地区、街道和立交桥下积水。这些问题仍须探寻解决的办法。

三、对北京市水环境优化提出的建议

(一) 完善政府立法,加强对工厂废水排放指标的规范

以刺猬河为例。刺猬河位于北京市房山区西北部,自西北流向东南,与房山区良乡镇石羊村入小清河,上游青龙湖镇以北建有崇青水库。近年来,随着经济发展越来越迅速,刺猬河流域内工业、企业、养殖业废水以及生活污水的排放量逐年加重。这也导致刺猬河水体污染程度逐年加重。

我国现行污水排放标准编号为 GB 8978—1996,批准日期是 1996 年 10 月 4 日,实施日期是 1997 年 1 月 1 日,代替了 GB 8978—1988 污水综合排放标准。根据我国水污染排放标准,按照国家综合排放标准与国家行业排放标准不交叉原则,造纸工业执行《造纸工业水污染排放标准 (GB3544—1992)》,另有一系列针对各行业有可能造成水体污染的水污染排放标准。

针对污染物来源,我们对刺猬河周围的居民进行了问卷调查,其中工业生产排放的废水和生活排放的污水所占比例大致相同,都是 82.5%,而交发性水污染只占 52.94%。

由此看来,虽然我国有着相对完善的污水排放标准,但是水体污染依旧严重,完善立法加强工业废水排放指标的规范显得尤为重要。

(二) 加大政府监督力度,加强水污染对城市危害的宣传教育

自 2002 年开始,房山区水务局在区委、区政府的领导下,在有关部门的积极配合下,对刺猬河水体污染的治理拉开了序幕。值得称赞的是近年来,经过一期、二期的有效治理,刺猬河的水体得到了有效改善。

为了改善水源地地段的环境,净化空气和水体,对此地段也进行了绿化和美化,种植草木、灌木以及树木。两侧绿化面积共计 12 万平方米,新建拱桥两座,修缮两座。挖人工湖一座,形成水面面积 5700 平方米,新建两处河滨公园,修建园路 8800 平方米。

房山地区人口众多,虽然经过了两次较大规模的治理,但仍不能解决根源问题,

根据调查结果显示，很多当地居民虽然了解水体污染对人民生活的危害，但是谈及如何防范水污染、什么属于污染物等问题时，问题便显现出来。

在我们总结分析调查问卷之后发现，居民只知道水污染情况不能再继续恶化，对于某些特殊的垃圾分类他们的了解还是很少的，也许居民知识的盲区就是造成水污染的主要污染源。数据显示只有64.71%的当地居民了解一些关于保护水资源的知识，仅有17.65%的居民表示了解，还有17.65%的居民表示不了解。

在调查问卷中，我们提及了几个简单的水体保护最基本的知识，例如污染和破坏环境的举报和投诉电话是多少？64.71%的居民回答是12369，35.29%的居民回答是114，当然114的用处几乎所有中国人都熟知。假设，政府加大力度宣传水环境保护的相关知识，是不是人们在回答12369的时候也会流利地说出它的用途。

我们再问到"世界水日"是哪一天的时候，有41.18%的人回答是3月22日，有58.82%的人回答是4月22日。

当我们提问居民废水是如何利用的时候，64.71%的居民选择直接倒掉，11.76%的人选择其他。从我们的调查分析中可以看出，大部分的居民还是不了解如何保护和利用水资源以及如何减缓水环境的恶化。所以，加大政府监督力度，加强水污染对城市危害的宣传教育刻不容缓。

环境需要大家来共同呵护，但不仅仅是口头上的保护，还要落实到行动上，居民对于环境保护的常识了解的多了，自然就会行动起来保护环境。

（三）重视水净化安全技术的研发，提高居民用水的安全性

问卷调查发现有23.53%的网友认为北京的水环境非常不好；41.18%的网友认为北京的水环境有待改善，29.41%的网友认为北京的水环境一般，仅有5.88%的网友认为北京的水环境很好。同时，关于"近几年您们主要的饮用水水源"这项调查中，88.24%的网友表示自来水是他们的主要饮用水水源。针对即生物安全性问题，采用第一代净水技术即混凝—沉淀—过滤—氯消毒净水工艺，使颗粒物得到去除，使致病细菌得到有效灭活。针对化学安全性问题，通过臭氧氧化和活性炭吸附去除水中有毒害的微量有机污染物，即第一代工艺＋臭氧—颗粒活性炭，使水中有毒害的微量有机污染物得到去除，使氯化消毒副产物得到有效控制，称为深度处理或第二代工艺。20世纪末期，又出现了以"两虫"为代表的饮用水重大安全性问题——新的生物安全性问题。藻类问题包括蓝、绿藻水华，使水生态系统遭到破坏；有的藻类能产生藻毒素，危害健康；有的能产生臭味。有害水生物问题主要是剑水蚤、红虫大量繁殖。水厂合格出厂水在输送和贮存过程中发生微生物繁殖现象，是不具有生物稳定性的水。第二代工艺的颗粒活性炭层中繁殖大量微生物，其出水微生物显著增多，即第二代工艺提高了水的化学安全性，但水的生物安全性却降低了。超滤膜孔径为数纳米，纳滤膜为1纳米左右，能将水中微生物几乎全部除去，是提高生物安全性最有效的方法。超滤能去除颗粒物和微生物，但对溶解性物质（无机

物、中小分子有机物、氨氮等）去除效果较差，需增设膜前处理和膜后处理单元，构成组合工艺。

（四）工厂用水、排水及处理需对市民透明、公开

信息公开不仅减少了信息不对称，还可改善社会公众的监督条件，提升公众的监督能力，对工厂浪费水资源，任意排放污水，污染环境产生极大的抑制效果。信息公开是监督工厂合理合法用水的重要措施，是改善水环境的重要措施。政府要做到信息公开，让市民对治污有信心，对水源更放心；制定法律规定信息公开和公众参与，要求排污企业向社会公开污染物的排放和防止污染设施的运行情况，接受社会监督，震慑环境违法行为；接受社会公众的监督，新闻舆论的监督，增设反映问题的便捷渠道，对市民反映的问题及时回复并调查解决；完善针对江河流域主要地段的统一的水质状况定期监测和公布体系，让社会公众对水质状况的真实情况有最直观地认识，针对江河流域主要地段的统一的水质状况定期监测和公布体系应该包括统一的水质监测与评价指标体系，常态化的江河流域水质状况监测评价和信息公布制度，以及以地方政府为主的流域污染治理问责机制，并且通过可靠有效的水质状况信息披露渠道，鼓励公众参与。

（五）水环境安全问题亟待引起市民的高度重视

水环境不仅是生态环境问题，也是社会，经济和政治问题，直接关系到国家安全和社会稳定。调查显示17.65%的市民不了解水体污染导致的后果，64.71%的市民知道一些，只有17.65%的市民了解水体污染导致的后果，可见多数市民对水环境的安全问题并不重视。当看见有人向河里随意丢弃垃圾时，多数人的选择是"不管，自己做好就行"，少数市民选择"主动制止"，还有5.88%的市民选择"无所谓"，水环境安全问题急需引起市民的高度重视，城市的水环境，关系到每个人的用水安全，需要每位市民的积极参与。有些市民将阳台雨水管变成洗衣机排水管，海域很多市民并不区分雨水管，污水管，都将其称为下水道，政府应加强宣传节水知识，提高市民的节水意识。水是生命之源，并且来之不易，我们每个人都应节约用水，珍惜水资源，保护水环境。

参考文献

[1] 岩佐茂（日）.环境的思想与伦理［M］.北京：中央编译出版社出版，2007.
[2] 胡乔木.中国大百科全书（环境科学）［M］.北京：中国大百科全书出版社，2002.

福建省福鼎市白琳镇翁江村绿色经济发展现状及展望的调研

李永梅　蔡尔德*

摘要： 随着我国城镇一体化进程的逐步推进，党的十六届五中全会提出建设社会主义新农村的重大历史任务，美丽乡村建设任务应运而生。福建省作为首批沿海开放省份，省内经济发展不协调，大量农村地区较为落后保守，美丽乡村建设任务刻不容缓。本小组通过问卷调查、实地考察、走访与参考文献媒体资料等形式，调查了解在国家政策支持与政府推广下，翁江村美丽乡村建设绿色经济的现状，收集村民以及社会人员对绿色经济建设的看法和期待等方面的数据，提出当前绿色经济建设存在的不足。调研报告结论对当前全国范围推进的美丽乡村建设具有一定的意义。

关键词： 福建省　农村　美丽乡村　绿色经济

近年来，通过开展美丽乡村建设，福建省福鼎市白琳镇翁江村村貌得到了明显改善，通过修公路、重修民居和建设绿色景观带，翁江村人民生活水平和幸福感得到普遍提高，翁江村经济也得到了一定发展。但与此同时，翁江村美丽乡村建设过程中不可避免地遇到了诸多问题，例如招商引资缺失、村内富余劳动力过剩和传统农业市场不大等。这些问题对于翁江村美丽乡村建设发展起制约作用，不利于经济的发展和人民生活水平的提高。

本次调查主要采取的是非定向网上问卷调查和定向实地问卷调查相结合的方式，兼有农户交谈与参考文献的形式，调研小组将问卷发布至网络并且号召当地大学生以及社会成员填写，并且前往村内交由村民填写。共发出调查问卷280份，收回280份，回收率达100%，有效问卷278份，有效率约为99%。主要调查了村民与社会人员对美丽乡村建设的关注程度，美丽乡村建设的核心问题、经济发展、现状以及存在的不足，同时询问改进意见。被调查者包括当地学生、工作人员、村民以及村干部，了解美丽乡村经济建设情况，提出相关建议，为美丽乡村和社会主义新农村建设提供相应的材料支撑。

一、翁江村在美丽乡村建设中的成就

美丽乡村是在2005年中国共产党第十六届五中全会上为建设社会主义新农村提

---

* 本课题指导教师李永梅（北京工商大学马克思主义学院），课题组组长蔡尔德（经贸151班）；课题成员：郝瑞楠、李晨阳、林潇、周冰（经贸152班）。

出,具体要求是"生产发展、生活宽裕、乡风文明、村容整洁、管理民主"等[1]。本小组在翁江村实地访谈得知,翁江村在经济建设、基础设施建设、新村建设和基层组织建设四个方面取得的一定成就。

（一）经济建设成就斐然

翁江村在茶产业、种植业、养殖业和园林绿化等方面都有了进步。翁江村利用优良的生态环境和种植技术,发展茶苗种植产业,成立了茶苗培植专业合作社,现有会员10人,带动农户300多户。从2012年培植面积500亩（1亩＝1/15公顷,下同）,增至现有800多亩。茶叶加工集中区建设进展顺利,已完成一期100多亩建设,已有天湖、绿源、裕荣香等5家茶叶企业落户。茶产业带动了其他特色农业产业渐趋欣荣。茉莉花种植也是翁江村一个特色农业项目,主要供加工花茶,目前全村种植茉莉花500亩,年产值100多万元。

（二）基础设施建设得到加强

第一,由于村庄地理位置靠海,每年台风防汛任务十分艰巨。村庄近年通过争取国债项目资金1000多万元,完成了翁江海堤48千米的除险加固。第二,2015年争取资金30万元完成翁潭井尾拦水坝修复和五期海堤堤面修复工程。第三,投资50万元完成了老人活动中心主体工程建设。投资60万元完成了翁江村美丽景观带建设,争取资金5万元对翁江至湖头3.5千米引水渠道进行修复。第四,投入资金100多万元完成两个自然村道路水泥硬化,每年投入10万元雇请清洁员对全村生活垃圾进行清理。下一步规划为老人活动中心装修、添置,继续完善环境卫生整治[2]。

（三）新村建设紧锣密鼓

目前,翁江村新村建设已完成新宅地基16榴,完成主体工程26榴,入住10户,并投入100多万元完成前期道路、水渠、绿化等配套设施和文化活动中心主体工程,并被省建设厅列为2016年度农村住宅示范小区。2016年投入20万元将翁氏宗祠改造为纪念堂。

（四）基层组织建设受到重视

翁江村先后投入90多万元完成村委办公楼的建设,于2013年5月投入使用,村里有了一个良好的村级办公场所。2015年被宁德市定为党建示范点。近期,针对找人难、办事问题,依托原有便民服务代办点,成立"党代表工作室",发放便民卡,完善体制,提高了为群众办事效率。下一步规划培养党员、后备干部,继续做好党建示范点工作。

二、翁江村绿色经济发展的现状

(一) 绿色经济发展的观念意识有待加强

调查显示,有61.15%的村民对美丽乡村建设的意识有待加强,不是完全不了解就是仅停留在听说过的层面上。村民是乡村建设的主体,他们的意识行为会对乡村的建设起到重要作用。而调查显示的数据表明,这样的意识会一定程度上阻碍翁江村的美丽乡村建设发展。

参与乡村建设的积极性调查可知,有43.17%的受访者认为农民自身的积极性是绿色经济发展的主导因素。坚持群众主体地位,实现村民自我管理是美丽乡村建设的必要条件。并且在访谈中,村委会也提到美丽乡村建设中最重要的是让村民形成一种与自然和谐相处,让村民积极参与到美丽乡村的建设活动中,形成热爱家乡的绿色发展观念。美丽乡村建设的是村民的乡村,是村民的家园,因此,村民积极性决定了美丽乡村建设的好与坏。

在回乡调查中,55.4%的受访者表示愿意为建设新农村、改善生态环境奉献自己的力量,而有一些人选择视乡村发展情况而定,在访谈中也了解到村民的积极性还是不错的,绝大多数人都希望成为乡村创客。这在一定程度上反映出村民比较愿意参与家乡的建设活动。

综上所述,美丽乡村建设的绿色发展观念一定程度上还未深入人心,村民对家乡建设的积极性也需要提高。所以,必须转变观念意识,吸引乡村劳动力回流,这对美丽乡村的建设发展会起到推动作用。

(二) 绿色经济发展中知识技能水平至关重要

小组走访了解到,村庄有知识的青年基本上都会选择村外发展,这就造成了乡村创客人才的缺失。问卷结果显示,有关美丽乡村建设的不足方面,有38.23%的人认为经济发展不足,位居第二,这反映出绿色经济的发展尚不乐观;村民普遍认为美丽乡村建设关键在于农业生态环境和基础设施上,其次才会关注绿色经济的建设。另一问卷调查结果表明,村民力争要走可持续绿色经济发展之路,并且需要政府的帮扶。如图1所示,有56.87%的人认为加强建设应该提高村民的积极性,29.5%的人认为应该依托政府的奖励政策。这从侧面反映出发展的潜在阻力,仅依靠于政府的扶持并非长久之计,而究其本质问题是乡村缺乏指导型的人才。

(三) 绿色经济发展中多元化种植倍受青睐

有40.28%的受访者认为农作物的多元化种植更有前景,25.18%的受访者希望发展混合农业,17.27%的受访者看好绿色景区建设,17.27%的受访者愿意发展农家乐(图2)。目前翁江村村民的收入主要依靠农业生产,而农作物多元化的种植相

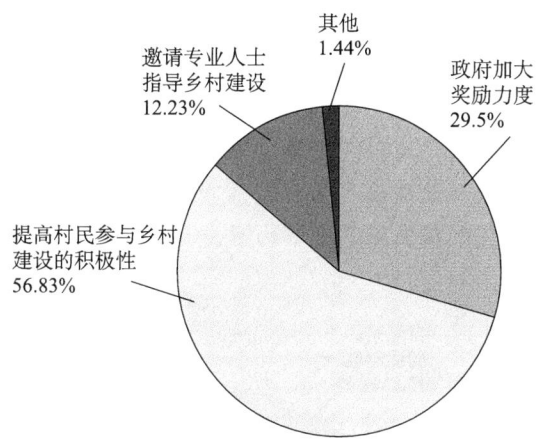

图1 "村民认为加强美丽乡村建设办法"的调查结果

对其他几项来说，可以在短时间内快速提高农民收入，且风险相对较小，因此，有近一半的人认为多元化种植前景广阔、发展空间大，更愿意种植多元化农作物。

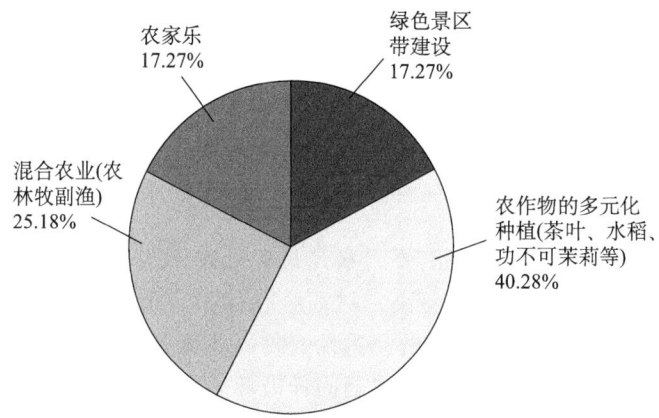

图2 村民认为绿色经济更具发展前景

此外，比较绿色景观带建设（旅游业）和特色农作物销售（混合农业）两种发展方式，有近57%的受访者看好绿色景区建设，侧面反映出村民对生态旅游发展的认可。从理由上看，支持发展旅游业的人，普遍认为生态旅游不仅可以改善村庄环境，还可以带动其他产业促进绿色经济发展；支持混合农业的人则认为该产业更加具有可持续性，能够调动人们积极性，同时也在一定程度上带动了旅游业的发展。

（四）绿色经济发展中政府与村民齐心协力共谋发展

据调查可知，有43.17%的受访者认为农民自身的积极性是绿色经济发展的主导因素，28.78%的受访者认为绿色经济发展主要是政府政策的作用（图3）。当地美丽乡村绿色经济建设所需的庞大的资金基本上都来源于政府，政府政策上的支持不容忽视，如何运用政策提高村民积极性将，推动绿色经济的建设是未来美丽乡村建设的重要问题。

尽管当地优良的自然条件可以发展生态旅游业，但是翁江村的交通运输条件依旧不能满足旅游业的需要，无法满足游客的需求，因此，还有一部分人认为交通运输条件和自然条件是绿色经济发展的主导因素。

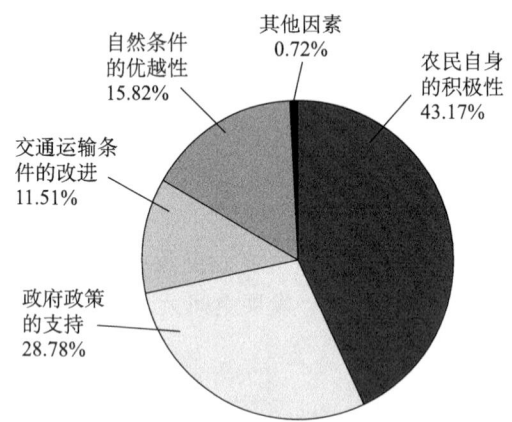

图3　在发展绿色经济过程中占据主导地位的因素

（五）绿色经济发展中自然环境的保护越来越受到重视

当前破坏村庄自然环境的最主要因素是垃圾处理不当，占62.59%，村庄的垃圾处理问题已经不容忽视，亟待解决。村委会在保护环境上的宣传力度还需加强，但是大部分人已经意识到垃圾污染的严重性，村民环境保护的观念正在形成。此外，村民开垦荒地、破坏植被、大量使用农药同样破坏了当地的自然环境和其再生能力，绿色经济发展困难重重。

同时，以绿色景区建设引领绿色经济发展也越来越受重视。调查显示，绿色景区方面的建设成果还不明显，而据调研小组访谈了解到，由于资金的问题，村庄暂时并未将发展重心放在绿色景区的建设上。

综上所述，农民更愿意发展农作物多元化种植，其次才是生态旅游业和混合农业，村委会接下来的工作应区分轻重缓急，有的放矢。同时绿色经济的发展需要政府和村民的共同努力，完善基础设施，保护自然环境，共同推动绿色经济的发展。

三、制约翁江村绿色经济发展的主要因素

根据问卷数据和访谈内容分析，翁江村目前绿色经济发展有成效，同时又有待提升。村民方面，村民意识还不是很高，要注重思想建设，这是首要任务。同时，

绿色经济的发展离不开乡村创客的支撑,因为可持续力量才能稳定经济发展,这是重要任务。制约村庄建设方面,主要有以下四点。

(一)交通建设在旅游方面不足

尽管交通设施已经改善,翁江村与福鼎市的公路已经修建完成,但是翁江村到达福鼎市的公共交通主要以中巴为主。大部分游客难以通过手机地图的方式得到从福鼎市到达翁江村的路线信息,只能通过问路或者熟人带路的方式到达翁江村,因此,尽管目前交通运输条件得到完善,可以满足日常生活和产业运输的需要,但是距离旅游产业的需要还有一定距离。调查结果显示,29.5%的人认为交通设施急需完善,是除经济、思想建设因素外排在第二位,与排在第一位的教育设施建设相差无几。

(二)农村富余劳动力就业问题严重

走访村民了解到,翁江村的青壮年劳动力大部分前往外地务工。但是留守的劳动力仍有一定数量的富余。在留守劳动力中,年龄偏大的以传统产业为主,而相对年轻的由于本地工业收入不稳定,怕吃苦等原因,大部分是富余劳动力,在家啃老、混迹社会。如何解决这部分富余劳动力的去向问题成了翁江村需要解决的。

(三)招商引资方面欠缺

调查了解到,翁江村在福鼎白茶的生产、加工方面投入力度大,得到了村民的积极响应,由于福鼎白茶是翁江村的传统产业[3-4],因此,逐渐形成了规模化。从农民的生产到厂商的加工,一家家工厂建成、发展,翁江村在福鼎白茶方面具有一定的规模效应。但是,在发展高效农业和其他方面的招商引资上,翁江村存在不足,除了茶厂,翁江村仅有为数不多的家具厂、乳业等几家企业。美丽乡村建设的资金基本上来自政府。这种情况使得翁江村的生产结构过于偏斜和单一。

(四)思想建设工作待加强

调查数据显示,66.91%的人认为群众素质待提高,而认为经济发展、群众参与程度不足的人约占38.5%,还有近30%的人认为教育、交通设施需要加强。美丽乡村建设还要从各个方面加强推进,其中最重要的是思想建设,占63.31%。其次,仍有半数以上的人迫切希望发展绿色经济。近40%的人认为应改善耕作制度、加大交通建设力度。35.25%的人支持专业人员来村指导发展。

由此可见,思想建设已经不容忽视,是绿色经济发展的瓶颈。

四、对翁江村美丽乡村建设过程中绿色经济发展的建议

在短期内,受限于中国经济增长速度趋于下降的大背景,翁江村经济水平很难

达到跳跃式快速增长。因此，如果强行优先发展服务业很可能让资金和人力投入打水漂。因此，在中短期内，翁江村美丽乡村建设仍要围绕绿色经济、就业、招商引资、基层建设为主题。对此，本调研小组对美丽乡村建设过程中的绿色经济发展问题提出以下三点建议：

（一）利用网店形式开拓市场

"十二五"时期，我国电子商务行业发展迅猛，产业规模迅速扩大，电子商务信息、交易和技术等服务企业不断涌现。根据《2013年中国农村互联网发展情况报告》显示，截至2013年12月，农村网民规模达到1.77亿人，比上年增加2101万人，增长率为13.5%。我国网民中农村人口占比为28.6%，截至2013年12月，中国农村互联网普及率达到27.5%，呈继续增长态势[5-7]。手机逐渐成为农村网民上网主流设备，使用比例超过城镇。白琳镇茶叶交易市场已经建成，白琳镇距离翁江村车程约十五分钟，如果翁江村建设实体的茶叶交易市场，必然对白琳镇茶叶交易市场造成冲击，同时，由于白琳镇交易市场组织级别更高，规模更大，距离福鼎市更近，白琳镇茶叶交易市场的优势更加明显。但是，如果翁江村选择以网店形式开拓交易市场，只需要吸引快递公司入驻翁江村，就能够让翁江村的白茶、绿色食品甚至土特产品通过快递到达全国各地。短期投资不高，长期效益明显。同时，可以利用网上客服等职位适当解决农村年轻富余劳动力的就业问题，网上客服的职业对年轻人的吸引力更大。

（二）巧妙应对资金瓶颈

1. 重视思想政治建设

调查数据显示，43.17%的人们认为农民自身的积极性是绿色经济发展的主导因素，同时还有28.78%的人认为离不开政府政策的作用，这说明思想政治建设十分重要。而针对村民在发展建设中容易出现的倦怠和应付心态，应从加强宣传教育和完善政策入手。

对村庄而言，就是要端正村民发展心态，注重引导。调研小组给出的建议是：其一，将一年一次的检查变成长期，三年以上检查一次，因为频繁的检查反倒给村民压力，萌生应付心态；其二，让村民当裁判，群众问题群众解决，还有助于交流和竞争发展；其三，市区检查的形式改为长期，短期可以添加形式—社区援助，针对问题，援助指导，而不进行评比。这样更容易发现问题，突破深入发展的瓶颈。

2. 旅游业、混合农业并行发展

经济是支撑一切发展的动力，对翁江村而言，可以优先发展绿色景区和混合农业。但是由于翁江村没有特别优势的历史文化和景区背景，只能创新制胜。发展农家乐是首选，因为其需要资金少，而且村庄农家乐是种植业、养殖业、特色农业发展到一定程度的顺势产业。问卷数据显示，近57%的人们看好旅游业的发展，剩余的人除了支持混合农业的,还有都支持的。侧面反映出人们在发展绿色经济过程中,更愿意尝试绿色景区的建设。从理由上看,支持发展旅游业的人们,普遍认为旅游业不仅可以改善村庄环境,同时可以带动混合农业和其他产业,促进绿色经济发展;支持混合农业的人们则认为该产业更加具有可持续性,调动人们积极性,同时也一定程度地带动了旅游业的发展。整体上分析,旅游业、混合农业互相促进,因此,应把旅游业、混合农业并行发展。

(三)增强交流,借鉴其他村庄建设经验

近年来,翁江村在美丽乡村建设中的成就斐然。从经济发展到基础设施建设、新村建设、基层组织建设都取得了优异成绩。然而,翁江村在绿色经济发展、村庄建设上存在诸多改进之处,其中的发展瓶颈是群众的参与意识低,发展要务是混合农业和绿色旅游方向。翁江村村民的参与度、了解程度较低,农业生产结构比较单一,不利于绿色经济的发展。翁江村可以借鉴其他美丽乡村建设的经验。

第一个选取了发展位置相似的示范村——佳阳畲族乡。佳阳畲族乡位于福建省福鼎市东北部,是福鼎市第二个畲族乡。表1中,从种植、养殖、特色产业和绿色景区四个方面进行事例对比。清晰了解到翁江村生产结构单一,村庄建设进程仍处于初级发展阶段。尤其是养殖业,只有南美白对虾的养殖。所以,发展绿色经济的要务是混合经济,多个产业并行发展。但是在访谈中了解到,村庄的建设资金几乎全部来源于政府,而且发展过程中资金缺乏,所以以上四个方面可优先考虑发展混合农业和绿色景区。两个产业可以相互带动,又有利于其他产业发展,例如:特色产业。

表1 翁江村与佳阳畲族乡在种植、养殖、特色产业和绿色景区建设方面对比表

类别	翁江村	佳阳畲族乡
种植	窨制花茶、黄栀子、太子参、蚕豆	碧螺春、特小凤西瓜、泰国御豆、人参果、兰孔雀
养殖	南美白对虾精养殖	大黄鱼、鲈鱼、石斑鱼、白对虾、海上饵料、成品鱼、鱼苗
特色产业	茉莉花	早盘菜、土鸡
绿色景区	翠郊沿线(瓜园自然村)美丽景观带	风俗民情独特,畲族"二月二"会亲节,罗唇畲、正月十八"冥斋节"、红色政权、军民共建基地

第二个选取了美丽乡村建设的典范县——永春县[8]。从表2可以看到,永春县发展状况是较好的。而永春县的绿色经济是最值得借鉴和关注。可见,发展过程应从大处着手,制定完善规划,再创新,有效实施,不可盲目;更要在因地制宜的基

础上发展特色经济。由于村庄的建设进程处于初级阶段,资金缺乏,所以绿色经济的发展要注重可持续力量,即乡村创客的作用是支撑和稳固发展的重要因素。

翁江村应该与其他有经验的、值得借鉴的美丽乡村建设示范村扩大交流合作,定期组织调研,使得翁江村美丽乡村建设越做越好。

表2 翁江村与永春县在种植、养殖、特色产业和绿色景区建设等方面对比表

类别	翁江村	永春县
地理位置	福鼎市白琳镇东南部	福建省泉州市西北部
建设目标	农业增产、农民增收、农村发展	环境优美、生活甜美、社会和美
种植	窨制花茶、黄栀子、太子参、蚕豆	水稻、柑橘、安溪茶叶
养殖	南美白对虾精养殖	娃娃鱼、锦鲤鱼、光鱼（黑脊倒刺鲃）
特色农业	茉莉花	桃源镇芦柑、苏坑镇佛手、岵山镇荔枝
绿色景区	翠郊沿线（瓜园自然村）美丽景观带	五里街镇大羽村（特色文化村）、牛姆林（原始森林）、百丈岩风景区、北溪桃花谷
环保水利	完成康山溪防洪提、瓜园拦水坝、引水灌溉渠道	建人工湿地源头净化污水、推广采取微动力好氧处理模式、分类建设污水处理设施
道路	完成两个工程道路水泥硬化,安装路灯	建人工湿地源头净化污水、推广采取微动力好氧处理模式、分类建设污水处理设施
基层组织建设	宁德市党建示范点、宁德市先进基层党组织	全国经济林建设先进县、全国食用菌生产先进县、全国农业标准化示范区建设先进县、全国最大的佛手茶生产

美丽乡村建设中绿色经济发展绝非一蹴而就的事,而是一个细水漫流、逐步渗透的过程。在经过村委会与村民们的艰苦奋斗后,翁江村美丽乡村建设已经初显成效。不过,正如村党支部书记所说,翁江村的美丽乡村建设现在还处于初级阶段,目前还有许多问题尚待解决,未来还有很长的一段路要走。但不可否认的是,美丽乡村与绿色经济建设也是一个水到渠成的过程。我们相信,站在21世纪的新起点与经济社会大变革之中,翁江村以其优越的自然环境与地处闽东毗邻浙粤的地理位置,在未来的美丽乡村与绿色经济建设中定会取得不凡的成绩。

参考文献

[1] 张钟福.永春县美丽乡村建设研究［D］.福建:福建农林大学,2013.
[2] 吴晓燕.永安市西洋镇岭头村乡村旅游开发研究［D］.福建:福建农林大学,2015.
[3] 庄能红.社会主义新农村生态文明建设的路径研究——以福建省美丽乡村建设为例［D］.福

建：福建农林大学法学院，2014.

［4］雷泉明．三明市美丽乡村建设研究［D］．福建：福建农林大学，2015.

［5］方青．后枫村美丽乡村建设研究［D］．福建：福建农林大学，2014.

［6］王旭烽，任重．中国美丽乡村调查［M］．北京：人民出版社，2013.

［7］徐勇，邓大才．中国农村调查（2014年卷）［M］．北京：中国社会科学出版社，2015.

［8］何忠伟．京郊乡村调查—特色农经行动计划（2014）［M］．北京：中国农业出版社，2015.

北京市六里屯垃圾填埋场生态环境治理情况调研

田建华　李春瑞*

摘要： 六里屯垃圾填埋场是海淀区最大的垃圾填埋场，自运营以来，对周边生态环境造成了一些破坏，但其本着生态环保、绿化美化的原则，尽可能降低对周边环境的影响，一直努力建设环境友好型开放式的填埋场。本文主要介绍了近些年来六里屯垃圾填埋场周边生态环境的生态治理情况、措施和未来几年六里屯垃圾填埋场的生态恢复措施和技术。

关键词： 环境现状　环境治理　生态恢复

本次调查主要采取的是实地调研方式。调研包括发放并回收垃圾填埋场治理情况调查问卷、实地采访、现场实地考察。调查问卷群体为六里屯垃圾填埋场周边的屯佃村、于秋花园小区、乡憩园小区的居民。本次调研共发出调查问卷 600 份，收回 600 份，回收率达 100%；有效问卷 600 份，有效率达 100%。调查问卷主要调查居民对垃圾填埋场附近生态环境的看法，对填埋场治理措施的了解程度和参与生态环境治理的热情度。实地采访主要采访周边居民，询问其对垃圾填埋场周边生态环境的看法的建议。现场实地考察主要考察垃圾填埋场周边的实际环境情况。

一、六里屯垃圾填埋场现状

（一）基本情况

北京市海淀区六里屯垃圾填埋场位于北京市海淀区永丰乡，距永丰屯村南侧约 2 千米。六里屯垃圾填埋场总占地面积为 46.53 公顷，其中，场前区占地 12 公顷，填埋区占地 34.53 公顷。六里屯垃圾填埋场，是继阿苏卫、安定、北神树之后建成的第四座垃圾填埋场。服务面积为海淀区 426 平方千米，服务人口 300 万人以上。六里屯填埋场工程分两期实施，一期工程于 1999 年 10 月竣工投入使用，二期工程于 2002 年投入使用。

海淀区六里屯填埋场本着生态环保、绿化美化的原则，尽可能降低对周边环境的影响，建设环境友好型开放式的填埋场。目前，填埋场严格按照分区填埋的工艺要求，进行填埋区作业划分，同时实施作业区除臭和全密闭膜覆盖工作，以减少垃圾暴露对环境造成的影响；全密闭工作的实施，也为做好填埋区雨污分流工作提供

---

* 本课题指导教师田建华（北京工商大学马克思主义学院），课题组组长李春瑞（应化142班）；课题组组员：董静、李世美（应化142班），黄典（应化141班）。

了保障,可以有效收集雨水并进行集中外排,减轻了填埋场污水处理压力;此外,六里屯填埋场积极做好资源利用工作,分别实施了一、二期沼气发电工作,目前已发电并网。

六里屯填埋场作为海淀区唯一的生活垃圾处理设施,地位特殊,意义重大。六里屯填埋场将在以往环境治理成果的基础上,总结经验和教训,以更加科学化、精细化的管理方式,努力消除环卫设施对周边的环境影响,为六里屯填埋场的可持续发展和建设环境友好型设施打下坚实的基础[1]。

(二) 六里屯垃圾填埋场近十年来的变化历程

六里屯垃圾填埋场近十年来的变化历程见表1。

表1 六里屯垃圾填埋场近十年来的变化历程表

时间	治理措施及方针、政策落实
2012年	北京市扩建六里屯填埋场,垃圾渗滤液就地处理
2013年	海淀区六里屯垃圾填埋场渗滤液处理扩建项目开工
2013年	垃圾场日发电15万千瓦时
2016年	现垃圾场出现饱和,垃圾填埋场新选址确定

(三) 六里屯垃圾填埋场环境现状

1. 六里屯垃圾填埋场环境现状

(1) 调研者观察环境现状记录

调研当天天气晴,高温。六里屯垃圾填埋场的接待时间是每年的九月。所以我们的调查并没有进入垃圾场内部去进行实地考察。但是却观察取证了当时垃圾填埋场的实际情况。

第一,六里屯垃圾填埋场气味较近距离时候比较刺鼻。在调查当日天气及时间因素下,居民区与商贩区之间,调查者并未闻到刺鼻气味。

第二,六里屯垃圾填埋场周围有部分污水积注。污水成墨绿色。在部分沿路地方,垃圾废液即污水也有聚集。

第三,六里屯垃圾填埋场周围蚊蝇等虫子比较少见,甚至可以说是几乎没有。

第四,六里屯垃圾填埋场周围噪声比较大。

(2) 居民对生活环境的反馈记录

第一,气味问题。"晚上九点之后臭味严重"。究起具体原因,部分居民反映是夜晚六里屯垃圾填埋场进行的沼气排放作业。同时,部分居民还担心居住安全性问题。正如调查问卷所反映的那样。调查研究表明,86.67%的受调查者表示由于附近存在的六里屯垃圾填埋场而散发出的垃圾填埋气带来了严重的空气污染，66.67%人表示都能闻到垃圾场的恶臭味。恶臭味只是垃圾填埋场带来的空气污染中的表面现象，其实质是一系列化学物质而散发出的气息。我国《恶臭污染物排放标准》确定了8种恶臭污染物，它们分别是硫化氢、甲硫醇、甲硫醚、二甲二硫、二硫化碳、氨、三甲胺、苯乙烯。其中，有5种恶臭污染物含硫。垃圾场中最主要的含硫污染源是硫化氢。硫化氢是具有臭鸡蛋味的恶臭气体，低浓度时，它能引起眼炎、眼部分泌物增多，角膜浑浊畏光，易发生气管炎、咳嗽甚至咽部水肿；如长期吸入硫化氢会导致人体质变弱、抵抗力下降，易发生肠炎、心脏衰弱、神经紊乱、多发性神经炎等。此外，恶臭作为一种气息，会随着空气的流动而转移。污染的范围便不仅仅局限于垃圾场本身，恶臭污染范围一般在两千米范围内，而在不利的逆温条件下范围甚至可以扩大到6千米以上。

第二，污水问题。"地下水遭到污染"。部分居民反映有某次的水质检测不达标。结合六里屯垃圾填埋场官网数据对比，详见表2。

表2 六里屯垃圾填埋场废水数据公开表

日期	项目	检测值（单位：毫克/升）	标准值（单位：毫克/升）	是否达标
2016-4-1	化学需氧量	27	30	是
2016-4-1	氨氮	4.10	1.5	否
2016-4-2	化学需氧量	35	30	否
2016-4-2	氨氮	3.09	1.5	否
2016-4-3	化学需氧量	41	30	否
2016-4-3	氨氮	2.49	1.5	是
2016-4-4	化学需氧量	29	30	是
2016-4-4	氨氮	1.86	1.5	是
2016-4-5	化学需氧量	37	30	否
2016-4-5	氨氮	2.54	1.5	否
2016-4-6	化学需氧量	31	30	否
2016-4-6	氨氮	3.27	1.5	否
2016-4-7	化学需氧量	28	30	是
2016-4-7	氨氮	1.86	1.5	否
2016-4-8	化学需氧量	35	30	否
2016-4-8	氨氮	2.54	1.5	否

续表

日期	项目	检测值（单位：毫克/升）	标准值（单位：毫克/升）	是否达标
2016-4-9	化学需氧量	27	30	是
2016-4-9	氨氮	2.48	1.5	否
2016-4-10	化学需氧量	32	30	否
2016-4-10	氨氮	2.06	1.5	否
2016-4-11	化学需氧量	31	30	否
2016-4-11	氨氮	2.34	1.5	否
2016-4-12	化学需氧量	29	30	是
2016-4-12	氨氮	1.88	1.5	否
2016-4-13	化学需氧量	30	30	是
2016-4-13	氨氮	2.01	1.5	否
2016-4-14	化学需氧量	38	30	否
2016-4-14	氨氮	2.54	1.5	否
2016-4-15	化学需氧量	29	30	是
2016-4-15	氨氮	2.48	1.5	否

结合六里屯垃圾填埋场2016年4月1日至21日的废水检测数据。证实了居民所说的真实性。北京市六里屯垃圾填埋场处理垃圾的重要措施是通过填埋垃圾的方式来处理，但是堆放场产生的垃圾渗出液含有较多的有机物、重金属和有毒物质成分，若这些有毒物外逸，将危害人们身体健康，这种伤害对附近居民的影响尤其严重。众所周知，水污染的来源分为三大类：工业污染源，农业污染源和生活污染源。垃圾场附近带来的水污染是掺杂了生活垃圾造成的生活污染源和处理垃圾时造成的工业污染源，一些废水没有经过全面的处理而流入了江河湖海或者通过渗透进地下而对人们的生活用水造成了极大地危害。对垃圾场而言，尤其是死亡有机质以及氮磷等水体营养物质带来的危害。死亡有机质通过消耗水中溶解的氧气，导致水中缺氧，致使需要氧气的微生物死亡，而正是因为这些需氧微生物因能够分解有机质，才能维持着河流小溪的净化能力。因此，带来的后果是河流和溪流发黑、变臭、毒素积累，伤害人畜；对于氮、磷等水体营养物质而言，当水体中的这些营养物质超标的时候就会引起富营养化，从而导致藻类的大量繁殖，有些藻类本身有毒，也有些藻类本身无毒，但是死亡后会分解出微量但是有剧毒的藻毒素，传统的处理方法对其束手无策。

第三，蚊虫问题。结合调查问卷分析得知占调查人数76.67%的认为蚊虫较多（图1）。但深入调查却发现，正常情况下夏季蚊虫应该提前喷洒相关灭虫药，不应该有太多的蚊虫。

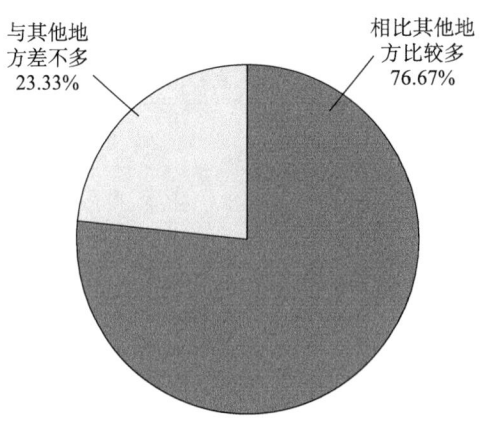

图 1 "垃圾填埋场周边的蚊蝇情况"调查结果

第四,噪声问题。噪声污染,作为三大污染之一,不会直接致病或者致命,但它的危害是慢性的或者是间接的,甚至会造成极大的心理伤害。众所周知,垃圾填埋场的垃圾很多都是在很早或者很晚的时候才会运来,这期间一般都是休息时间,因此,往往在这时候,垃圾车与垃圾箱、垃圾箱挡板和地面会发出巨大的铁皮与铁皮、铁皮与路面的撞击声。这种声音在居民楼上听起来不但大,而且煞是刺耳尤其是在休息时间,严重影响了附近居民的身体健康,导致居民们出现身心俱疲的症状。一般来说噪声可造成以下几个方面的危害:一是损伤听力。噪声对人体最直接的损伤便是对听力的伤害,当人体长时间处于噪声的干扰下会觉得双耳难受甚至会出现头痛等症状,根据研究表明,噪声污染是引起老年性耳聋的重要因素;二是诱发多种疾病。因为噪声通过影响听觉器官而作用于大脑中枢神经系统,以致影响到全身各个器官,会引发头痛脑胀,耳鸣失眠,全身乏力及记忆力衰退等神经衰弱症状。三是干扰正常生活和工作。噪声通过影响睡眠而造成人们白天的注意力不集中,反应迟钝,容易引起人们的工作效率下降甚至造成意外伤害。

2. 六里屯垃圾填埋场治理情况居民了解程度

由调查情况可知,经过近几年的不懈努力,六里屯垃圾填埋场有了实质性的改变。但是改变的程度却无法让大部分人满意。较大部分群众对六里屯垃圾填埋场治理措施并不十分清晰。

三、垃圾填埋场的环境治理措施

(一)填埋气、渗漏液治理

1. 建立导排气系统,减少填埋气产生量

在垃圾填埋场建立合理的导排气系统,减少填埋气的产生量和累积量,有效防止填埋场发生火灾、爆炸的风险,降低填埋气的温室效应,减少填埋场的臭味,减少气体污染[2]。

2. 恶臭防治

（1）填埋作业区除臭方案

第一，在导气石笼区域通过压土、水封、包封等手段进行密闭化处理；

第二，网格化处理，实现沼气竖井、支管、覆盖膜三位一体，并通过压力、含水率等指标联控；

第三，增加沼气竖井的密度，使收集半径减小到25米，并及时排除收集管道中的冷凝水等，防止堵塞管道；

第四，降低每层填埋作业高度，增大压实密度，及时检查缝隙，采用粘土等对缝隙进行压实。

（2）渗滤液处理站除臭方案

第一，检查调节池盖的密封性，并进行封闭，增大对渗滤液调节池的抽气量，实现调节池不同区域均匀的负压抽气；

第二，增加检查设备，对系统进行定期维护，同时增加生物填料的数量以及提高喷洒的均匀性；

第三，改变生物填料及布置结构，提高生物除臭的效率；

第四，增加生化处理区的臭气收集布置，将收集的臭气输送至附近的生物处理装置及紫外除臭装置进行处理[3]。

3. 沼气发电

六里屯的垃圾填埋作业区占地35.79公顷，其作业区划分为一个个单元格。每天，大约有400辆车次的生活垃圾被倾倒在单元格里。每填满一个单元格，就会覆上一层土踩实，然后再罩上一层具有良好密封性的高密度聚乙烯膜，垃圾相当于在一个封闭的大气球里发酵。发酵后产生的沼气，通过管道输送到电厂进行脱硫、脱水、压缩等处理，然后输送到发电机组。源源不断产生的沼气，通过发电机组转变成清洁电能，实现了节能减排。据统计，自该发电厂运行以来，已累计实现减排二氧化碳15.45万吨。

（二）填埋场的植被资源

北京市六里屯垃圾填埋场的野生植被资源的调查数据表明：整个场区基本已被植被覆盖，但填埋区临时边坡基本裸露。经统计，现有植物36种，以禾本科和菊科为主。从生态类型来看，主要以草本植物为主，未发现有野生灌木和乔木树种。野生草本植物的优势种群是长芒稗、狗尾草种群，地扶、马齿苋种群为亚优势种群。

（三）垃圾填埋场未来封闭后的生态恢复建设

1. 加强封场后的维护工作

为维护封场后填埋场的安全运行，做好封场后的规划，明确封场后的维护工作。

封场后的维护主要包括填埋场地的连续观察与维护、基础设施的不定期维护以及场内及周边环境的连续监测。研究表明,垃圾的降解周期一般为 25~30 年,因此,要求封场后必须开展至少 30 年的长期环境监测,确保填埋场在封场后不对周边造成环境污染,在达到相应的安全标准后才能开发利用。

2. 提高垃圾处理费用和运行资金投入

北京市园林局、市物价局等部门应在现有《北京市城市生活垃圾处理收费实施意见》的基础上提高垃圾处理费用,鼓励市民自觉减少垃圾产生。逐步实施城市生活垃圾清扫、收集、清运、处理产业化,使生活垃圾处理无毒化、减量化、资源化。增加垃圾填埋场运行费用,增加现场运行管理人员,保证垃圾填埋场各项环境保护措施的落实。

3. 表面覆盖处理技术

在填埋场实施生态恢复工程中选择合适的覆盖材料,结合有效、合理的覆盖厚度和外形设计等措施,达到防止废物中有害气体外逸,减少废物分解产生的渗滤液及其危害,支持营建以植被为主的人工生态系统,实现土地资源化。

4. 微生物恢复技术

利用微生物特别是细菌和真菌对污染土壤进行生态恢复,利用微生物将土壤中有机污染物降解为无机物,降解过程是通过改变土壤条件(包括土壤 pH、温度、湿度、通气性及营养元素的添加)来完成。

5. 植物恢复技术

利用植物对垃圾填埋场进行生态恢复,从垃圾临时卸地点的立地条件(生态破坏特点)出发,在填埋后的土地上引种、筛选、培育、驯化一批适合垃圾临时卸地点生存的抗逆种群,在垃圾临时卸地点上重建植物群落,改善垃圾临时卸地点的生态环境。

四、六里屯垃圾填埋场环境治理未来展望

(一)居民对该垃圾场未来的期望

对于六里屯垃圾填埋场附近的居民而言,他们是非常渴望自己拥有更好的生活环境的,根据问卷调查结果显示,93.33%的居民都愿意积极地加入到该垃圾场的治理中去。他们希望一方面通过宣传来加强所有人对垃圾分类治理的意识,另一方面,增加小区以及周围公共场所的垃圾分类处理箱。此外,因为有了垃圾场的存在而导致地下水受到了污染,希望有关部门在今后的治理中能够加大对地下水的处理力度。在治理污染的同时也要做好绿化工作,通过对绿化工作的加强,改善垃圾场附近小区的环境,给人们带来清新绿色的感觉。最后,被调查的居民普遍认为自己为城市环境建设做出了一定程度的牺牲,所以希望市政部门能够在一定程度上给予补助。

（二）政府对该垃圾场的规划

根据调查显示，六里屯正规垃圾填埋场其实已经达到了饱和的状态，然而垃圾的产生却是无尽的。对于垃圾如何安置和处理便是一个无尽的问题，各种解决方案众说纷纭。该垃圾处理厂已经经过了很多次大大小小的改造，以缓解垃圾处理这个迫在眉睫的大问题。当垃圾填埋场的填埋工作达到无法再填埋的状态时，垃圾焚烧厂的建立变成了不得已之举。也有的说法是该六里屯垃圾填埋场将在达到无法工作时进行封场。当然封场并不能解决垃圾处理的问题，所以寻找另一处垃圾处理厂也是必要之举，但垃圾场地理位置的确定涉及很多相关问题，因此还未确定。

（三）垃圾填埋场封闭后的生态恢复和景观建设

垃圾填埋场将于未来3～5年内封闭。封闭后，垃圾填埋场将进行生态恢复和景观建设。生态恢复结合景观设计对城市生活垃圾填埋场进行重建，使其生态价值、经济价值和美学价值再生，对维护城市生态系统的健康、城市的可持续发展以及改善人们的生活水平具有重要意义，实现从垃圾废弃地到绿色空间的"华丽转身"，让景观重建成为解开"垃圾围城"死结的有效手段。

"垃圾围城"是世界上很多城市面临的困境：城市在不断扩张，而人类自身产生的垃圾又阻碍其进一步发展。六里屯垃圾填埋场在填埋城市垃圾时，对周边环境造成了生态破坏，这些年来通过各种措施进行环境治理和生态恢复，明显改善了周边的生态环境。其实，除了垃圾填埋场自身的生态环境治理外，作为城市中的垃圾制造者，在日常生活中，我们应积极做到垃圾分类处理，不随手丢弃垃圾，共创文明、绿色、城市家园。

参考文献

[1] 李婧. 城市生活垃圾填埋场的环境问题及治理研究［J］. 安徽农学通报，2015，21（13）：11-14.
[2] 崔开放，史波芬. 生活垃圾填埋场除臭方案设计——以深圳市老虎坑垃圾填埋场为例［J］. 科技论文与案例交流，2013（7）：63-67.
[3] 曹满河. 垃圾填埋场污染控制与生态恢复［J］. 中国科技信息，2013（3）：16-20.

北京市河道生态治理情况的调查研究

——以潮白河、永定河为例

王俊峰　邓玥超*

摘　要：河流是人类生活环境的重要组成部分，为经济社会的发展发挥着基础而又重要的作用。河道生态治理是生态文明建设的重要内容。北京市是一个水资源奇缺的特大型城市，对河流进行生态治理，保护水资源，优化水资源是其建设的重要任务。本课题组调研了潮白河、永定河两大河流，了解了北京市河道生态治理的现状，总结分析了其中存在的问题，并提出了自己的对策建议。

关键词：河流治理　潮白河　永定河

水生城之态，水活城之魂。加强河道生态治理，是推进生态文明建设的重要内容，也是建设美丽中国的重要任务。改革开放30多年来，我国经济发展迅速，取得了令世人瞩目的中国奇迹，但与此同时，快速的经济发展对我们赖以生存的环境造成了一定的破坏和污染。因此，为了治理污染、修复千疮百孔的环境，党中央把生态文明建设列为中国特色社会主义总布局的重要内容之一，而加强河道生态治理是作为生态文明建设的应有之义，得到了较多关注以及投入。

北京市共有大小河流200多条，分属五大水系：永定河、潮白河、北运河、拒马河、泃河。这五大水系都遭受过不同程度的污染，甚至曾出现"有河无水、有水必污"的局面。为此，北京市从2002年开始实施"生态治河"工程，对转河、清河上段、刺猬河等进行了综合治理，并取得了一定成效。为了更加实际、深入地了解北京河道生态治理情况，本课题组选取永定河和潮白河作为北京市具有代表性的两条大河为样本。小组成员分别走访了负责永定河、潮白河支流治理的各个水务局，采访了16位相关管理人员。采访内容主要包括河流排水蓄水情况、河流水污染等情况。同时又对河流附近大约200名居民进行了问卷调研，了解他们对河道生态治理情况的认识和评价。

一、北京市河道生态治理现状

北京市从20世纪80年代就开始进行河道治理，当时采用"河道衬砌"的方式治理河道，取得了一定效果。但由于片面强调河道的防洪、排水功能，而忽视了其

---

* 本课题指导教师王俊峰（北京工商大学马克思主义学院），课题组组长邓玥超（商务英语141班）；课题组组员：郭颖、张晓萌、计清音、邹蕴涵（商务英语141班）。

他功能，使得河道越挖越宽、越挖越深、越挖越直。同时由于居民环保意识并不太高，河道管理力度也不够，导致河道杂草丛生、垃圾成堆、河水脏臭，一条条河道成了"臭水沟"。为此，从2002年开始，北京市实施了"生态治河"工程，通过采用河道的生态线性设计、河道的生态护岸设计、河床的生态设计、种植设计、水质净化、生物浮床、生物接触氧化、恢复沉水植物等技术，先后完成了转河、万泉河、万草河、北土城河、刺猬河等河道的综合治理，并取得了一定的效果。

我们调研的潮白河发源于燕山北部山区，全长458千米，总流域面积19500平方千米，其中北京境内的流域面积为5688平方千米。潮白河水丰林茂，历史上平均每两年就发一次大洪水。新中国成立后，北京市对潮白河进行了大规模治理，先后进行了（1）水库建设。先后建成密云、怀柔两座大型水库，6座中型水库和33座小型水库。（2）引水工程建设。先后建成京密引水和白河堡引水工程。（3）供水工程建设。（4）灌溉工程建设。（5）分洪工程建设。（6）河道治理工程建设等，为首都经济社会的发展做出了巨大贡献。目前80%的北京城市自来水源取自潮白河流域。2012年，潮白河先后开展了以"污水、垃圾、厕所、河道、环境"五同步的生态清洁小流域治理工程，在潮白河两侧完成植树60余万株，实现了潮白河流域生态系统的改善与优化[1]。

永定河源于山西省和内蒙古自治区，经河北、北京、天津流入渤海，全长747千米，流域面积4.7万平方千米。其中在北京市内永定河长170千米，流域面积3168平方千米。新中国成立后，北京市在永定河的河道治理、防洪工程建设和管理、生态环境建设与修复等方面都取得了显著成绩，防洪体系日趋完备，河流生态日渐恢复。具体措施有：（1）完善防洪工程体系，如修建永定河卢沟桥分洪枢纽、提高永定河平原段堤防防洪标准、修建3座滞洪水库，包括大宁滞洪水库、稻田水库和马厂水库等。（2）建立科学防汛组织体系，如建立市区两级防洪体系、加强防汛抢险队伍建设、加强防汛抢险物资储备、提高水情测报及洪水预警能力等。（3）持续推进流域生态修复，如恢复重要节点水环境、以恢复河道绿化为目标的综合治理、以水环境构建为目标的生态修复等。这些举措的实施和推进，改变了永定河流域生态系统严重退化、生态环境严重恶化的状况，营造出人、水、绿共享的河道空间，有效改善了生态环境。

可以说，北京市已经非常重视河道的生态治理了。其治理的重点已经从基本的河流防洪蓄水功能，转移到深入的河流生态系统平衡上，从过去的单一治理转向综合治理，并取得了较好的成效，为北京市的经济社会发展发挥了基础而又重要的作用。

二、北京市河道生态治理存在的问题

随着北京市生态文明建设的推进，北京市对河道的生态治理采取了多项措施，如打捞河道淤积的垃圾、加强河道两岸绿化、加固河堤等，在促进人与自然协调发展、改善北京市环境、提高经济效益等方面取得了较为明显的效果。不过,在这些大好局面下,也存在着一些问题。

(一)部分中小河道治理不达标

河道治理出现偏向性,河流的上下游、左右岸的治理不协调,并且大河道得到很好的治理,而小河道的治理则相对为人所忽略。在北京市,河道生态治理主要面向了大河道,对一些支流的治理略显不足。一些支流小河道的治理工程有的开工了一半就停滞了,治理并未达标;甚至有一些小河道并未得到治理。这种现象在北京六环外的郊区河道表现非常明显。我们调研发现,潮白河一支流在前两年得到了治理,但后来治理工程停滞,如今河道中可见明显的垃圾,治理严重不达标;且在一些山区河流分支经过之地,由于地方较为偏远,则为治理者们所忽略。

(二)河流保护强度不够,占用河道、垃圾污染现象严重

北京市内的景观河域很多,除去沿河居住的居民,还有很多去河流旁边观赏的游客,他们对河流的影响尤其大。但并非所有游客都能自发的保护河流,据调查显示,65%的居民反映(图1),在河沿岸,乱扔垃圾的现象时有发生。在这种情况下,河流周边应有保护河流、巡河的人,监督破坏河道、污染河流的现象发生。然而在郊区小河道周边缺少监管,导致向河道里倾倒垃圾的现象更为严重;河流保护强度不够,导致河道垃圾淤积;河道受污染情况堪忧,河道出现黑臭、水质超标、水体富营养化等现象。图2显示,北京市河流水质等级由优到劣依次为Ⅰ、Ⅱ、Ⅲ、Ⅳ、Ⅴ和劣Ⅴ级。2015年,Ⅱ级和Ⅲ级水质仅占48%,而其他等级的水质总占52%。可见水污染现象仍非常严重。我们调研的永定河原来属于Ⅴ级,经过治理后现属Ⅵ级。潮白河上游入河口附近水域属轻度污染为Ⅱ级,中游东大桥属重度污染

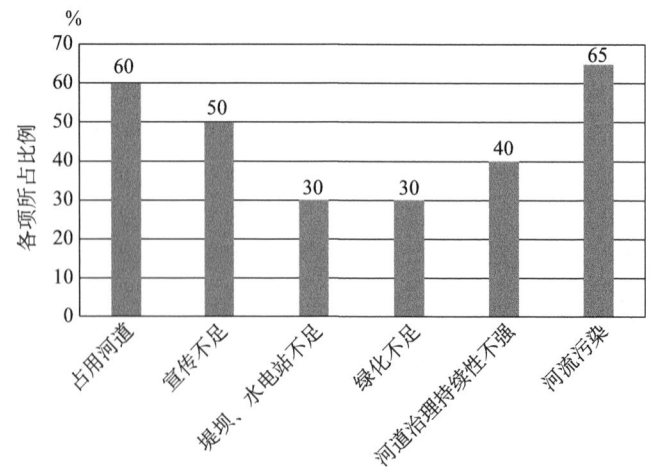

图1 河道生态治理中存在的问题

为Ⅳ级，裕龙五区东侧水域为严重污染为Ⅴ级。所以目前水质还没有达到最佳状态，还有待治理。

此外，河道被占用现象严重。60%的受访者反映（图1），由于河水干涸，裸露于外的河道就被占用来修高尔夫球场或种庄稼。潮白河的支流箭杆河有一段被玉米地所占。在农村地区，垃圾倾倒现象更为严重，导致中小河道垃圾淤积，加之各种违建物占用河道，使河道排水能力下降，水路堵塞，一旦降水增多，河流水位上涨，河水流经这些河道时便会形成堵塞，并且成堆的垃圾会恶化水质。在疏于管理的城乡结合部，建筑物、农作物甚至垃圾占地的现象更为严重，这就导致行洪断面缩窄、行洪能力降低以及河流污染。

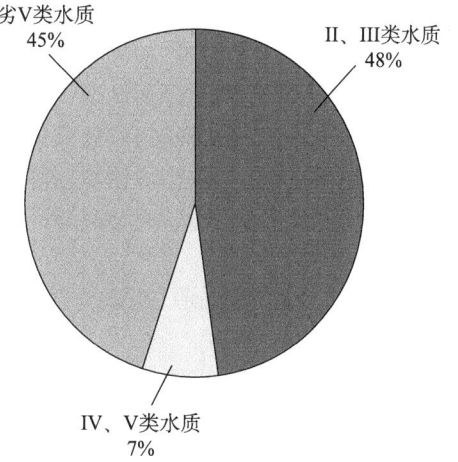

图2　2015年北京市水质情况

（三）河道治理缺乏持续性

河道生态治理是一个长时间过程，不可半途而废。40%居民的反映，早些年城市相关部门对潮白河一支流进行持续两年的治理，水质得到明显改善，河道中种上水草，河两岸进行了绿化，种上了树木和花草，定期会有人在河道中进行打捞垃圾作业。但根据我们对河道附近居民的采访获知，现在已经没有相关工作人员定期来进行打捞垃圾作业，导致垃圾沉积，河中生态系统遭到破坏。不仅如此，河两岸的绿化也遭到破坏，枯枝败叶无人打理，水量明显减少，河道中开始积压垃圾。一到夏天，河两岸居民都不敢打开窗户，臭气难耐。永定河一支流以前经过生态治理后，水质有了明显提高，但后来不知原因就中断治理，导致水质恶化，水污染也日趋严重。河道治理缺乏持续性，并不能取得理想效果，反而会前功尽弃，事倍功半。

（四）河段堤坝数量过少，周边绿化不足

30%的居民反映，他们几乎没看到过堤坝。水电站虽然有，但已经报废。或许是因为北京降水较少，很少出现溃坝的现象，相关人员对于河道洪水的防范意识下降，许多水电站已报废，这就为溃坝留下隐患。当真遇到大雨时，就没法对河道水流量进行控制，情况糟糕时，会有水漫上岸的危险，威胁岸上居民的安全。此外，30%的居民认为河道周围绿化不足，导致水土流失现象。例如延庆县妫水河水土流失面积曾达到238平方千米。由于河道距离居民区较近，周围的绿化不达标准。再加上河水冲击岸边的泥沙进入到河流中，导致河床淤泥越来越厚，河水变得浑浊不堪。

(五) 河道保护宣传不够

50％的居民反映，街道小区居委会、水务局对于河道保护的宣传工作不到位。以潮白河柳各庄段为例，小区的居委会早些年有发放河道治理的宣传单，但只是放到门缝中，并未当面向居民讲解，反而制造了纸张垃圾，起不到任何效果。并且在采访中，我们发现大多居民认为不往河里扔垃圾只是为了保护河流、河水，很少有人意识到往河里乱扔垃圾会堵塞河道，一旦形成淤积，再碰上水位上涨，甚至会对人身安全、财产安全产生极大的影响。由此可见，有关部门对河道宣传、河流保护宣传教育不到位，有待加强。

三、北京市河道生态治理的对策建议

(一) 河道生态治理的原则

河道生态治理应该遵循以下原则：

1. 综合性原则

河道生态治理应该在保证河道防洪、排涝、引水等基本功能基础上，充分考虑到河流的生态功能、水质净化、生态景观等功能的要求。

2. 尊重和保护自然原则

要尊重和保持河道的自然形态，保持河道生物原来的栖息地，让生物适应进行繁衍生息，最大限度地发挥河道自身的自净能力和自我调节能力。

3. 可持续发展原则

河道生态治理不仅要保持河道通畅，保证对日常生产生活的充足的需求量，而且要促进整个河道周边区域的自然生态环境的发展，让整个环境、社会以及经济都实现全方面的协调可持续发展。

4. 合理性和协调性原则

要以生物自身的能力实现河流的自净以及自我恢复，并使河道生态系统与周边环境协调统一。河道生态治理要提高其防洪排涝的功能，也要发挥娱乐社会群众的功能。

5. 经济性原则

在确保达到河道治理目标的前提下，合理统筹前期准备工作和后期的管护，最大限度地降低治理成本，从而达到经济最小化的目标，实现经济、社会和环境等全方位可持续发展。

(二) 河道生态治理的具体对策

1. 对河道采取综合治理

一是要分段治理。河道的河段很多，不同的河段应单独设立大坝，分段对河流进行治理。例如潮白河在顺义区境内的主段已建成5闸8桥，并将温榆河水引入潮白河，实现五级梯级蓄水，改善了潮白河下游水环境质量和生态环境[2]。并且每一河段、每一闸都有水务站负责，每当需要放闸时，各水务站分别负责，效率很高。

二是要重视上游水的污染治理。河道生态治理中，对污染源的治理为重中之重，尤其应注意中上游企业的污水排放。北京市区将大型工厂搬出市区是一个很好的解决方案，一来解决了污水排放问题；二来市区用水较集中，无法更好地进行水资源的转换，郊区更易对河道以及水资源进行生态治理，一举两得。

三是要因地制宜。针对城市中心，需要加强排水系统的建设，防止城市内涝；针对农村地区，对河道污染进行治理；针对城乡结合地区，对污水排管道进行排查，防止未经处理的污水直接排入河中。

2. 重视河道生态保护

一是要合理规划河道利用空间，在满足排洪、排涝需求的基础上，加强河道生态系统的保护。

二是运用不同方法治理水污染，如物理方法清理河道淤泥；化学方法处理水的化学污染；运用微生物方法来实现河水净化等。

三是拆除违建物，包括河道中的违建物以及被占用的田地和林地等，给水流挪位，以免酿成大祸。

四是加大河道两旁的绿化，改善河道周边的生态环境，提高河流的娱乐价值。

3. 进行宣传教育，加强宣传力度，提高居民的环保意识

我们的调查显示，大多数居民并不清楚河道的功能，在河道周边的违建、乱倒垃圾现象非常普遍，对河道的污染也久禁不绝。因此应该加强宣传教育，如定期开展河道保护的主题宣传；在河道两岸树立爱护河道的提示牌等；派专人去居委会、村委会进行讲解，说明河道对于我们生活的重要性，让更多人意识到河流、河道与生活息息相关，告诉大家不要向河道中乱倒垃圾、禁止截河道养鱼等，提高居民的环保意识。

4. 完善监督机构和制度

河道生态治理应该建立和完善相关的制度，如管理责任制度、监督检查制度、以及责任人公示制度等，而且相关责任人要及时向有关部门上报相关情况。同时应该设立河道检查部门，该部门应定期派人实地考察河道情况并及时上报。

河流、河道与人们的生活息息相关。推进生态文明建设就应该加强河道的生态治理。北京市作为水资源短缺的用水大市，更应坚持生态治理的理念，加大资金投入，建立河道长效监管体制，实现"水清、流畅、岸绿、景美"的治理目标，达到人与自然和谐相处的目的。

参考文献

[1] 李祥. 北京潮白河水系治理引代表关注 [N]. 北京日报，2016-1-27.
[2] 李同非. 潮白河治理已投50亿元 [N/OL]. 2012-9-27 [2012-9-27]. http://news.hexun.com/2012-09-27/146325359.html.

关于互联网能源的调查

——以河北省廊坊市某企业为例

袁世坤　朱嘉艺[*]

摘　要：我国生态环境问题越来越受到人们的关注，而能源问题又是生态问题中的重中之重。伴随着供给侧结构性改革，如何进行产业升级，减少过剩能源对环境的影响，相关能源企业在不断的研发新型能源技术，促进生态环境的健康发展。互联网能源是将互联网和新能源技术相融合的生态能源系统，能够利用网络的信息协同和快速的供需互动，最大程度地利用区域内的可再生能源和清洁能源。每个用户能够将过剩的能源在互联网平台上自由交易，并遵循就近、低价原则，很大程度上提高能源的利用率，减少能源浪费；同时综合利用多种能源，相对于传统能源和单一形式的清洁能源，提高综合节能率，很大程度减少了有害气体排放。目前互联网能源也在不断发展，走进人们的生活，但是一部分人对此还不太了解。我们希望通过此次调查，了解互联网能源的现状和发展前景，积极宣传保护生态环境的新型能源技术。提高大众的认知度，为生态环境保护做出贡献。

关键词：生态环境　互联网能源　环保

本次调查采用采访和网上问卷相结合的方式。采访是小组成员对河北省廊坊市相关能源企业研究人员进行当面采访；网上问卷调查是由小组成员在朋友圈、QQ空间、微博发送链接的方式让网友们填写并收回。共发放出调查问卷341份，收回341份，收回率达100％。本次被调查人群多数为在校大学生和大学毕业生，其中大学生来自乡村的受访者占17.60％，其他来自城镇。在采访中了解到，互联网能源能够提高能源使用效率，有效减少污染物的排放，积极促进生态环境的发展。然而在所有受访者中仅有1.47％对互联网能源非常了解。这说明互联网能源应尽快走向大众，并得到大众的认可。通过问卷调查的形式，我们也将互联网能源从城市普及到了农村，希望大众尽快了解并熟知互联网能源。相关能源企业也应该及时认清互联网能源的发展方向，以服务大众为主，将互联网能源推广到群众中去，从而使得互联网能源发挥其最大的优势，为消费者提供最便利的服务，最大化地利用能源，让生态环境同消费者一起享受到互联网能源的优待。

一、互联网能源提出的生态背景

随着科学技术水平和人们环保意识的不断提高，生态环境问题倍受人们关注，

---

[*] 本课题指导教师袁世坤（北京工商大学马克思主义学院），课题组组长朱嘉艺（机械142班）；课题组组员：马铭辰、蔡健伟、刘微、雷力。

节约能源资源，保护生态环境，是深入贯彻落实科学发展观、实现可持续发展的内在要求。我国是能源消耗大国，人均能源少、环境容量小。自2009年起，我国能源消费总量逐年升高，据2012年统计，中国能源消耗总量已达全球第一，于2011年超过美国，2011年中国能源消费总量为34.8亿吨标准煤。比2010年增长7%。而人均消费量才刚刚达到世界平均水平。

2014年中国经济进入新常态，经历了30年的高速增长后，增长速度逐年放缓，产业结构急需升级[1]。过剩产能会造成能源浪费、影响生态环境及经济的发展。而产能是否过剩，不能只用生产能力和可能的总供给量来衡量，更重要的还是要以需求量来衡量，做好供需平衡。2015年11月10日，中央提出供给侧结构性改革，从提高供给质量出发，推进结构调整，扩大有效供给，提高供给结构对需求变化的适应性和灵活性。

近年来，伴随互联网的不断发展和成熟，相关能源企业将互联网和新能源技术相融合，提出互联网能源概念。企业利用互联网平台进行开发创造，希望利用网络及时性、信息高效协同性、云计算、大数据等先进技术，最大化地统计区域内能源的需求程度，并计算能源的供需比，让每位用户能够通过互联网平台将过剩的产能进行自由交易。再通过基础能源设备进行传输（主要是以泛能机、泛能站为主体的核心装备，以家庭能源管理系统HEMS、建筑能源管理系统BEMS和社区能源管理系统CEMS为核心的控制网络，以及利用并行云计算和大数据为主体的能源云平台）。为最大程度地减少传输过程中的能源损耗，每位用户在交易时都能够在互联网上找到最低价且距离自己最近的交易方。

二、互联网能源在保护生态环境中的优势

（一）大众对互联网能源优势的认知

由于大众对互联网能源的了解不多，因此，主要通过和传统能源缺点的对比来加以体现。

1. 大众眼中的传统能源

传统能源包括煤炭、石油、天然气、水电和核电，自发现以来被广泛应用。我国作为能源消耗大国，随着人类生活水平的提高和工业、商业活动的增加，我国对于能源的需求量不断增加。然而传统能源的开采难度越来越大，开采成本增加、能源分布不均、能源储量不足都是传统能源开采中所面临的巨大问题。

同时，由传统能源所带来的生态环境恶化问题日趋严重，能源使用过程中所排放的二氧化碳不仅引发温室效应而且还会带来粉尘、酸雨等污染。这一污染、破坏对于生态环境的影响巨大，空气、土壤、水资源的污染不仅造成生物多样性的减退，而且更直接地威胁人类的健康。问卷题目"您所了解的有关传统能源的知识包括什么"（图1）和"您认为传统能源存在什么问题（弊端）"（图2），从问卷调查中可

以看出，大众对于传统能源的认识程度是比较深刻的。其中76.83%的人知道传统能源的范围。而且大众对于传统能源所存在的问题还是比较重视的，深知传统能源对生态环境所造成的危害。其中意识到传统能源污染环境的人达到80.94%；知晓传统能源不可再生的人数达到68.92%；了解传统能源利用率低的人达到53.96%。大众对于传统能源的了解程度充分体现了传统能源在群众中的广泛使用，同时大部分人也能够意识到人类所面临的能源危机和环境污染对身体造成的危害。

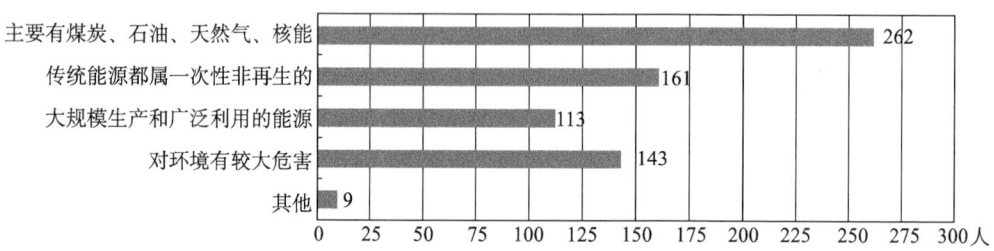

图1 "您所了解的有关传统能源的知识包括什么"的调查结果

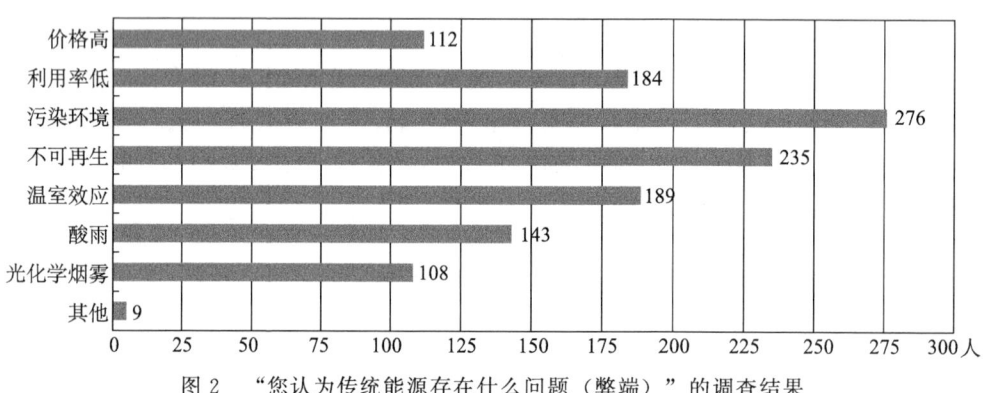

图2 "您认为传统能源存在什么问题（弊端）"的调查结果

2. 大众眼中互联网能源的优势

"您了解的有关互联网能源的知识包括什么？"调查中，146人认为互联网能源能够降低污染，促进生态绿色发展；37.24%的人认为互联网能源能够提高能源利用效率，弥补能源不足；34.90%的人能够从便利消费者的角度认识到互联网能源的优势，这些与相关能源企业的看法同步（图3略）。

(二) 能源企业对互联网能源优势的宣传

互联网能源是一种从传统的集中式供能向着分布式供能发展的一种全新的能源生产和使用方式变革，类似于生产力决定生产关系，理论上讲科学技术的发展和积累为互联网能源的发展提供了保障，在这全新的去中心化的能源网络中，可以最大限度地纳入可再生能源，可以提高能源生产的综合利用率，通过信息化智能化的能源管理，实现能源的供需匹配，减少能源浪费。

同时，供给侧改革在能源领域需要解决能源供应结构的不合理，降低高污染能源供应体系，提高能源供给的综合经济效益，在能源生产端进一步实现集约化和综合利用；在生产消费端进一步地合理用能，减少不同能源在转化过程中的损失，减少同一种类能源在时空传递过程中的损失，最大限度地实现可再生能源的就地消纳。互联网能源可以增加可再生能源的渗透率，从而减少高污染化石能源的比例；互联网能源的去中心化的变革可以使能源就地生产就地使用，生产和消费高效协同和互动。

1. 提高能源使用效率，弥补能源结构不足

不同于其他国家，我国的能源消费结构具有特殊的特征：（1）煤炭的生产和消费比重偏高；（2）石油的生产量低，消费量高，供需缺口需依赖进口石油满足；（3）水能资源占能源总产量的比重逐年递增；（4）新能源利用率低，新能源利用率不足10%，发展潜力大。互联网能源的创新能够弥补我国能源消费的不足，其中结构生态化这一特点是以可再生能源为主，以传统能源，特别是清洁的气体能源为支持的能源结构。

采访中，研究人员说，如果以电、热、气的竞标接入举例，电（热）网进入区域后，区域内部以七家为一个单位，进行供需自由交易。七家中可有三家供电（热），四家用电（热），实行内部自由交易。用电（热）户比供电（热）户多一家的目的是形成竞价，让用电（热）户可以找到低价且距离自己较近的供电（热）户。这就形成小单元内的互通有无。由此，以智能供能为基础，形成互联、互通、互备、互供，在此基础上进行余缺交易，从而构建一个新的能源生态，实现多能互补和能源优化。

2. 降低污染，促进生态绿色发展

互联网能源的核心是能效和环保，一方面提高能效也正是环保的体现，能效提高了，消耗的化石能源减少，所排放的污染物也随之减少。另一方面与传统能源和单一形式的清洁能源相比较，实际污染排放量也有所降低。据研究人员介绍，以中德生态园为例，分析不同的功能区域对冷、热、电等方面的不同需求，从而产生终端用能种类、时间、数量等方面的需求多样性，为满足这种需求，最终确定以充分利用可再生能源和新能源为主要原则，具体的指标见表1。

表1 能源使用技术指标

技术指标	指标值
综合节能率	50.7%
二氧化碳减排率	64.6%
清洁能源利用率	80.6%
可再生能源利用率	20.6%
能源综合利用效率	80.8%

相比传统能源和单一清洁能源,中德生态园完全建成后可以使清洁能源利用率达到80.6%,可再生能源利用率达到20.6%,同时能使90%的能源网络实现智能化监测,分布式能源网络系统能源利用效率达到80.8%,综合节能率达到50.7%以上,碳减排率降低到64.6%,二氧化硫减排率为86.1%,氮氧化物减排率为70.8%,粉尘减排率为81.5%。上述指标在国际上是非常先进的。

三、互联网能源使用中存在的问题

(一)大众普及程度低

互联网能源若想真正大范围使用,达到节能减排的效果,首要任务还是要提高大众对其的认知度,并且得到大众的认可。然而就问题4来看55.72%的人对于互联网能源完全不了解,42.82%有一点了解,知道互联网能源,仅有1.46%非常了解并从事这方面工作或非常关注这方面,可见多数人对于互联网能源还是比较陌生(图3),所以如何在推行互联网能源,让大众了解互联网能源,并乐于接受互联网能源带来的便利是最为重要的。

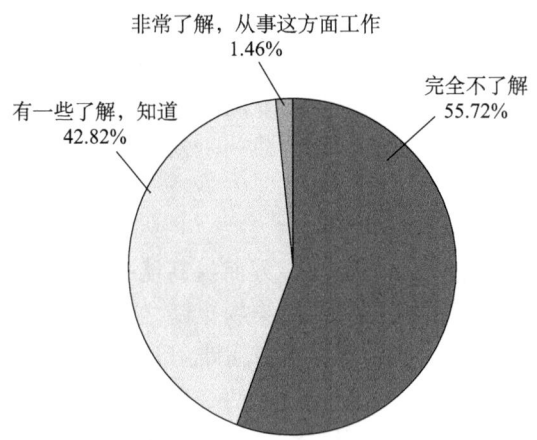

图3 "对互联网能源了解程度"的调查结果

(二)大众对于传统能源的观念根深蒂固

互联网能源在逐渐被大众了解之后,是否能够顺利推行,积极发展,让更多的人享受到互联网能源的优惠便利,同时也真正达到大众所期望的有助于生态环保的效果,不是只有相关企业的努力就可以达到。很大程度上,互联网能源的发展需要大众的积极配合。而目前大部分人还处在传统能源的消费模式下,对于新型能源系统大部分人一时无法改变其消费观念,新型能源系统很难迅速走近大众。"是否支持传统能源逐步被替换为互联网能源"的结果显示78.89%的人认为互联网能源还应适应时代，发展不可过急，还有 8.50% 的人对此不太看好。非常支持的比例仅有 12.61%（图 4）。

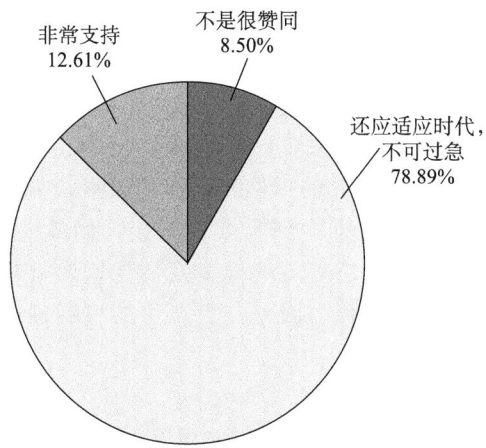

图 4 "是否支持传统能源逐步被替换为互联网能源"的调查结果

（三）是配合还是持观望态度

"对于相关企业研究推广互联网能源的看法"的数据显示，仅有 28.74% 的人看到了互联网能源的明显优势，并愿意积极配合相关企业的推广工作，大部分人持否定或保留态度。其中 4.40% 认为其他能源如传统能源和清洁能源使用方便，不愿配合。而认为在广泛使用后不知能否真正地达到预期效果的比例高达 66.86%（图 5）。

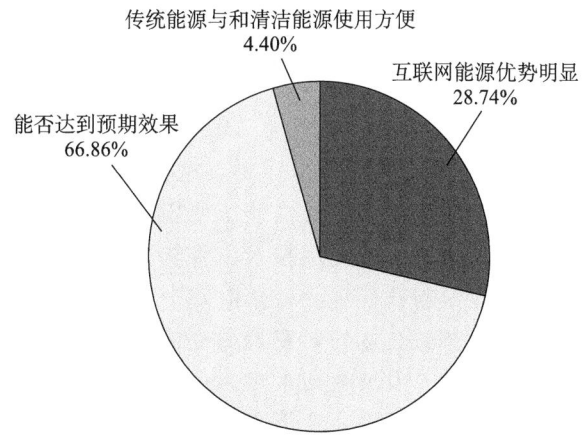

图 5 "对于相关企业研究推广互联网能源的看法"的调查结果

四、互联网能源发展的建议和企业改进措施

对于大众选择互联网能源时所考虑到的因素也反映了互联网能源发展过程中将会面临的问题。"在选择互联网能源时优先考虑的因素（按序排列）"调查中，39.00％的人在选择互联网能源时能够优先考虑到其对于生态环境的污染程度，在这一点上互联网能源较其他能源占据很大优势，有35.48％的人会优先考虑价格因素。同时在平均排名中价格因素占最前位置，平均排名2.04，在其后的是环境因素，平均排名2.09。相差不大的是购买和使用是否便捷的因素，平均排名2.41。这说明相关企业若想迅速地将互联网能源推广到大众还应让人们最先体会到其价格的优惠，购买的便利，同时又能够促进生态环境的健康发展。这就给相关能源企业提出了更高的要求，要以更低的成本、更优的服务、更自主的权利逐步使消费者认识到互联网能源带来的切实、客观的利益。

表2 "在选择互联网能源时优先考虑的因素（按序排列）"的调查结果

	第1位	第2位	第3位	第4位	平均排名
对于生态环境的污染程度	133人占 39.00％	84人占 24.63％	83人占 24.34％	41人占 12.02％	2.09
价格是否合理	121人占 35.48％	117人占 34.31％	73人占 21.41％	30人占 8.80％	2.04
购买、使用是否便捷	62人占 18.18％	117人占 34.31％	122人占 35.78％	40人占 11.73％	2.41
身边人使用是否广泛	25人占 7.33％	23人占 6.74％	63人占 18.48％	230人占 67.45％	3.46

大众也对互联网能源的发展提出了建议，从"对于互联网能源的开发与研究，您对此有哪些期待？"问卷结果中可以看出，大众对于新能源充满了期待。相比于传统能源，新能源能缓解资源有限问题，提高能源使用效率，减少污染物排放，弥补能源结构上的不足，提高能源开发及使用技术，将能源优势发挥到最大化，这些都是大众十分关注的问题，也是与我们生活息息相关的事情（图6）。

在大众提出建议的同时相关企业的研究人员也认识到了自身存在的问题，也在逐步针对相应的问题及时调整并发展公司策略。在技术上不断研究，建设生态城进行实验，在受众上也进行进一步拓展，让消费者切实体会到互联网能源的优势，从而让更多的人了解并使用它，最终达到节约能效的目的。

据采访了解到，该企业还加大在技术上的投入，互联网能源从提出到现在，该企业已经进行了很多实践，从2008年开始着手建设河北廊坊的能源生态城，到

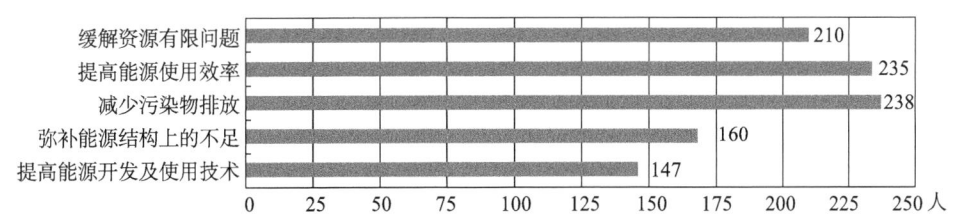

图 6 "对于互联网能源的开发与研究,您对此有哪些期待?"的调查结果

2012 年正式投入使用,进行了大量的实验和测试,相关的结果已经逐步推广使用,从长沙黄花机场、中德生态园再到廊坊泛能网,完成了从点到面的实践,在实践中也总结出系统能效理论,并完善了泛能网技术体系,完成了相关核心装备的开发,互联网能源已经落地并慢慢走向成熟。

对于泛能技术和相关产品的研发也在进行,主要是以泛能机、泛能站为主体的核心装备,以家庭能源管理系统(HEMS)、建筑能源管理系统(BEMS)和社区能源管理系统(CEMS)为核心的控制网络,以及利用并行云计算和大数据为主体的能源云平台;这些设备或系统的应用对象小到家庭、大到社区和城市。比如泛能机有家用就是一个家庭一个,商用就是一个建筑一个,当然泛能站是针对社区了,对应的控制网络就是家庭能源管理系统(HEMS)、建筑能源管理系统(BEMS)和社区能源管理系统(CEMS),最上层还有一个云平台来协同。

同时也将每一批研究出的技术广泛应用。如新型太阳能电池技术、微藻固碳技术、煤气化技术和智能楼宇与家居技术等。新型太阳能电池技术可应用于电站项目或储电上。新型的 HST 超过 23% 转换效率,是一种高效异质结太阳能电池技术并实现高效率异质结电池组件量产。产品具有更高性能的能量输出、占地面积小、抗风雪品质强、低衰减、高收益及强大的质量保证和产品认证,可应用于电站项目,如果用于分布式能源还需要增加储电。微藻固碳技术是实现低碳循环经济、建设生态文明的最佳选择,对于我国二氧化碳资源利用、沙荒地综合治理起到重要作用。煤气化技术对我国丰富的低阶煤资源具有很好的适应性,能源转化效率、环保指标均可满足国家要求。该技术不仅实现了对低阶煤资源的高效开发和清洁化利用,还可弥补我国天然气需求快速增长形成的供应缺口,具有良好的社会效益和市场前景。智能楼宇与家居技术是随着现今社会对智能化程度较高要求应运而生的。楼宇智能化,是信息化的重要组成部分,实现建筑的自动化、通信自动化、安防自动化。

在受众上,也迅速地让大众了解并熟悉互联网能源。打破消费者对于传统能源的依赖心理,以最直接的方式让消费者看到互联网能源的优势。互联网能源相对于传统能源的集中供给、相对垄断的能源供给模式拥有绝对的优势。传统能源中存在的获得供给、强势销售、矛盾循环的能源消费现状阻断了用能自主性,同时消费者投入较高的成本,雾霾问题却日益严重,对大众生活造成了直接影响。而若要让互联网能源尽快被大众所熟知,其中最重要的便是开发适合于一般大众的互联网能源的新产品,提高产品的经济性,让一般大众在使用中体会到互联网能源的实惠。让消费者感受到互联网能源更低的成本、更优的服务、更自主的权利。企业也意识到在开发产品初期,需要注重以人为本,以客户为中心,使用便捷、智能化程度高的产品,便能够很快融入大众的生活并服务大众。

最后,该企业也意识到互联网能源是一种先进的能源生产和消费组织模式,绝对不是由一家公司来完成和实现,需要相关企业合作和资源共享,并建立一套能源交易的标准化平台和交易机制,平衡各方的经济利益,从而促进互联网能源的良性发展,最终形成完整的产业联盟和生态圈。其发展也不会一蹴而就,会有一个较长的实现过程。

参考文献

[1] 马佳. 供给侧改革能源行业如何适应国家电网 [N]. 中国能源报,2016-01-05(8).

北京市居民水资源生态意识的现状研究

姚洪越　周乐婧*

摘　要：水是生命之源，也是人类文明之源，水对于人类既有利又有害，洪涝灾害会威胁人类的生存，故古有洪水猛兽之说，如何科学合理地利用水资源，趋其利避其害，从古至今都是社会发展的重大问题。北京市作为中国的首都，人多水少的现状要求我们对水的利用必须制定长远的科学规划，努力增水、节水，只有这样才能维持经济和社会的可持续发展，实现美丽北京的梦想。2016年7月19开始，北京遭遇入汛以来最强降雨，交通出行受到很大影响，局地发生山体滑坡。回想起7·21北京特大暴雨，北京市及其周边地区遭遇61年来最强暴雨及洪涝灾害，对基础设施和居民正常生活造成重大影响。坚持"节水优先、空间均衡、系统治理、两手发力"的新时期治水方针，深入践行"六个转变"，以节水、治污、水环境改善为重点，以水资源保障和供水安全为核心，以确保城乡防洪安全为基础，以改革创新为动力，持续推进"民生水务、科技水务、生态水务"建设，为国际一流和谐宜居之都建设提供坚实的水务保障。

关键词：节约用水　水资源安全　城市地面排水

本次调查采取的是网上调查为主，实地采访为辅的方式。调查问卷是由小组成员在朋友圈、QQ空间、微博发送链接的方式让网友们填写并收回。参与本次调查问卷的共有541人，均为北京本地或长期居住在北京人士，其中以18至30岁的年轻人为主，占总数的86.14%，年轻人的消费意识与环保意识对本问卷结果有很大影响。问卷参与者从事的行业类型主要是理工类占34.94%、文史类占23.84%、商政类占21.63%。我们小组主要就北京市水资源现状认知、桶装水使用及安全问题、城市地面排水问题进行了实地采访，走访了多个地区，采访人群主要分为三大部分：青年人、中年人、老年人。在采访过程中，我们深入了解北京市居民对水资源现状的认知、节水措施以及对地面排水的担忧，希望能为政府制定合理的水资源管理政策提供参考意见，让更多的人关注北京市的水资源问题，加强节约用水和增强水质量安全的意识。

一、居民家庭用水情况

（一）居民担忧桶装水安全问题

采访中，对于桶装水，几乎所有人都表示担心安全问题，主要是不知道水从哪

---

* 本课题指导教师姚洪越（北京工商大学马克思主义学院），课题组组长周乐婧（注会142班）；课题组组员：陈宸、陈曦、梁越新、王舒蓉（注会142班），曹路平（经济14班）。

儿灌得，而且经常有报道说那种小地方做的水就是直接灌的，觉得挺不卫生的。受访的几位老年人都表示不会喝桶装水，而中年人则表示自家装有净水器，做饭的水有时候会用一点桶装水。从"您家中有使用桶装水吗？"调查结果，可以看出58.96%的家庭使用桶装水。

（二）居民生活清洁用水消耗最大

从"您家中耗水量最大的是什么"的相关调查，了解到42.33%的网友表示是清洁；26.8%的网友表示是洗漱；21.07%的网友是饮用。可见家庭清洁如打扫、洗衣等对水的消耗量较大，节水及循环利用水资源可从清洁用水着手。

二、居民水资源意识良好

从我们的采访中可以看出，大多数的中年人和老年人对于北京市水资源现状了解以及个人节水意识是很强的，相对而言青年人则差了许多。

"您怎样重复利用水资源？"（见图1）的调查数据可以看出，66.36%的居民会用洗衣水冲厕所，53.97%的居民会用淘米水洗碗浇花，23.66%的居民会用茶水擦家具浇花，21.63%的居民会用洗脸水擦桌子，但有11.46%的居民选择一次性使用水资源，不重复利用。可见居民的重复用水意识比较高，循环利用水也是对水资源的节约，但还有一部分居民没有重复利用水，说明我们仍然需要加大对节水和重复利用水的宣传。

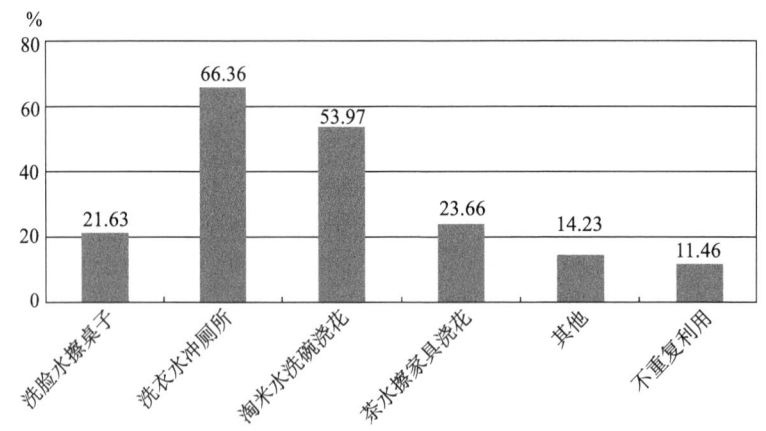

图1 "您怎样重复利用水资源？"的调查结果

"您关注或了解的水资源问题有哪些？"（见图2）的相关调查中，我们了解到68.21%的网友关注工业废水排放问题，54.71%的网友关注农业用水污染问题，71.53%的网友关注生活用水浪费问题。由此可以看人们面临的水问题很多，人们的关注点也很多，需要解决的水资源问题也很多。

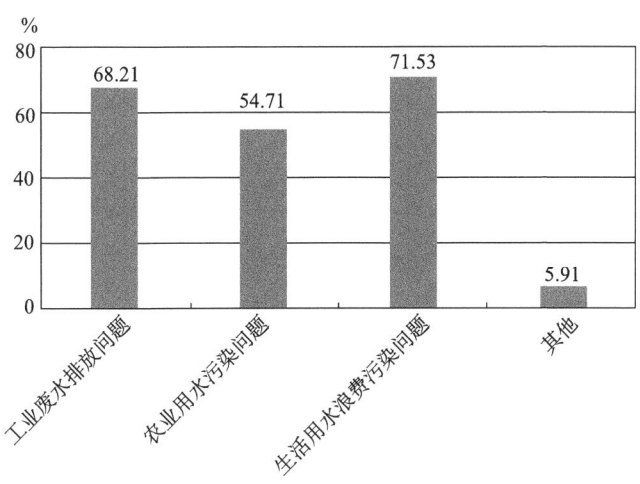

图2 "您关注或了解的水资源问题有哪些?"的调查结果

"您平时是否有关注水资源危机的新闻?"的调查结果中,有61%的居民选择关注过水资源危机的问题,有26.06%的居民从未关注过水资源危机,有12.94%的居民持无所谓的态度。因而,我们知道北京市居民对水资源的关注度是较高的,但仍需不断提高居民对水资源的关注度和危机意识。

三、北京市城市地面排水设施不完善

在城市地面排水方面,北京处于劣势。近年来,随着首都社会经济的发展,人口规模也在不断膨胀,给水资源造成了越来越大的压力,而且很多农村用地被建设成了住房,很多河道被填平,造成地面排水不能通畅。城市中心区更由于人口密度大,车辆密度大,一旦有积水,哪怕是少量的积水,都将造成大范围的影响。2012年的"7·21北京特大暴雨"曾造成79人死亡,立交桥积水是北京排水系统的"老大难"问题。在采访中,谈及关于城市地面排水问题时,众人纷纷表示下大雨时城市许多地点积水严重,排水设施不完善,尤其北京前段时间暴雨,淹了不少街道,青年人群和老年人群表示应该多建设一些排水通道,多数中年人群对于积水表示理解,认为毕竟北京有些地方地势本来就比较低,容易积水,并且认为这是历史遗留问题,是当初建设和铺管道时没有考虑周全,希望政府在这方面有所加强。问卷参与者中(图3)45.47%的人认为北京市地面排水系统良好,40.48%认为差,还有一部分人表示不关心。

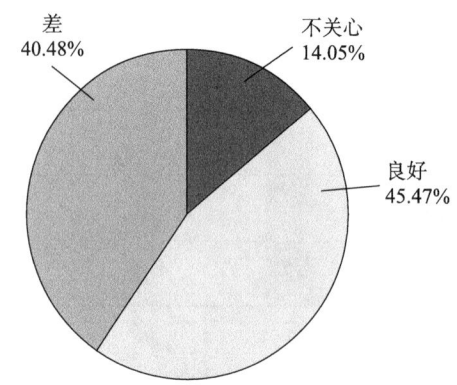

图3 "您关于地面排水问题怎么看?"的调查结果

四、关于北京市水资源浪费现象

"您认为水资源浪费现象是由哪些原因造成的?"的调查结果反映,77.82%的居民认为水资源浪费现象是由于节约意识差,62.48%的居民认为是由于政府对环境问题重视程度不够,59.89%的居民认为是由于消费速度增长。故而政府需要加强节水意识的宣传,多开展相关的活动。

(一)居民生活习惯导致水资源浪费

通过采访年轻人、中年人、老年人三个群体,我们总结出几个生活中比较常见的浪费水的习惯,例如:(1)刷牙和用洗面奶洗脸的过程中不关水龙头;(2)洗澡涂肥皂或沐浴露时不关水龙头;(3)洗衣服时不用手搓而只用水冲。受访的居民都表示现在故意浪费水的现象还是比较少的。

(二)北京市水资源设施管理缺陷导致浪费

采访中,很多居民表示看到自来水管发生漏水或爆管觉得很心疼,可是并没有什么解决办法,只有等相关人员到现场才能得到维修,浪费了不少水,而且由于维修不及时造成的水资源浪费现象比较严重。

五、对解决北京市水资源浪费现象提出的建议

"您认为相关部门可以开展哪些工作保护水资源?"的调查结果表明(图4),74.31%的居民认为有关部门应该加大宣传力度,72.46%的居民认为有关部门应该出台相关规定限制用水,31.24%的居民认为有关部门应该上涨水价,7.39%的居民选择了其他。由此我们可以看出有关部门能够采取的措施很多,并应重点加大宣传节约用水的力度以及出台行之有效的具体规定。

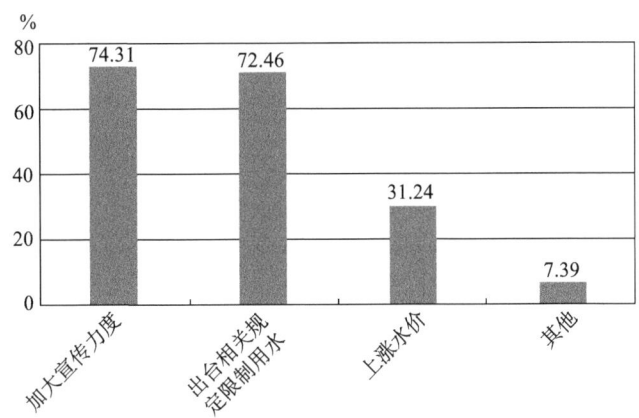

图4 "您认为相关部门可以开展哪些工作保护水资源?"的调查结果

(一)加强节水意识及其宣传力度

受访者表示居民应该加强节水意识,像在家庭里面要有节约用水的观念,把洗澡、洗头的水留着冲马桶、洗地,把节水贯穿于生活每个小细节,从身边做起,从小事做起。政府和新闻媒体需要大力宣传水资源节约的法律法规、有关政策以及水资源现状,增强水资源忧患意识,形成"节水光荣,浪费可耻"的良好社会风尚,把节水宣传常态化,把节约用水、保护水资源变成每个人的自觉行为。

(二)加强水资源设施管理力度

受访的居民中有人反映说希望政府能加强水资源设施管理,对于自来水管漏水或爆管问题,可以在水管旁装一个维修电话,当出现问题时路过的居民能及时联系相关人员来维修。政府应该提高城市排水防涝、污水处理等城市基础设施的建设质量、运营标准和管理水平,建立完善的水资源管理体制,消除安全隐患,增强城市防灾减灾和节能减排能力,保障城市运行安全。

(三)政府通过调节水价来促使节约用水

"您认为怎样才能使您有动力去努力节约用水?"的调查结果表明(见图5),有70.43%的居民选择大家一起节约用水,41.4%的居民选择调节水价。我们可以知道上涨水价能够促进居民节水,但更重要的是促使社会形成一个节约用水的氛围从而带动居民共同节水。价格机制是影响水资源利用方式和利用效率的重要因素,阶梯水价有测算依据,而且和不同消费群体的生活习惯相关,可以增加消费者对水资源问题的关注,改正浪费水资源的行为,但目前阶梯水价存在一些问题,如基础水量太高,阶梯差距过小,缺乏节水奖励制度,北京市政府应当积极建立促进水资源节约和可持续利用为核心的水价形成机制,首先,建立低保人员的直补机制,确保低收入群体生活不因水价调整受到影响;其次,适当拉大高耗水行业与其他行业用水的差价,合理制定城市污水处理费征收标准,加大污水处理和再生水利用力度,促使高耗水的企业节约用水。第三,要积极支持、鼓励和推广节约型、环保型的生产和生活模式,制定具体的节水奖励机制,充分调动用水单位和家庭的节水积极性[1]。

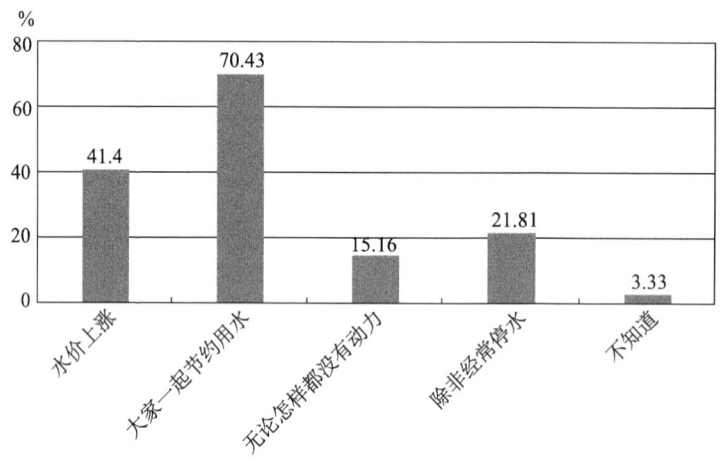

图5 "您认为怎样才能使您有动力去努力节约用水?"的调查结果

(四)技术改进

政府应当加大政策支持力度,鼓励节水技术和设备的研究开发,鼓励各类节水灌溉技术的推广应用,鼓励工业企业采用节水的新技术、新工艺,大力推广节水型生活用水器具,加快发展循环经济,鼓励一水多用、中水回用和再生水的开发利用,提高全市污水处理能力,加大污水处理回用力度。

六、对解决北京市地面排水提出的建议

随着经济和社会的快速发展,北京市区面积在不断扩大,而且主要由不透水地面铺盖而成,一遇到暴雨易形成内涝,从而导致交通系统的整体性瘫痪,严重影响城市正常运转[2]。受访的青年人群和老年人群都表示希望政府相关部门能多建一些排水通道,加强城市排水基础设施的建设。针对地面排水问题,调研小组认为首先要选择合理科学的排水体制,加强理论研究和软件配套设施建设;其次,道路建设需因地制宜,不能盲目搞地面硬化,而且,加强排水管道护理,保障排水设施畅通。例如,我们可以在北京市住宅小区存积雨水,用于浇洒绿地、道路、水景以及下渗补充地下水,既能改善生态环境,又能缓解水资源危机。

七、对解决桶装水安全问题提出的建议

目前,桶装饮用水已经成为人们日常饮用水的主要来源之一,但是,桶装水质量如何,普通消费者无从辨别。桶装饮用水的安全问题主要出在水质和饮用桶上,如何挑选优质的饮用水、饮用桶用后的消毒以及饮用桶正常使用的次数等,这些问题,消费者都无从知晓。而据新闻报道,目前质量低下的桶装饮用水充斥着北京市水市场,桶装饮用水的质量安全问题十分严峻。市场监管的滞后和非法牟取暴利的巨大驱动力促使着水市场充斥"杂牌水"和"山寨水"[3]。我们认为,为了切实维护消费者的利益和健康,首先,政府有关部门应当加强对桶装饮用水市场的监管,加大打击力度,通过多种手段,形成长效机制,规范获证饮用水生产企业的生产经营行为,从根本上解决桶装饮用水的安全问题,确保消费者喝上安全水、健康水。其次,推动制水企业市场化。在确定政府对自来水的管网建设承担责任的前提下,对制水企业实行市场化运作,促使其公平参与市场竞争,从根本上提高水厂管理质量,降低供水成本,提高饮用水质量。公民应当培养自觉抵制假冒伪劣商品的行为习惯,斩断买方市场,同时向生产者和经营者开展守法诚信宣传。水乃生命之源,集结众力,重建打击危害饮水安全违法行为的良性土壤,迫在眉睫。

参考文献

[1] 关景曦. 北京节水管理思路与实践 [J]. 房地产导刊,2016 (7).
[2] 钱宇阳. 桶装水捅出乱象乱了消费者的健康 [J]. 食品界,2015 (8).
[3] 王强. 北京市城市暴雨内涝原因分析和对策建议 [J]. 给水排水,2014 (S1).

北京市居民对绿色蔬菜的认知及消费状况调研

赵春丽　王逸冉*

摘要：随着人民生活水平的不断提高，普通民众的关注点已将逐渐从"吃饱"转移到"吃好"上来，在购买蔬菜时也开始考虑蔬菜中的贵族——绿色蔬菜。和普通蔬菜相比，大多数人仅听说过并不了解绿色蔬菜；普遍认为绿色蔬菜更加健康安全、环保有营养；且价格贵于普通蔬菜。事实上绿色蔬菜的消费者比例远低于普通蔬菜消费者原因有以下几点：种植成本高，价格贵；绿色蔬菜货源得不到保障；绿色蔬菜售卖点少于普通蔬菜，不便购买。大部分居民认为绿色蔬菜十分有发展前景，值得政府拿出资金支持其种植及推广；相关部门也应该严格监管绿色蔬菜种植基地，并公开其种植情况；增设绿色蔬菜售卖点或开设绿色蔬菜超市；大力向居民宣传绿色蔬菜知识，普及健康环保意识；适当降低绿色蔬菜价格，使更多的人吃上健康环保的蔬菜。

关键词：绿色蔬菜　消费　城市居民

　　本次调查主要采取的是网上调查的方式。调查问卷是由小组成员在朋友圈、发送链接的方式让网友们填写并收回。共发出调查问卷208份，收回208份，回收率达100％；有效问卷208份，有效率达100％。其中居住在朝阳区的居民占48.08％，房山区居民占51.92％。被调查者大多数为女性，占57.69％，男性占42.31％。学历在初中及以下的受访者占8.17％，高中、中专及大专的受访者占50.96％，本科及以上的受访者占40.87％。被调查者多为青年（18～40岁），占53.37％，少年（18岁以下）占4.81％，中年（41～65岁）占33.17％，老年人（66岁及以上）占极少数。大部分被调查者家庭月收入在6000～25000元，家庭月收入在2500元以下的占3.37％，2500～6000元的占31.25％，25000元以上的占6.73％。与此同时，很少购买蔬菜的占19.23％，1～2天一次的占38.46％，3～5天一次的占31.73％，一周一次的仅有10％。这表明大部分居民购买蔬菜频率较高，民以食为天，解决蔬菜问题刻不容缓。本次问卷主要调查北京市朝阳区、房山区居民对绿色蔬菜的认识及消费选择问题，目的在于了解市场现状和居民购买行为，分析影响居民选择消费的因素，从而提出针对绿色蔬菜的建议、改善市场现状。

---

* 本课题指导教师赵春丽（北京工商大学马克思主义学院），课题组组长王逸冉（应化152班）；课题组组员：付雪婷、孙昊、谢佳皓、祖赫（应化152班）。

一、居民对绿色蔬菜和普通蔬菜的认知状况

(一) 居民对绿色蔬菜了解不深

现在城市居民生活条件提高，在吃饱的同时更加追求"吃好"。然而，绿色蔬菜作为无污染、安全优质的蔬菜，却并没有得到居民们的广泛认识。从"您是否了解绿色蔬菜（严格限制化学合成的肥料以及农药的使用，包装上有绿色食品的标志）和普通蔬菜的区别"的调查结果，有60.1%的居民一般了解，说不出具体区别；22.12%的居民表示了解，能说出二者具体区别；17.79%的居民表示不了解。可见仍有小部分居民不知道绿色蔬菜，这意味着他们在购买蔬菜时不会考虑绿色蔬菜；大多数居民知道绿色蔬菜，但其中只有少数人可以明确说出其与普通蔬菜的区别。从绿色食品的具体标准来定义绿色蔬菜，绿色蔬菜是指无污染、安全、优质、营养的蔬菜，它要求在整个生产过程中保持生态环境和产品不受污染[1]。

(二) 普遍认为绿色蔬菜更加健康环保有营养

众所周知，食用蔬菜是补充人体所需维生素的重要途径，绿色蔬菜种植过程使用的化学肥料更少、对土壤要求更高、有害物质含量低，在一定程度上营养价值更高，更加健康环保。从"您认为绿色蔬菜相较普通蔬菜环保有营养"调查结果（图1）可以发现，大部分居民认为绿色蔬菜比普通蔬菜更健康、环保，部分居民认为绿色蔬菜更有营养。与普通蔬菜相比，绿色蔬菜种植过程中不施含化学成分的肥料、农药，更多地施用有机肥。个别种植基地为保证蔬菜口感及营养价值，还施以豆肥、牛奶。绿色蔬菜营养价值高，食用更健康放心，不仅对人体无害，更不会污染土壤。

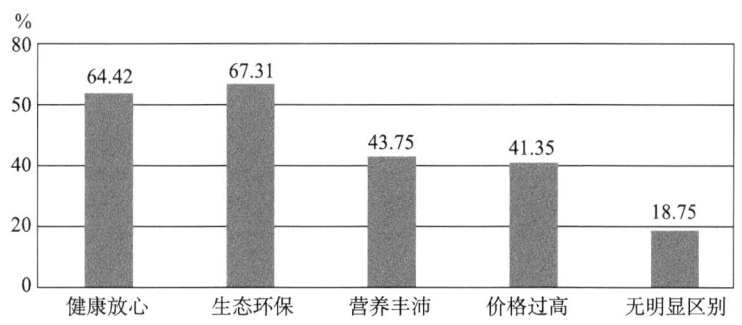

图1 "您认为绿色蔬菜相较普通蔬菜环保有营养"的调查结果

(三) 认为绿色蔬菜价格高于普通蔬菜

俗话说"货比三家"，微弱的价格差距都令人们敏感不已，何况对于种植成本高

的绿色蔬菜,与普通蔬菜相比其售价就更高了。从"您认为绿色蔬菜相较普通蔬菜价格高"的调查结果可以看出,近一半居民认为绿色蔬菜价格过高。市场上的普通蔬菜价格亲民,往往才几块钱一公斤,然而超市中的绿色蔬菜轻则贵几毛,重则翻数番,这令许多有购买欲望的居民望之生叹。

二、居民对绿色蔬菜的消费情况及其原因分析

(一) 绿色蔬菜消费者比例远低于普通蔬菜消费者

经济水平、认知状况、便利度等因素都会影响居民对蔬菜的选择,而占据主体收入中下的普通居民对于绿色蔬菜并不感冒。从"您平时购买哪种蔬菜比较多"的结果看见,51.2%的居民选择"普通蔬菜";29.3%的居民选择"绿色蔬菜";还有19.5%的居民选择"二者差不多"。此外,从"您是否会专程购买绿色蔬菜(比如特地去超市购买绿色蔬菜,或在没有绿色蔬菜的情况下放弃购买)"的调查结果(见图2),发现仅有25.96%的居民表示"是";大多数居民表示"否"。可见尽管大多数居民听说过绿色蔬菜,但在购买时仍不会选择购买。忠实的绿色蔬菜消费者远少于坚定的普通蔬菜消费者,不过还有部分消费者两种蔬菜均会购买。

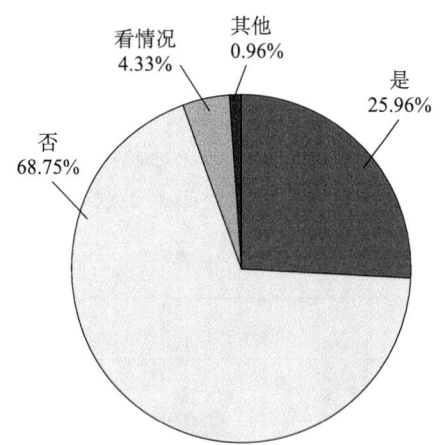

图2 "您是否会专程购买绿色蔬菜"的调查结果

(二) 原因分析

1. 绿色蔬菜种植成本高,价格贵

价格是影响绿色蔬菜购买行为最为重要的因素之一[1]。从"影响您购买绿色蔬菜的原因有……"选择结果看,有53.73%的居民选择了"绿色蔬菜价格比普通蔬菜贵"。52.88%的居民在影响购买绿色蔬菜时主要考虑"价格因素"。因为绿色蔬菜在种植过程中更多地施用有机肥。个别种植基地为保证蔬菜口感及营养价值,还施

以豆肥、牛奶等，与此同时，种植商还需花费精力、财力申请绿色食品认证，这大大增加了其种植成本，使得绿色蔬菜在价格上难以胜过普通蔬菜，反而成为其销售过程中的一大短板。这印证了消费者对价格的重视程度高[2]。

从"当绿色蔬菜单斤（1斤＝0.5千克，下同）价格较普通蔬菜贵几元时，会放弃购买绿色蔬菜"调查发现，有21.63％的居民表示只买普通蔬菜；4.81％的居民表示只买绿色蔬菜；12.98％的居民在"1～2元"时放弃购买绿色蔬菜；42.31％的居民在"3～5元"时放弃购买；有25.00％的居民在"6～10元"时放弃购买；另有6.21％的居民表示"视情况而定"。由于绿色蔬菜生产成本高于常规蔬菜（图3），因此，前者的价格水平也远高于后者。在信息不对称条件下，消费者会做出两种选择：第一，减少对绿色蔬菜的需求，转向普通蔬菜。第二，降低支付意愿和价格[3]。而且中国消费者不愿意为质量较高的食品支付过多的费用[4]，这在一定程度上导致居民比较普遍的绿色蔬菜购买意愿并没有转化为经常性的实际购买行为，在绿色蔬菜的消费上消费者存在较高程度的态度与行为不一致的现象。

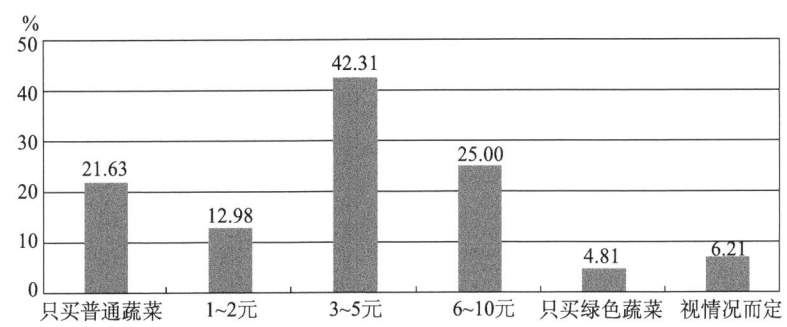

图3　"当绿色蔬菜单斤价格较普通蔬菜贵几元时会放弃购买绿色蔬菜"的调查结果

2. 绿色蔬菜货源得不到保障

我国的绿色蔬菜市场不够完善，监管制度存在漏洞，使得大部分居民不相信其进货渠道。在问卷"影响您购买绿色蔬菜的原因有……"（见图4）中，有一半以上的居民选择"市面上的绿色蔬菜来源没有保障，不放心"，居民对绿色蔬菜货源的不放心可见一斑。从"您是否相信绿色蔬菜的货源渠道"调查结果看，44.71％数居民选择"相信，是严格控制环境的种植基地"，有55.29％的居民选择"不相信，与普通蔬菜无区别，仅贴上绿色食品标志"。居民对绿色蔬菜质量的不放心成为阻碍城市居民绿色蔬菜消费的重要因素。绿色蔬菜一般仅在超市有售，包装精美，价格略贵，外表贴有认证标志。但经过"毒奶粉""黑心猪肉""毒馒头"等食品事件的出现，居民们越来越不敢相信"眼见为实"了，对于食品外表也多持怀疑态度，不敢确定食品的认证是真是假。而且超市的绿色蔬菜仅在外表贴上一个小标签——表示通过认证，并没有公布蔬菜是哪个种植基地几月几日输送过来的。据调研，居民对于超市销售绿色蔬菜质量的信任度相对较低,仅为33%。据报道,绿色蔬菜甚至卖不过带泥的普通蔬菜。因为在居民的认知中,带泥意味着新鲜。从"您在购买蔬菜时主要考虑"调查结果看,75%的居民选择了"蔬菜的新鲜度",64.9%的居民选择了"是否健康放心,来源是否正规",可见,居民还是非常看中蔬菜的新鲜程度。而绿色蔬菜在销售时先卖给一级经销商,再卖给二级经销商,随后由商贩批发走,而此时贴在箱子上的绿色食品认证标志早已不见了。由此可见,缺乏监管,销售混乱,生产、储存、运输、销售等环节不透明都使得绿色蔬菜货源难得到保障,严重影响了其市场销售。

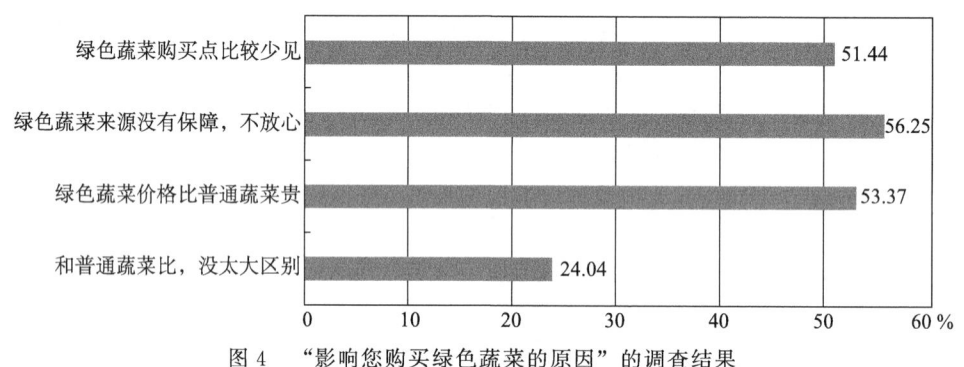

图4 "影响您购买绿色蔬菜的原因"的调查结果

3. 绿色蔬菜售卖点少于普通蔬菜,不便购买

绿色蔬菜种植门槛高,种植点少,导致进货渠道少,市场占有率低。在问卷"影响您购买绿色蔬菜的原因"的调研中,有51.44%的居民选择"绿色蔬菜购买点比较少见"。绿色蔬菜销售渠道缺乏成为阻碍城市居民绿色蔬菜消费的重要因素之一。一般的农贸市场几乎不售卖绿色蔬菜,只有部分规模一定的超市售卖绿色蔬菜。从"您通常在哪里购买蔬菜"调查结果看(图5),在超市购买蔬菜的居民并不多。一方面在居民买菜时买到绿色蔬菜的可能性就更小了;另一方面即使有绿色蔬菜可

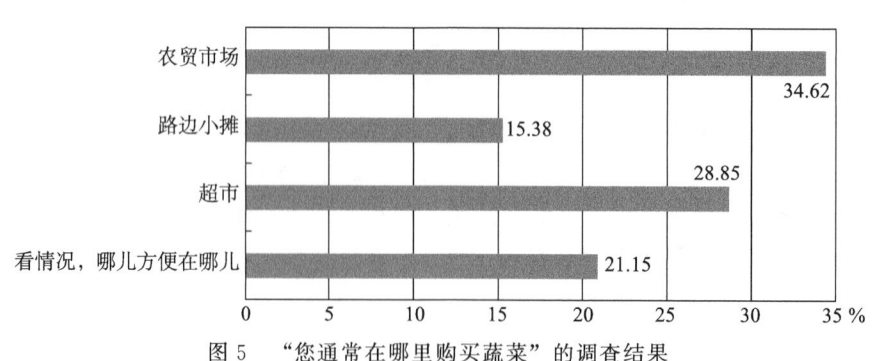

图5 "您通常在哪里购买蔬菜"的调查结果

供选择，其价格、新鲜度等因素亦会影响居民的选择，并不代表一定会购买绿色蔬菜。此外，对于绿色蔬菜与普通蔬菜均会购买的灰色消费者，当购菜场所没有绿色蔬菜时，他们往往会直接选择普通蔬菜，毕竟坚定的绿色蔬菜消费者还是占少数。而且，对于这少数的绿色蔬菜消费者，极少的售卖点也给他们的购买带来了不便。中国安全农产品在国内市场上的份额不足10％[5]，这是远远比不上发达国家的。可见在绿色蔬菜这条道路上，我们还有很大发展潜力。

三、对绿色蔬菜业提出的建议

（一）政府出资支持绿色蔬菜的种植及推广

任何行业，国家的宏观调控都至关重要。从"您对于绿色蔬菜或是该行业有什么看法"的结果看，有53.37％的居民认为"有良好的发展和推广潜力，值得政府大力支持"，仅有7.21％的居民认为"不值得发展"。"假如政府拿出部分资金用来支持绿色蔬菜的种植及推广，您有什么看法"的调查结果表明，有70.67％的居民选择"非常支持"；28.37％的居民选择"无所谓"；仅有0.96％的居民选择"不支持"。可见，大部分居民还是十分支持政府大力发展绿色蔬菜业。由此提出以下建议：一是政府应该对绿色蔬菜的种植进行适度补贴。由于目前蔬菜市场价格的扭曲，导致市场出现了"劣币"驱逐"良币"的现象。考虑到消费者在绿色蔬菜消费决策过程中价格弹性较大，为了推广绿色蔬菜，政府应该适当提高对于普通蔬菜的税收以提高其价格，使蔬菜生产的外部成本内部化；二是利用补贴等经济杠杆，引导绿色蔬菜的生产与经销，确保优质必须优价。同时加强监管力度，规范市场秩序，避免投机分子趁机谋取不当利益。杜绝菜农的钱都进了中间商的口袋；三是政府亦可采用适当政策鼓励商贩进购绿色蔬菜，如免取一定税收、适当降低市场准入资格等。

（二）严格监管绿色蔬菜种植基地，并公开其种植情况

考虑到多数居民对市面上绿色蔬菜来源的不放心，严格监管货源、整改相应制度迫在眉睫。从"您对于绿色蔬菜或是该行业有什么看法"的调查结果看（图6），有37.98％的居民认为"门槛低，蔬菜质量得不到保障，需要相关部门严格监管，保证产地合格"。而且在"影响您购买绿色蔬菜的原因有……"调查中，有56.25％的居民选择了"市面上的绿色蔬菜来源没有保障，不放心"，是所有选项中选择人数最多的一项。可见政府急需加强对绿色蔬菜业的管理与审核。首先，政府应严格要求绿色蔬菜种植基地规范种植，定期派监察员去基地考核，作为表扬或通报批评的依据，以此激励各基地自觉规范种植行为。其次，政府应关注食品安全认证制度建设，严格把关，逐步建立消费者对认证制度的信任。当认证制度具有一定公信力后，居民才能够放心购买绿色蔬菜。最后，政府应定期公布基地种植情况以及蔬菜生产情况，使绿色蔬菜生产、储存、运输、销售等环节透明无垢，公平公开。同时鼓励消费者选派代表参与到监督绿色蔬菜的生产、储存、运输、销售的各个环节，充分发挥各种媒体信息传递与舆论监督的功能，向消费者提供充分、真实、可靠的信息。

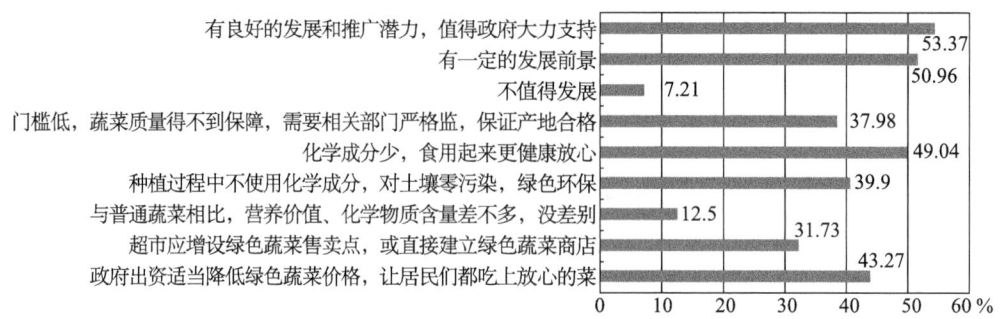

图6 "您对于绿色蔬菜或是该行业有什么看法"的调查结果

（三）增设绿色蔬菜售卖点或开设绿色蔬菜超市

绿色蔬菜售卖点少，严重影响居民的购买和绿色蔬菜的推广，为改变这一状况，增加绿色蔬菜市场占有率十分关键。在问卷中，有51.44%的居民选择"绿色蔬菜购买点比较少见"，31.73%的居民认为"超市应增设绿色蔬菜售卖点，或直接建立绿色蔬菜商店"。增设售卖点可以用最少的成本方便居民购买绿色蔬菜，只需要商贩或超市在原有基础上进购绿色蔬菜；开设绿色蔬菜超市风险相对大，需要保证蔬菜品质和一定的客流量，不过一但成功回报也丰厚，目前国内尚未出现大型连锁绿色蔬菜超市。

（四）向居民普及绿色蔬菜知识，提高健康环保意识

上文提到居民对绿色蔬菜了解不深，这在一定程度上阻碍居民消费绿色蔬菜，所以，向居民宣传普及绿色蔬菜相关知识是推广绿色蔬菜、加大购买量的重要举措。从调查看，政府对绿色蔬菜的宣传还不够到位。因此，政府和社会应增加绿色蔬菜的宣传，增强向消费者提供信息的系统性，即不仅要宣传绿色蔬菜的品质，更要注重宣传绿色蔬菜在生产、储存、运输等过程的作业标准及其对于环境保护的功能，以强化消费者对于绿色蔬菜消费的积极态度，增强其绿色消费意识，提高其对绿色蔬菜的识别能力和评价水平。此外，根据我国居民的心理特点有的放矢增强宣传效果。比如，在宣传中可以强调绿色蔬菜对于青少年和儿童健康成长的作用，对老年人保养身体、舒缓身体不适的作用；可以依靠绿色蔬菜消费者充当信息传播的意见领袖，加强群众的自我宣传教育。更重要的是，注意挖掘和吸收中华传统消费文化中的积极成分，运用中国人的传统文化价值观在全社会宣传和推广绿色消费行为。

（五）适当降低绿色蔬菜价格，使更多的人吃上健康环保的蔬菜

前文多次提过绿色蔬菜价格较高，严重影响居民的消费选择。可见，要想得居民青睐，价格实惠才是关键。方法之一是上文提到的"政府出资支持绿色蔬菜的种植及推广"，通过补贴等方式降低菜价。民以食为天，而居民的收入参差不齐，不可能针对不同人群分别调整菜价，唯有使之降低到低收入居民也有能力购买，才能达到绿色蔬菜的最佳推广效果，让所有人都吃上健康环保的蔬菜，从而扩大绿色蔬菜消费群体，促进绿色蔬菜产业发展。

参考文献

[1] 青平，严奉宪，王慕丹. 消费者绿色蔬菜消费行为的实证研究［J］. 农业经济问题，2006（6）：73-78.

[2] 韦得胜，谢屹，卫望玺，等. 绿色蔬菜购买行为及影响因素研究——基于北京市 200 名消费者的实证分析［J］. 消费经济，2014，30（5）：61-66.

[3] 于爱芝，李锁平. 信息不对称与逆向选择——我国绿色蔬菜质量安全问题的经济学分析［J］. 消费经济，2007，23（3）：70-73.

[4] 张晓勇，李刚，张莉. 中国消费者对于食品安全的关切［J］. 中国农村观察，2004（1）：14-21.

[5] 马骥，秦富. 消费者对安全农产品的认知能力及其影响因素——基于北京市城镇消费者有机农产品消费行为的实证分析［J］. 中国农村经济，2009（5）：26-34.

北京市昌平区公众生态意识的现状及公众生态意识的培育研究

余金城 曹 蕊*

摘要：随着科学技术的发展和生产力水平的提高，中国在社会经济建设中创造了巨大物质财富，极大地推动了物质文明的进步，但与此同时人口众多、自然资源有限、经济增长方式的相对粗放和巨大的社会发展需要，也加剧了生态环境的恶化和资源短缺的危机，这些就已经使得人口及其经济社会发展与自然资源和环境之间的矛盾日益尖锐化，保护生态和改善环境已经逐渐成为当今社会关注的焦点。而民众的生态意识与解决这些问题是紧密相关的，所以，对于当今人类的生态意识培育已是刻不容缓。

关键词：生态文明 生态意识 培育问题

本次社会实践我们调查了北京市昌平区部分乡镇生态意识的现状及培育问题。我们主要采用的是实地走访为主，网上调查为辅的方式。小组成员分工合作，一队在朋友圈、QQ空间、微博等渠道以发送链接的方式让网友们填写并收回，另一队打印问卷走访乡镇当面填写，最后再做汇总。此次调查共发出问卷600份，收回600份，回收率达100%；有效问卷600份，有效率达100%。在这600份答卷中，

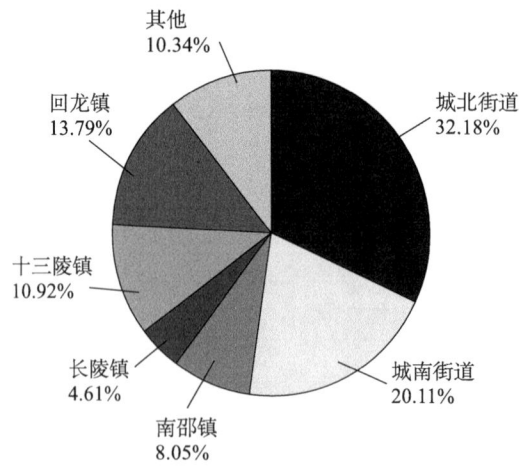

图1 调查地域分布情况

---

* 本课题指导教师：余金城（北京工商大学马克思主义学院）；课题组组长：曹蕊（机械151班）；课题组组员：常旬（包装15班），陈佳林、郭寒雪（机械151班）。

男性占 32.18%，女性占 67.82%；青少年占 13.79%，青年占 67.24%，中年占 16.09%，老年占比较少；小学及以下学历占 2.30%，初中占 1.72%，中专占 3.45%，高中占 5.75%，大专占 8.62%，本科生占 77.59%，研究生及以上的占比较少。本次问卷主要调查昌平区部分地区民众生态意识的现状及培育问题，其目的是培育民众的生态意识，保护生态和改善环境。

一、调查目的

（一）了解昌平区部分乡镇生态意识的现状

随着社会的进步、科技的发展，人们的生活水平有了明显的提高，但人们的生态意识却并未随之有所增强。我们希望通过对昌平区部分乡镇生态意识的调查，了解现状及问题所在。

（二）呼吁更多的人保护环境

调查表明，我们周围存在的环境问题很多，如废弃物污染、空气污染、水污染、噪声污染、食品质量污染等。众多的受访者表示，空气污染对于自己的生活质量影响最大，其次就是食品质量污染，再次就是水污染。这些污染使我们的舒适感大大地降低，严重影响着人们的生活质量。

除了人类之外，地球还是其他众多动植物生存、繁衍的家园。它们的存在，为地球带来一份独有的魅力，更是生态平衡稳定不可或缺的。但人类无节制的欲望驱使着他们疯狂地对资源进行掠夺式的开发。为了出行的方便，许多人开着私家车，根本不管尾气污染空气，逐渐地，原本的蓝天白云不在，取而代之的是灰天黑云。正是由于我们人类的自私贪欲，才导致了地球的生态遭到了破坏，厄运也随之到来。所以，为了地球这个家园能恢复曾经的碧水蓝天，人与自然能幸福和谐的一同生活，保护环境刻不容缓。为了我们美好的明天，行动吧！

二、昌平区部分乡镇存在的生态意识问题及原因

（一）"生态意识"教育工作基础薄弱

从"您对于生态环境的知识是否了解"调查结果表明，大多数的受访者表示听说过，仅仅有 3.45% 的受访者表示很了解（图1）。这说明：现在了解生态环境知识的人并不是很多。出现这一问题的原因是我国生态文明教育处于起步阶段，人们对生态文明教育的诸多基本理论问题缺乏总体的研究和把握，只限于对生态文明教育个别问题的专门探讨。这未能及时有效的唤起人们对爱护自然和保护环境的自觉意识。为此，我们有必要加强生态文明宣传教育，让人们多多了解有关"生态意识"的知识，营造爱护环境的良好氛围。

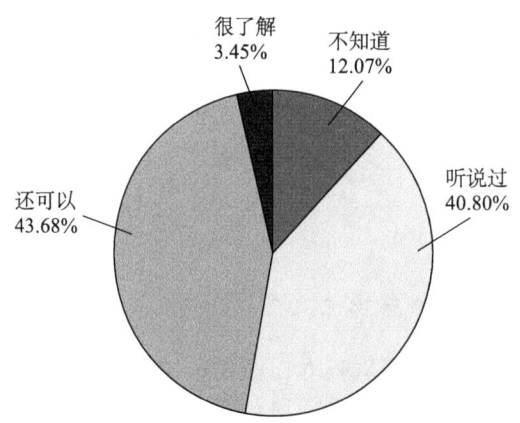

图1 "人们对生态环境知识了解情况"的调查结果

(二) 生态忧患意识不强烈

调查结果显示,人们的生态忧患意识并不强烈。从"您觉得您所在地的生态环境如何"调查结果看,有5.75%的受访者表示满意,42.53%的受访者表示良好,40.80%的受访者表示及格,10.82%的受访者表示很差(图2)。总体来看,大多数人对于现在的环境还是比较满意的。对"您对当前地球的生态资源环境状况有何看法?"的回答看出(图3),较多的受访者表示有些担忧但不影响平时生活,说明人们的生态忧患意识并不强烈。

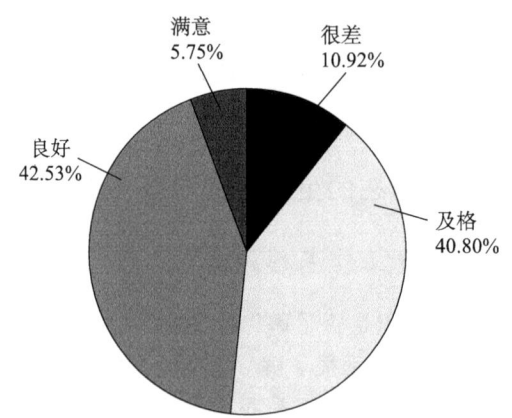

图2 "对所在社区的生活环境的满意程度"的调查结果

那么,为什么人们当前的生态忧患意识并不强烈呢?其原因并不在于:当前恶劣的环境状况还在人们承受的范围之内以致它影响我们的日常生活较小。实际上,

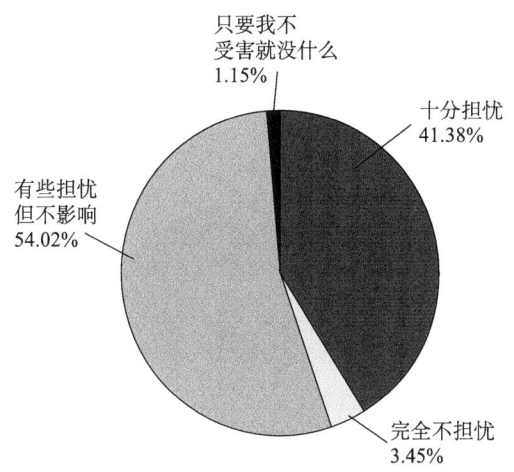

图3 "对当前地球生态资源环境状况的看法"的调查结果

恶劣的环境对于人们日常生活的影响还是很大的,只不过大部分人对此还不太了解。以雾霾为例,通常人们认为天空灰蒙蒙的原因是雾造成的,而雾对于人体又并无多大害处,因此,对于日益严重的周边环境中的"雾霾",人们只是将其等同于习以为常的"雾"。后来,随着"雾霾"一词的出现与宣传,人们突然醒悟,原来我们所处的周边环境是如此恶劣。于是,人们开始戴口罩,减少外出,减少剧烈运动……其实,类似于雾霾的一些潜在的环境威胁还有很多,只不过有些人是不知道,有些人是不以为然。毕竟,绝大多数的人都是事不关己高高挂起的。所以,我们应该尽可能地利用各种传播媒介来宣传环境恶化给我们带来的坏影响,以此来呼吁人们保护环境。我们还应该以身作则,积极投入到环保事业里,这样才能更好地加强人们的生态忧患意识。

(三)对生态环境的学习主动性不高,参与度不高

从"您是否主动学习过生态环境的相关知识?"的调查结果看,51.15%的受访者表示没有主动学习过,24.71%的受访者表示有过类似的想法但还未实施。这表明主动学习过的人仅仅占24.14%(图4)。从"如果有环保活动您是否愿意参加?"调查结果看,21.26%的人表示"愿意(图5),但要视情况而定,不好玩就不参加"。从这两道题中不难看出,人们对于生态环境的学习主动性不高,对于有关环保活动的参与度不高。

出现这些问题的原因是对于大多数人来说,"生态文明""生态环境"还是新观念、新生事物,他们还没有正确认识到人与自然的关系,生态责任意识不强。对于青少年而言,学校里并没有开设有关生态环境的专门课程,学生们无法系统的学习,而且学校也没有举行有关实践活动或者讲座供学生们了解、学习;对于一些学历低

的民众而言,对环保问题的了解更是少之又少,环保意识淡薄;对于一些参与环保活动的人而言,有些活动只是虚有形式而没有真正的内容,影响了人们参与此类活动的积极性。总的来看,正是由于这些问题的存在,民众对于生态环境的学习主动性不高,参与度不高。

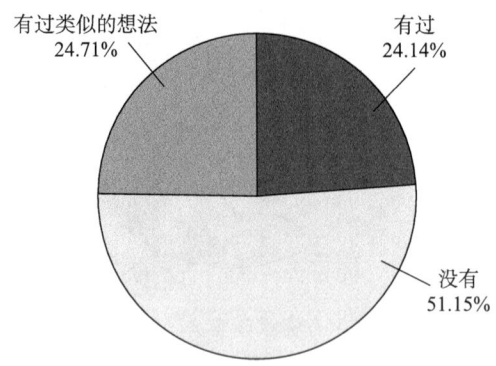

图 4 "对生态环境相关知识的了解程度"的调查结果

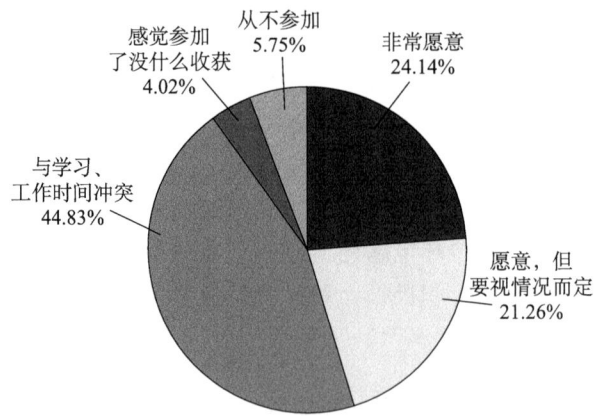

图 5 "对环保活动的积极性"的调查结果

(四) 人们发现环境问题总是说多做少

从调查结果来看,当人们发现身边存在环境问题时,大多数人第一反应是和身边人抱怨一下。实际上,当我们向周围人抱怨生态的破坏、环境的恶劣时,虽然我们把对于环境的不满,愤懑的情感发泄出去了,但是身边的环境并不会因为我们的抱怨而有所改变,我们依然还是在这样的环境中生活着。那么,为什么人们面对环境问题时基本以抱怨为主,很少采取实际行动呢?那是我们缺少基本的生态意识,没有认识到保护环境人人有责。通常我们抱怨是因为和自己利益存在冲突,如果跟自己利益不相关，我们不会产生抱怨，顶多只是描述事实。但是，事实上环境问题已经严重危害到了我们的利益，比如说健康。恶劣的生活环境不仅危害了我们的健康，导致我们生病的概率大幅度提高，而且也降低了我们居住的舒适度，更严重的是还会影响后代的发展。因而，我们面对身边的环境问题往往会抱怨。俗话说得好："说很容易，做却很难。"对于大多数人而言，与其找政府机构反映问题、联系媒体曝光，还不如抱怨一下来的简单一些。正是因为人类的惰性才导致出现了"面对环境问题多以抱怨为主，很少采取实际行动"的现象。所以我们要想解决此问题，应该尽可能地克服自己的惰性，从身边的小事做起，与其抱怨，还不如随手捡起一个塑料瓶子来得实在。家长、老师或者是公共人物都应该发挥自己的影响力。要是我们每人贡献出自己的力量，我们身边的环境质量才会有大幅度提高。

三、对未来环境的期望

调查表明，对于未来环境问题的改善，13.79%的受访者表示充满信心，36.7%的受访者表示有点悲观，5.17%的受访者表示感到绝望。可见，绝大多数的受访者对于未来环境的改善是不看好的，他们认为未来环境可能还会恶化下去。

我们浪费水、电、纸，随手扔垃圾，破坏花草树木、过度使用一次性筷子和塑料袋，滥砍滥伐……这些严重现象导致大多数人对于未来环境问题的改善感到悲观（图6）。

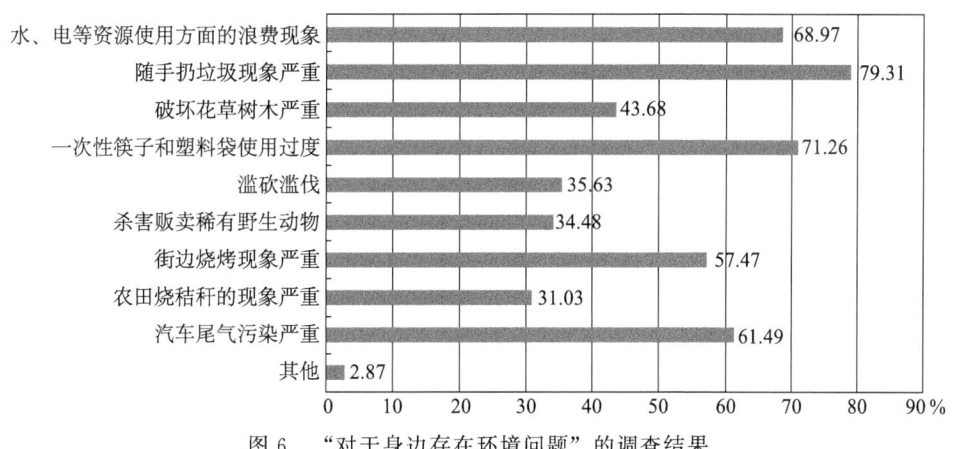

图6 "对于身边存在环境问题"的调查结果

四、民众生态意识培育的有效途径

（一）互联网

随着科学技术的飞速发展，互联网通信已进入千家万户。网络可以使我们方便、及时地了解当今国内和国际社会的信息。调查结果表明，有70.69%的受访者是通过网络学习了解到生态知识的。所以，利用互联网快速传播的特点，可以让民众及时了解、学习生态环保的相关时事；利用包括公众人物的微博等网络社交手段，可以很好地宣传生态环保问题，强化人们的生态忧患意识。

（二）电视

互联网时代的传播环境尽管已发生了很大的变化，但是，电视传播仍不失是培育民众生态意识的一种有效途径。电视台可以定时播放一些环境保护类的宣传片、纪录片，关注并及时报道人们开展生态保护的实践活动类新闻，这些传播方式会强化人们的生态环境忧患意识，对那些对于电视传播手段依赖性较大的社会人群而言，这样的传播价值显得尤为重要。

（三）相关书籍

在当代，无论书的介质如何变化，阅读始终是我们关心的话题，我们在阅读中会感到快乐；我们在阅读中会学习到知识；我们在阅读中令沉睡的思想重生，在阅读的世界里，我便是我了。此次调查结果表明有59.20%的受访者是通过书本、杂志了解到生态知识的（图7）。这说明读书也是一种培育民众生态意识的有效途径。例如，书店可以专门规划出来一个有关生态意识知识的区域，这些区域最好安排在比较醒目的地段，这样读者就可以一目了然。

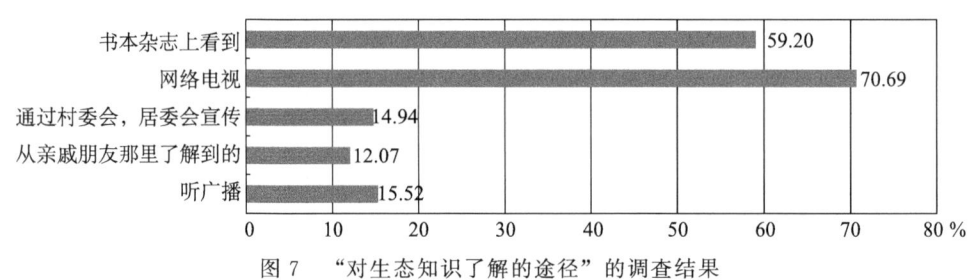

图7 "对生态知识了解的途径"的调查结果

五、提高生态意识的措施

（一）生态教育要从娃娃抓起

调查结果表明，有59.77%的受访者表示幼儿园时期是学习环境教育、培育生态意识的最佳阶段；有34.48%的受访者表示中小学时期是学习环境教育、培育生态意识的最佳阶段。可见，大多数人同意从幼儿园、中小学抓起，对其进行生态意识的教育。因为3到12岁是人类学习、理解、认知的最佳年龄段，在此期间，人们的学习能力，领悟能力都比较强，接受的知识记忆也很深刻，学习的东西对其三观的形成影响也是比较大的。所以，从娃娃时期开始进行生态意识的教育是比较合理的。俗语说"3岁看大，7岁看老"，这说明一个人小时候养成的行为习惯将会影响着他的一生。因此，我们就应该从小要懂得保护环境，树立正确的生态文明观。

（二）加强生态意识教育

目前，人们对生态环境问题知之甚少，生态保护意识薄弱、生态知识缺乏。了解生态环境污染、生态危机的现状，传播最新的国际国内生态环保动态，明确生态恶化的事实，增强对自然、人文生态和人与自然关系的认知，是激发公民的生态环境危机感、生态保护意识和环境忧患意识、培育生态意识的必要举措和前提。

针对此问题，学校可以开设相关的课程，让学生能够系统的学习；各种大中小企业也应组织开展环保知识培训。还要利用各种公共场合，加强对公民的宣传教育[1]，比如说，公交车的站牌后面，或者是商场的显示屏，或是电视广告等。最重要的是能够让公民自发产生想要了解环境问题、保护环境的意识，这就需要在宣传的时候最好是能够和公民自身利益相挂钩，这样会受到更多关注。

（三）缴纳环境保护费

生活中，不乏生态环境意识不足、生态意识素养不高的人。总会看到这些人在生活中随地吐痰，随意在公众场合抽烟，遛狗时随意让其大小便……他们只是一直在方便自己，一直考虑自己的利益，根本就不在乎环境在日益恶化。对于这些人来说，我们也需要采取"非常"手段——收环境保护费，而且是强制的。这样，他们也许就不会无所顾忌地依然故我地破坏环境了。调查表明，有13.79%的受访者表示非常支持收环境保护费，有38.51%的受访者表示支持收环境保护费（图8）。可见收环境保护费也是培育民众生态意识的一种有效途径。但是在采取收取环境保护费的初期一定会遇到很多问题，关于怎样合理收取费用是很值得商讨的，我们应该收取让大家能提高环境保护意识而又不产生反感的费用。

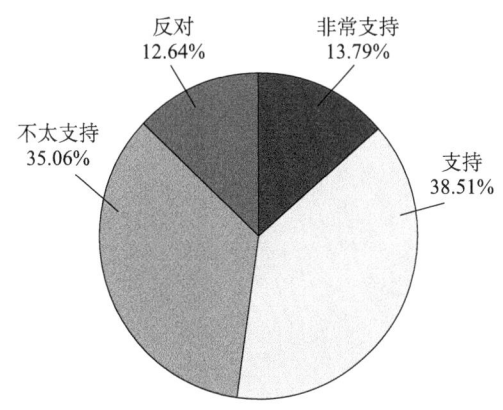

图8 "人们对于交纳环境保护费的态度"调查结果

（四）倡导绿色消费，形成新的生态消费理念

《只有一个地球》的作者巴巴拉·沃德和雷纳·杜博斯指出："对消费的喜新厌旧成风，无限制的使用能量，我们的前途只能是生态系统的灾难。"加强生态意识培育既要遵循客观自然规律，又要符合我国的基本国情。我国的基本国情决定了我们不应当也不可能模仿发达国家以挥霍能源资源为特征的消费模式，而是要立足我国国情，科学发展，正确引导消费结构升级，倡导消费文明化、生态化的新消费模式。我们要节制资源的开发、要高效使用资源，让人们摆脱休无止境的物质欲望追求，引导人与自然和谐共处，真正做到践行生态意识理念，形成有利于节约能源资源和保护环境的科学合理的绿色消费模式。

（五）借鉴国外经验、增强生态意识培育的实效性

我国是社会主义国家，我们必须在马克思主义的指导下进行生态意识培育，以客观、辩证的分析方法对待国外生态意识培育的经验，根据中国的实际情况，积极吸收和借鉴世界生态意识的基本价值理念和优秀成果，尤其要批判地吸收和借鉴发达国家生态文明意识培育的方式、方法。例如：美国在实践活动中弘扬和培育国民生态文明责任意识；新加坡通过法治实践培养国民的生态意识，用法律巩固生态文明教育建设的成果，使依法治国与以德治国相得益彰；日本的传统思想是与大自然共生存，在大自然的生长中发展自己，这些思想也契合于我国的传统价值观念，对于生态保护工作有着重要的启示作用。

参考文献

[1] 陈士勇、隋秀英. 论当代中国公民生态文明意识的培育 [D]. 辽宁师范大学，2011.

广告盈利模式下的光污染现状及对策研究

——以北京市LED广告灯/屏为例

杨小燕　王　杞[*]

摘　要：随着城市现代化的发展，光污染现象越来越严重。LED广告作为一种用于达成宣传目的的电子显示屏，也属于光污染的一种。城市中LED广告灯/屏随处可见，大有泛滥之势。市民对LED光污染了解不深，缺乏主动防治光污染的意识；商家利用LED广告灯/屏进行商业宣传，环保意识差；政府部门光污染治理措施和相关法律体系不健全等。光污染破坏生态环境，给人们的日常生活、身心健康造成伤害。加强人们对光污染的环保意识、健全光污染环保体制迫在眉睫。本文以问卷调查和实地调研的形式，从调查LED广告灯/屏光污染现状入手，分析研究光污染的危害及其生态保护机制，试图以解决LED光污染问题为突破口，探求光污染生态保护解决方法，营造优美和谐的自然环境。

关键词：光污染　LED广告灯/屏　生态保护

本次调查主要采取网上问卷调查和实地调研调查两种方式。调查问卷由小组成员在朋友圈、QQ空间发送链接的方式让网友们填写并收回。共发出调查问卷766份，收回766份，回收率达100%；有效问卷766份，有效率达100%。其中11.1%的人完全不知道光污染，51.96%的人只是听说过光污染而并不了解光污染，仅有36.94%的人比较了解光污染；被调查者中88.64%的人大部分时间生活在城市，11.36%的人大部分时间生活在农村。实地调研是由小组成员在北京市王府井南大街50余家店铺进行的调研，我们对临街LED广告灯/屏进行了数据统计，并对LED光污染产生的原因及其影响进行了调查研究。

一、LED广告灯/屏光污染的问题及现象

（一）光污染现象严重，危害明显

现代城市中对于灯光、镜面等的应用越来越普遍，其中LED广告灯/屏的运用则同样频繁地存在于人们的生活中。"您认为光污染中由LED显示屏所造成比例是多少？"的调查数据显示，有55.61%的市民认为25%至49%的光污染是由LED广告灯/屏造成的；有22.72%的市民认为该比例为0%～24%；而认为50%～74%和

---

[*] 本课题指导教师杨小燕（北京工商大学马克思主义学院），课题组组长王杞（新闻142班）；课题组员李明会、曹兰、王子丞、杨婉晨、车星霖（新闻142班），王晓曦（新闻141班）。

75%～100%的市民分别占 19.06%、2.61%，见图1。

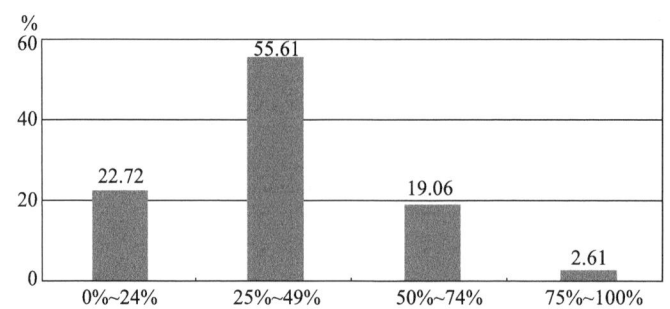

图1 "您认为光污染中由LED显示屏所造成比例是多少？"的调查结果

以我们实地调研北京市王府井南大街为例。

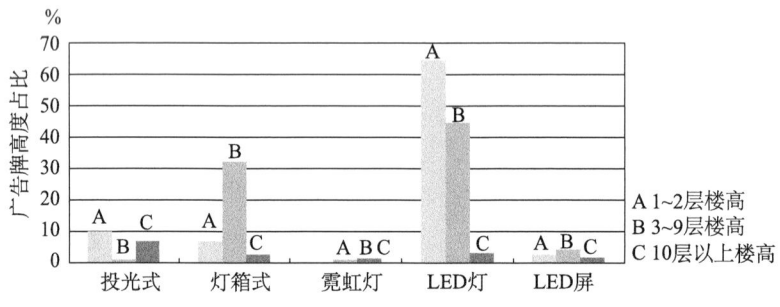

图2 王府井南大街临街广告牌统计图

实地调研小组对王府井南大街临街广告牌进行了数据统计，不难发现，商业街内LED广告灯/屏相对于投光式、灯箱式、霓虹灯式广告牌在数量上占有绝对优势，其中LED灯式广告占比最大。LED广告主要分布在中低楼层，高楼层占比非常低，仅有2.7%；灯箱式广告次之主分布在中间楼层，负责商铺的产品宣传；而投光式广告主要分布在低高楼层，负责商品展示和大幅广告的宣传；LED广告灯/屏则更多由于自身的价格成本，还有广告投放位置、大小等诸多因素的限制，在数量上占比不大，但在吸引关注度上却是效果明显，很受大型购物商城的欢迎，这类广告主要分布在中间楼层，正好避开了中小商铺宣传自身广告的需求，又保证LED广告灯/屏投放位置正好在人们的上升视线上，还可跳出来为广告商投放广告（图2），既收获人气信誉，又得到额外收入。

霓虹灯式广告是早几年最为流行的一种广告宣传模式，以其色彩绚丽、变幻多样著称，但由于其成本较高，破损率较大，性价比较低的特性，商家对于霓虹灯的欢迎度较低，从目前统计数据来看，霓虹灯式广告在数量上占比最小，主要分布在中高楼层。

总之，城市广告宣传渐趋多样，LED灯式广告和LED广告屏的投放建设已成不可逆转之势，未来商业区LED灯/屏式广告有可能全面占领商业市场。从这些数据中我们可以发现，由LED广告灯/屏所造成的光污染不占少数，危害明显。

（二）市民对LED光污染了解不深，缺乏防护意识

对于光污染的认知程度，有51.96%的市民表示只是听说过，不太了解；而选择比较了解的市民也仅占31.82%（图3）。

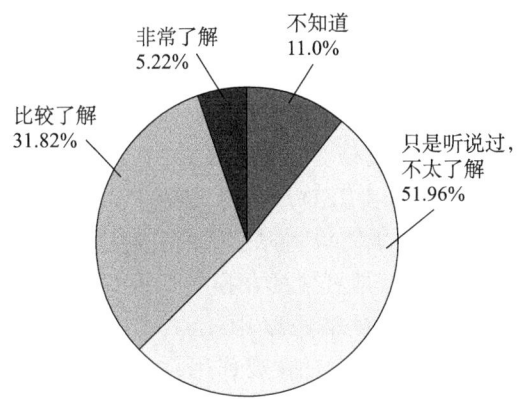

图3 "光污染的认知程度"的调查结果

从"作为一种较为严重的光污染，您对LED广告屏的看法是？"调查结果看，选择"增添城市的美"选项的人数最多，占48.17%，与"很漂亮""很有吸引力"选项的人数相近；而"浪费电""破坏生态环境"两个与环境保护相关的选择亮量则低于对LED广告灯/屏增添城市美感的人数。可见，人们对于LED广告灯/屏所造成的光污染程度的了解并不深，反而给予了肯定。

在王府井南大街调查过程中，在谈及光污染的时候，路人和商家有以下反映：在我们随街采访的50名路人中，有65%的路人完全不知道什么是光污染，听说过和了解一点光污染的路人25%，仅有10%的路人知道光污染。由此可见，路人对光污染的成因、概念、危害比较陌生。商家亦是如此，在调查的50户商户中，有近80%的店商根本不知何为光污染，就更不用谈及他们知道自己在打广告的同时会对环境造成影响，产生光污染了。此外，商家对于国家照明政策的了解也集中体现为不知道或者不了解。商户对国家照明政策的了解程度调查表明，50户商家中43户表示完全不了解，5户了解一点，仅有2户明确表示了解国家照明政策。

此外，有10%的商户表示，因为LED广告灯/屏太过于刺眼而受到惩戒，而90%的商户表示没有或者不知道是否因为LED广告灯/屏亮度超过标准而受到惩戒。

另外，根据调查结果，有近73.11%的市民表示不知道举报LED广告灯/屏的相关渠道，与此相对的仅有4.44%的市民主动采取过措施减少LED广告灯/屏所带

来的光污染。由此可见，人们生活中对于主动防治 LED 广告灯/屏的措施几乎没有认识，也并不采取行动来捍卫自己的权益。从"党的十八大以来，我国正在加快生态文明建设，对于光污染，你知道国家采取了措施降低 LED 广告屏带来的光污染吗？"的调查数据显示，超过半数的人知道却并不了解国家所采取的具体措施；45.56％的市民不知道有哪些措施。虽然 LED 广告灯/屏产生污染困扰人们生活，但由于环境保护意识的缺乏与对此方面消息的关注不够，人们自身并没有充分发挥作用帮助缓解光污染。

（三）商家利用 LED 广告灯/屏进行商业宣传，社会责任意识差

随着城市的发展，各式宣传方式层出不穷。从"比较未使用 LED 广告屏的广告与使用 LED 广告屏的广告，哪一个对你生活中做出的选择影响更大？"的调查研究中，我们了解到，46.87％的市民认为，使用 LED 广告灯/屏的广告牌影响力更大；37.21％的市民认为使用与未使用 LED 广告灯/屏的广告对他们的生活选择影响差不多；15.93％的市民认为未使用 LED 广告灯/屏的普通广告影响更大。可见对于市民来说 LED 广告灯/屏的宣传效果是更佳的，换句话说，对于商家而言 LED 广告灯/屏为打广告的首选。同时，在对市民眼中 LED 广告灯/屏的作用进行调查时，90.99％的市民认为商业宣传为 LED 的主要作用。从"您认为 LED 广告屏达到设置它的目的了吗？"的调查数据中，我们可以看出有 71.8％的市民认为 LED 广告灯/屏达到了设置的目的；认为没有达到的市民仅占参与调查人数的 28.2％。可见，虽然 LED 广告灯/屏是光污染的源头之一，但它的存在形式已经被商家和市民基本认同，成为商业宣传的主要方式。

（四）政府部门光污染治理措施不得力，相关法律体系不健全

近年来，有许多城市居民就 LED 广告灯/屏带来的光污染问题向当地市政部门投诉，市政建议找城管部门，而城管部门又说他们只管广告牌设置是否合法合规，管不了广告牌的光污染问题，因为国家法律对光污染治理没有规定，仍处在政策真空状态。

目前，我国分别制定了《水污染防治法》《大气污染防治法》《固体废物环境污染防治法》等，但光污染却迟迟没有制定单行法，因此，造成司法适用上的尴尬。要想解决环境污染的光污染问题，就必须在国家层面尽快弥补当前存在的法律真空，像水污染、大气污染一样，制定专门的《光污染防治法》。

另外，市民对于光污染治理措施的不了解不关心，归根到底还是政府出台的治理措施效用不大，所建立的相关法律体系不健全造成的。

二、LED 广告灯/屏光污染的危害

广义上的光污染是指一些可能对人的视觉环境和身体健康产生不良影响的事物，

LED广告灯/屏顶着环保节能与高端科技的光环，趁着低碳和绿色经济发展的趋势，轻而易举走进了人们的视线，然而在LED大屏产业高速膨胀的过程中，其带来的危害也不容小觑。

（一）扰乱居民的正常出行和作息，使之身心健康受损

1. 影响居民的生活作息

根据调查结果显示，61.36%的市民都受到了LED广告灯/屏常亮而影响其工作、学习、生活的困扰。LED广告灯/屏一般都伴随着声音，这使得需要安静环境来工作、学习的市民苦不堪言；大多数LED广告灯/屏都是24小时不停歇开启，强烈的灯光使附近居民夜晚不能很好地入睡，违背了天黑睡觉的人体生物节律。

2. 损害人们的身心健康

在接受调查的人群当中，有44.78%的人认为LED光污染影响其身体健康，36.42%的人感到心情受到了影响。光污染直接导致各种眼疾的发病率，特别是近视比率迅速攀升。长时间受强光刺激，会导致视网膜水肿、模糊，严重的会破坏视网膜上的感光细胞，引起视疲劳和视力下降。高密集的热性光束通过眼睛晶状体再集中于视网膜，对眼睛和脑神经十分有害。它不但可导致人的视力受损，还会使人出现头痛、头晕、出冷汗、失眠等大脑中枢神经系统的病症。要是人们长期处在彩光灯的照射下，其心理积累效应，也会不同程度地引起倦怠无力、头晕、性欲减退、阳痿、月经不调、神经衰弱等身心方面的病症[1]。

（二）污染环境，破坏生态平衡

1. 影响生物的自然生活规律

光污染不仅人受其害，动物也是昼夜不分，其活动能力、辨位能力、竞争能力、交流能力及心理都会出现问题，更甚的是猎食者与猎物的位置互调。强光伤害昆虫和鸟类，破坏了夜间活动昆虫的正常繁殖过程。强光伴随着高温，昆虫和鸟类可被强光的高温烧死。光污染还会破坏植物体内的生物钟节律，有碍其生长，导致其茎或叶变色，甚至枯死；对植物花芽的形成造成影响，并会影响植物休眠和冬芽的形成。

2. 妨碍天文观测

随着近些年城市化的发展，商家为了迎合顾客对于商业广告形式、美观度等诸多因素的需求，商业街广告的形式由最初的投光式广告、灯箱式广告、霓虹灯式广告三分天下局面逐渐向LED广告灯/屏全面占领商业市场发展，但由于LED广告灯/屏自身的亮度、照明方式的限制，LED若想实现江湖一统却是难上加难。虽然LED广告灯/屏以其自然、绿色、环保作为宣传的噱头，但不可否认的是从它出现起，北京市的亮度就有增无减，成功打造了个闻名天下、国际性的不夜城。从商业街抬头看天上的星星是几乎看不见的，每每等到雨过天晴之后，抬头定足观望，或

许还能发现几颗。据统计，在中小城市的市内，光污染已很严重，夜晚可看到的星光度接近3米、约50颗；在大城市的市内，光污染特别严重，只可能看到2米的星光，总共只有20~30颗。为此，国内外不少天文台只好被迫迁址，同时也使许多天文望远镜被迫贬值，提高了天文望远镜更新换代的速度。

三、我们的建议

（一）尽快启动立法程序

我国环境保护法律、法规中有关光污染防治的规定不仅在实体内容上缺乏，其程序上更是一片空白。应该尽快改变这一现状。

（二）加强监管治理体系的建设

(1) 建立健全LED广告灯/屏超标惩戒机制，加强城市LED广告灯/屏灯光管理，改善环境照明，消除或减弱眩光和强辐射的影响。

(2) 城建及工商部门在审批灯箱广告时，要考虑到居民休息问题，尽可能让LED广告灯/屏远离居民区。

(3) 加强政府公信力建设，全面打造"有反映就有治理"的舆论环境，从而促使百姓积极反映光污染问题、监督政府治理。

(4) 加强用光监管，建立光污染监测平台，制定防治光污染的技术性的法律规范。

(5) 整治户外不合格的LED广告灯/屏，加强其规划控制管理，禁止使用大功率强光源，控制使用大功率民用激光装置，限制使用反射系数较大的材料[2-3]。

（三）规范LED广告灯/屏的设计和施工管理

(1) LED广告灯/屏的设计要合理。在LED广告灯/屏的灯光设计上，为迎合商家招徕客户、吸引路人眼球以求利润最大化的心理，个别设计师和使用者一味追求炫、彩、靓的灯光效果大量使用动态光，对光的使用不加控制，对周边居民形成彩光污染。此外，简单地采用行业的所谓点、线、面理论，在建筑上堆砌点阵和线条灯，以至于造成LED点光源和线条灯的泛滥。因而，LED广告灯/屏的灯光控制应该准许行业准则，动态光、光源的面积以及线条灯的使用都应该符合行业标准规范。LED广告灯/屏光应尽量使用密闭式的固定光源，使光线不会被散射。

(2) LED广告灯/屏的施工要科学。我国目前从事施工的人员当中专业技术人员很少，许多不科学的施工是造成LED广告灯/屏光污染的原因之一。据了解，天津市颁布了《城市夜景照明技术规范》，这是我国第一个有关夜景照明的技术规范。北京市在夜景建设中曾有一个"城市夜景照明工程评比标准"，但衡量光污染的方面只有简单的项目，因而，应加强城市夜景建设的科学性化和规范化。

（3）LED广告灯/屏照明应"适时、适地、适度"。"适时"即合理设置LED广告灯/屏的照明时间，例如凌晨两点后必须关灯，在节假日适当放宽限制等。"适地"即LED广告灯/屏应该设立在远离居民区的商业区，以不干扰居民的正常休息为标准。"适度"即LED广告灯/屏的亮度应该符合国家标准。此外，广告光照面积不可超过商业区的范围。还有包括技术上的智能化，诸如通过技术手段，根据时间段、天气状况自动调节广告牌的亮度和辐射面积等。

参考文献

[1] 吴东辉.LED室外照明与光污染［J］.2015年中国照明论坛文集，2015.
[2] 王曦歆.城市光污染现状及对策研究——以南昌市红谷滩新区为例［J］。中国市场，2012（26）.
[3] 何秉云.光污染的产生、影响和治理［J］.照明工程学报，2013（20）.

河流污染的现实与理念原因分析

——以北京市昆玉河为例

杨春花　陈丽萍[*]

摘　要：通过调查发现，河流污染有现实和理念两个层面的原因，现实层面的原因有：人为垃圾倾倒和生活污水排入，强降雨造成的河流季节性污染，缺少具有公众认知度的合理有效的举报渠道，政府及有关机构保护力度不够等；理念方面的原因有：民众、企业和有关部门工作人员环保意识薄弱，"先污染后治理"的经济理念的影响等。鉴于此，我们的建议是：因地制宜，建立灵活有效的城市污水治理模式及基础配套设施；运用经济手段，加快城市水污染防治的市场化进程；加强对民众的宣传及教育，提高公众的认知度；建立强有力的跨区域水环境保护监督机制，鼓励公众参与监督；制定相应的法律、法规，确保有法可依，有法必依，执法必严，违法必究等。

关键词：昆玉河　河流污染　现实原因　理念原因

与"十二五"相比，"十三五"在主要目标任务中取消了主要污染物排放总量减少目标，明确提出了对环境质量改善，特别是公众十分关心的大气污染治理的要求。这种变化体现了当前我国环保工作思路的转变，即要将改善环境质量这个核心贯穿到环保工作的各领域和全过程。为建设水清、天蓝的优美自然环境奉献一己之力，本次实践以"关注生态文明，聚焦绿色发展"为主题，对学校周边昆玉河的污染问题进行了深入的调查研究，并在此基础上制定了合理的解决方案。

一、昆玉河典型的污染事件与污染问题的调研分析

（一）近年来昆玉河典型的污染事件

1. 2011年7月初雨污未分流导致昆玉河受污染三千米

2011年7月初至8月末，多家媒体跟踪报道昆玉河受污染事件。报道称，7月初，有市民发现，海淀区昆玉河八里庄桥附近，河面出现成片死鱼、垃圾，有的水面还散发着臭味，污染水面蔓延至上游的车道沟桥，涉及水面长度近3千米。接到市民举报后，市水政大队联合排水集团，对该河段及其上游长春桥至八里庄桥沿岸

---

[*] 本课题指导教师杨春花（北京工商大学马克思主义学院）；课题组组长陈丽萍（理学院化学142班）；课题组组员：赵冬霓、甘汶（理学院化学142班），杨雪晨、张惟真（理学院生物技术142班），董泽原（理学院生物技术141班）。

的排水管网进行了深入调查，并对被污染的水域进行了治理。至8月底，昆玉河被污染河道已经恢复如初。

究其原因，市水政监察大队相关负责人称，主要是6月底7月初几场暴雨后，在强降水之下，没有彻底实现雨污分流的昆玉河，让部分污水"溜进了"河道。河面上的红色鱼虫，也正是在暴雨和高温下诞生的产物。同时，市水政监察大队联合市排水集团也对该河段及其上游长春桥至八里庄桥沿岸的排水管网进行了调查。排查了四次，直到第五次，终于"揪"出慈寿寺桥附近的一家建筑单位，将生活区的污水通过一条直径15厘米的水管排入市政雨水管线，造成了污水入河（图1、图2）。

图1　昆玉河航天桥西河段漂满红色鱼虫　　图2　昆玉河八里桥段市民倾倒的生活垃圾

2.2013年3月24日昆玉河现百米油污带，居民称每年都有

据《新京报》2013年03月24日讯，事发地位于海淀区麦钟桥下西侧的昆玉河，23日中午，河面上大部分油污已被围挡圈起来。围挡内，可明显看到漂着一层发亮的油污，并伴有一股石油气味。围挡外，仍有部分油污随河水流去，延长百余米。河边一位环卫工人称，油污出现时间主要集中在22日。23日下午，河湖管理处的保洁队赶到，用围挡把油污圈起来，"围挡后还有很多油从缝隙里跑出来了。"附近居民孙先生称，不知道油污从哪里来，"每年都会有，前几年比较多，现在慢慢少了。"可以看到围挡内的油污下方，有一条暗河伸向昆玉河，但无法找到该暗河的源头。

23日下午2时30分许，围挡附近再次出现大面积油污，并随河水流动不断扩大，最大面积处达河道的三分之一宽，引起周围居民围观。围挡内的暗河处，油污呈冲积扇状，少量油污仍继续从暗河慢慢流向昆玉河。围挡内的油污越积越多后，开始从旁边缝隙钻出，漂至河面。一位围观的居民称，经常会看到有人在附近洗车，"不知道那条暗河是不是连着下水道。"但在周边并没有找到洗车的个人或企业。

在麦钟桥附近，竖着一块提示牌，上面印有城市河湖管理处第二管理所的举报电话。油污"爆发"时，记者多次拨打该电话，均无人接听。

北京市城市河湖管理处工作人员称，已了解到此问题，将由相关工作人员前往现场调查。

（二）昆玉河污染问题的调研分析

本次调查问卷主要采取网上调查和实地发放问卷两种形式，总共发出293份，收回293份，回收率达100%；有效问卷293份，有效率达100%。本次问卷涵盖面比较广，包括了不同性别，各个年龄段以及各种学历的群体。

1. 昆玉河2011—2016年水质变化分析

由2011—2016年7月昆玉河水质变化趋势折线图可以看出，2012年整体水质最差，其中3月份、8月份水质最差，为第Ⅴ类用水；之后2013—2016年6月水质整体有所好转（图3）。从"在过去的5年中，您认为昆玉河的污染状况有得到改善吗？"调查结果看，有10.92%的人认为明显改善，已经没有污染；有49.49%的人认为有明显改善，但仍存在污染；有35.15%的人认为无明显改善；极少数人认为污染越来越严重。大多数的受访者都认为在过去的5年中，昆玉河的污染状况有明显改善，这与环保局给出的数据相吻合。可见在过去的五年中，昆玉河河流污染的确有着明显改善。

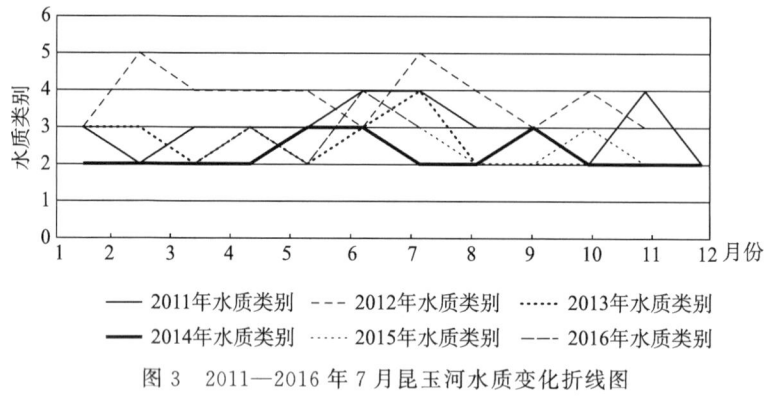

图3 2011—2016年7月昆玉河水质变化折线图

2. 昆玉河周边居民对昆玉河河流污染的关注度分析

由北京环保局给出的数据可知，2016年6—7月的水质状况分别为第Ⅳ类和第Ⅲ类用水，属于中、轻度污染。由图4可见，在第4题中，有34.81%的人认为昆玉河目前整体水质为轻度污染；有31.4%的人认为昆玉河目前整体水质为中度污染；有23.89%的人不了解；有5.12%的人认为昆玉河目前整体水质为重度污染；有4.78%的人认为没有污染。所以占受访者共66.21%的人对昆玉河的近况有着准确的了解，但是还是有33.79%的人对昆玉河近况不是很了解（图4）。

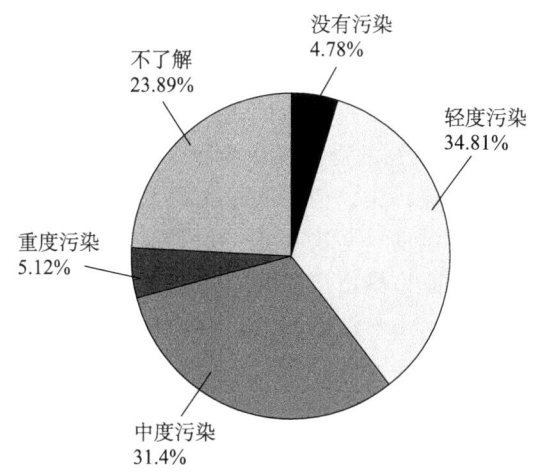

图4 "您觉得目前昆玉河整体的水质如何？"的调查结果

二、昆玉河污染的直接原因分析

根据分析，导致昆玉河污染的直接原因主要有以下几种情况。

（一）昆玉河沿岸居民生活对河流的污染

在走访调查中，从一些昆玉河附近老住户那里得知，在昆玉河还没有污染的时候，附近的居民就存在将生活废水和生活垃圾倒入昆玉河的现象。同时在问卷调查中也发现，分别有53.92%、52.56%的受访者选择了身边存在"附近居民将生活垃圾倾倒在河边"和"沿岸单位或居民将生活污水排放到河里"的现象，只有13.31.%的受访者选择了身边不存在污染河流的行为及现象；分别有66.55%和66.89%的受访者认为"游客随意丢弃垃圾"和"生活污水未经处理直接排放到河里"是造成昆玉河河流污染的直接原因。可以看出目前生活中仍存在大量垃圾污染河流案例。除此之外，还有31.74%的受访者认为市民"野泳"行为会造成河流污染。但实际上，"野泳"行为虽然确实会对河流造成一定影响，但可以被河流的自净力所清洁。所以，昆玉河沿岸居民对昆玉河河流的影响主要还是在于人为地将生活垃圾和生活污水倾倒和排入河里，这也是造成昆玉河河流污染的直接原因之一。

（二）昆玉河沿岸旅游业的发展对河流的影响分析

在问卷调查中发现，有68.26%的受访者认为身边存在"游客随意将垃圾丢弃在河边或河里"的现象。虽然个别游客往昆玉河丢弃饮料瓶等垃圾的不文明行为，对河流污染微乎其微，但昆玉河水系涵盖了北京海淀区的主要河流，其中又以风景观赏河道为主流。特别是由于北京大小河流共81条，其中可通航的唯有昆玉河，这为昆玉河带来了"京城水美乃昆玉，水之灵秀数昆玉"的美誉的同时也为昆玉河带来了远超于其他河道的游客量。想想每到节假日北京人山人海的壮观景象，便知即使是每个人都只往昆玉河里丢弃一个饮料瓶，日积月累这对昆玉河造成的污染也是不容忽视的。同时这也解释了为什么会有远超半数的受访者认为"游客随意丢弃垃圾"是造成昆玉河河流污染的主要直接原因之一。然而这个因素却在河流污染治理中常常被忽视。此外，有41.3％的受访者认为昆玉河旅游业中的水上大型游艇和快艇的项目会造成昆玉河的河流污染。但水利景区的水上项目建设上要有预防污染原则，严格执行环境影响评价制度，坚决禁止一切可能对水体造成污染的项目，确保水文生态平衡[1]。而且据北京市城市河湖管理处解释，昆玉河以前确实曾发现油污，但并不是观光游船漏油所致。虽然游船发动机舱内掺有带油的积水，有时会被雨水冲入河道中。但水政巡逻人员会及时发现，并督促游船企业工作人员清理油污，而且近几年连这种情况也很少见了。因此，在旅游项目中污染主要因素实际上仍是人为的垃圾遗弃，在本次问卷调查中也体现出公众对于水上项目建设的认知空白和信息滞后。

（三）强降雨造成的昆玉河季节性污染分析

在对"昆玉河沿岸居民对昆玉河河流污染的影响分析"中发现，目前仍存在昆玉河沿岸居民将生活垃圾倾倒在河边的现象，而据了解昆玉河目前还未彻底实现雨、污水分流，在发生强降雨时，这些垃圾就极有可能被雨水冲入昆玉河中造成昆玉河的污染。2011年7月初发生昆玉河污染事件就是一个很好的佐证。此外，有37.54％受访者认为"汛期地表径流流入河中"是造成昆玉河污染的直接原因之一，而事实上也确实如此。汛期地表径流会增大河流汇水面积，加重水土流失，土壤中农药、化肥、有机腐殖质及干旱时期不入河的污染物入河；此外，河床中积存的底泥也会被湍流冲起。只要存在污染产生源，并伴随强降雨，就有可能发生河流污染，产生河流汛期污染效应[2]。可见河流汛期地表径流流入河中也是造成昆玉河河流污染的直接原因之一。

（四）有关部门对河流污染的影响分析

调查显示，34.47％的群众不清楚有关河流污染的正确举报渠道，故而造成了大众对其的认知空白。这一方面是政府宣传力度不够，另一方面是缺乏合理且普及的举报渠道。此外，从2013年3月24日发生昆玉河油污污染事件中，也可以发现现实中多存在着官方举报电话无人接听等情况。15.02％的受访者认为了举报了也不会改善，所以选择了置之不理。在问及造成昆玉河河流污染的根本原因时，有71.33％的受访者认为是"政府及相关部门保护力度不够"，可见水务局、环保局等有关部门在举报渠道以及污染治理力度和处理情况等方面所做的努力还远远不够，导致政府公信力的缺失，所以，才会有24.91％的群众在看到有严重导致河流污染的行为时，更偏向于发布到网络，从而引起公众、有关部门的重视（图5）。由此可见，缺少具有公众认知度的合理有效的举报渠道以及政府对昆玉河的保护力度不足，不仅无法在突发严重河流污染时及时进行治理,将污染造成的影响达到最低,同时还将大大降低市民参与举报和治理河流的积极性,并放纵少数不法单位及个人将生活污水偷偷排入昆玉河中造成河流污染。所以,缺少具有公众认知度的合理有效的举报渠道和政府对昆玉河的保护力度不足也是造成昆玉河流污染的直接现实原因之一。

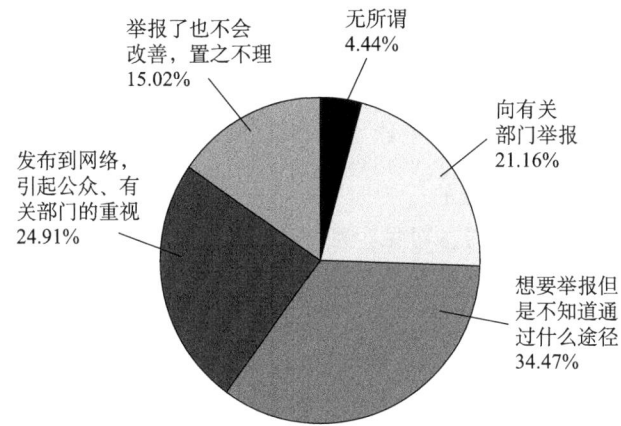

图5 "若看到有严重导致河流污染的行为,您会怎么做?"的调查结果

三、昆玉河河流污染的理念原因分析

（一）民众环保观念对昆玉河河流污染的影响分析

近几年来,环境问题成了社会的焦点,但大多数民众虽然关心环境问题,有着保护环境的意愿,却没有将对环境的诉求转化为积极自觉的环境友好行为,转化为对环境的负责任的态度。他们一方面在抱怨着环境的脏、乱、差,另一方面随意丢弃垃圾等污染河流的行为却时有发生。而且在看见有严重污染河流的行为时,部分群众秉持的态度是"无所谓"（4.44%）或"举报了也不会改善,置之不理"（15.02%）,仅有21.26%的人选择了向有关部门举报,可见,虽然公众环保意识有了整体的提升,但是环保的观念并没有真正深入人心。大部分群众还是会抱着侥幸的心理,觉得自己随手丢弃一个饮料瓶、一个包装袋,对环境来说无关痛痒,所以,在没有垃圾桶并且不会被发现的情况下,一般会选择将手边的垃圾随意丢弃。可是北京市人口密度之密集,加之昆玉河沿岸蓬勃发展的旅游业带来的日益剧增的客流量,哪怕是个人这样小小的举动也会对昆玉河造成无法忽略的影响。

（二）相关企业管理人员环保意识对昆玉河河流污染的影响分析

单位、企业毕竟是私人利益的代表者,他们通过利用市场资源配置的功能,实现自身效益、福利最大化。所以,当面临经济利益和环境利益抉择时,单位、企业在社会责任意识单薄、环境制度不健全、绿色成本投入过大、短期收益较大的情况下行为策略就会倾向于经济利益，从而损害公共大众的环境利益[3]。这也解释了为什么昆玉河沿岸的单位、企业会私自将污水通过市政雨水管道排入昆玉河中。另外，只有21.16％的受访者，接受过工作单位或社区的环保普及教育，可见由于相关企业管理人员环境保护意识薄弱、社会责任意识单薄，导致即使企业主或管理者了解相关的环境保护法律制度，也没有对员工进行普及宣传、培训和监督，更没有将制度执行落实到具体的执行人和岗位上，企业内部的环境保护的相关管理制度可谓形同虚设[4]。

（三）环保部门工作人员环保意识对昆玉河河流污染的影响分析

看到有严重导致河流污染的行为时，有15.02％的受访者选择了置之不理，因为他们觉得举报了也不会改善。可见生活中政府官员不作为的现象时有发生。究其原因，不作为是少数政府官员的行动策略，他们认为无论政策走向如何都与一些个人利益不相关，即公共利益的得失与个人自身利益的获取不相关，维护个人的物质私利是他们行动的唯一动力[3]，所以在治理河流污染的过程中他们为了不承担额外的责任和损失，选择了对一些导致河流污染的行为视而不见，对群众的呼声听而不闻。其结果就是大大减弱了群众参与环境保护的积极性，也损害了政府的公信度。可见，环保部门工作人员环保意识对昆玉河河流污染的治理有着举足轻重的作用。毕竟个人的能力和影响力都有限，有关部门应该充分发挥领头羊的作用，加大对河流的保护力度，带动全民参与环境保护。

（四）地方"先污染，后治理"经济理念对河流污染的影响分析

在我国，党和政府多次强调中国绝不能走"先污染、后治理"的道路，但是在一些地方和一些企业，置国家环境政策、法规于不顾，大肆破坏、污染环境。在理论界，甚至有学者以发达国家曾经历"先污染后治理"才解决环境问题为由，欲将"先污染后治理"归纳为社会经济发展中带有普遍性的规律，称其为中国现代化过程中不可逾越的阶段。乃至当今"先污染、后治理"之风仍旧存在，可见企业排污有其历史之源。而且从问卷调查中也发现，有54.27％的人认为河流污染是由于我们的经济观念影响。可见"先污染、后治理"的经济观念，对河流污染甚至环境污染有着深刻而持久的破坏及影响。个别企业或个人固然存在私自将生活污水、垃圾排入河流的现象，但是，如果不是普遍的"重经济，轻污染"的观念的影响，我国的环境也不至于在过去的几十年中恶化的如此之快。以至于现如今，我国主要污染物的排放总量已远远超过环境的自净能力，而且环境突发事件高发期已经悄然来临，长期污染对人民健康造成的损害已从隐性变为显性，污染的反作用正以前所未有的速度蚕食改革开放的成果。可见，环境保护已经迫在眉睫，如果群众和政府部门还不能意识到环境保护的重要性，我国将付出的可能不仅仅是经济上的超额支付，而且还可能因国情和时代的差异，连看到污染排放峰值的到来的机会都没有[5]。

四、建议

根据以上调查结果并经过多番讨论,熟悉相关法律法规,关注了时事新闻,了解了民意民心,我们提出如下建议:

(一)因地制宜,建立灵活有效的城市污水治理模式及基础配套设施

在问及哪些是改善昆玉河污染有效且可行的措施时,有63.14%的人选择了"加强城市规划,统筹城市污水治理基础配套设施建议",并且有59.73%的人选择了"建立因地制宜,灵活有效的城市污水治理模式",可见绝大多数受访者都认为"因地制宜,建立灵活有效的城市污水治理模式及基础配套设施"是改善昆玉河污染有效且可行的措施(图6)。毕竟城市污水治理模式及基础配套设施是属于河流治理中的硬件,只有硬件跟上了,才能从根本上提升政府部门的监督、执法能力。除了建立更多的污水处理厂,提高污水处理厂的处理能力,彻底实现雨污分流,杜绝地表径流对河流的污染。还要引入相应的感知感测、网格化城市管理等移动、物联网先进技术,提升第一时间的自我发现能力。

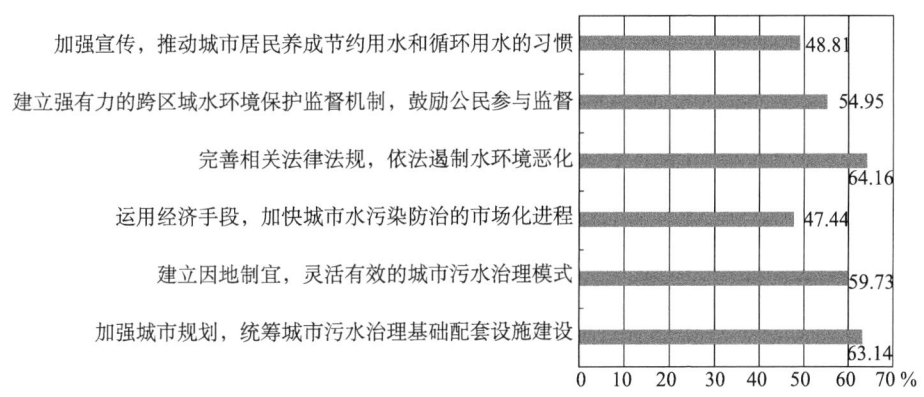

图6 "您认为以下哪些是改善昆玉河污染有效且可行的措施?"的调查结果

(二)运用经济手段,加快城市水污染防治的市场化进程

在分析昆玉河河流污染的直接原因时,发现生活污水的排入是导致河流污染的主要原因之一。然而城市河流的污染防治耗资巨大。如果把水污染治理工程仅仅看作市政工程,由政府承担全部费用,显然是力不从心的。城市河流的污染治理也常常因为资金来源不足而裹足不前。有47.44%的人认为"运用经济手段,加快城市水污染防治的市场化进程"是改善昆玉河污染有效且可行的措施。所以,引入市场机制,实现水污染防治产业化不仅是治理河流污染的必然的趋势还是符合群众期盼和社会意愿的治理措施。在引入市场机制时,我国可以借鉴国外城市河流污染治理

的经验，加强产业化管理，实行谁排污谁付费，同时发展沿河旅游业和娱乐业，通过多渠道筹措资金。而且引入市场机制筹措资金的同时，将环境与群众自身利益挂钩，势必会引以社会的关注，有关企业和物业也将对排污更加重视和谨慎，可谓是一箭双雕[6]。

（三）加强对民众的宣传及教育，提高公众的认知度

从调查数据可以得知，有 36.52% 的群众通过微博微信获得河流信息的，同时还有 40.96% 的人从新闻媒体报道的途径获得河流信息的，其中通过微博、微信获得河流信息的人群中 26 岁以下的人居多。从问卷反馈中，我们可以看出在选择获得河流保护信息的渠道这个问题时，选择微信、微博等自媒体的宣传，学校的普及教育，政府部门的宣传，媒体公益广告的宣传的人数分别是占总受访者的 55.29%、45.39%、45.39%、61.09%，而选择工作单位或社区的普及教育的只有 21.16%。从这两个方面我们可以看出对于年轻人而言，微博、微信和新闻媒体是他们获得河流各方面信息的主要通道，而对于年龄较大的受访者，新闻媒体是主要的获取信息渠道。而且从调查反馈中可以知道，媒体的公益广告是最有宣传效果的，绝大部人都通过公益广告得知了保护河流的重要性。所以在河流保护的宣传方面有关部门可以利用微博、微信等平台，以及电视公益广告等方式对百姓进行科普宣传。同时，应该注重对昆玉河周边企业和社区的环境保

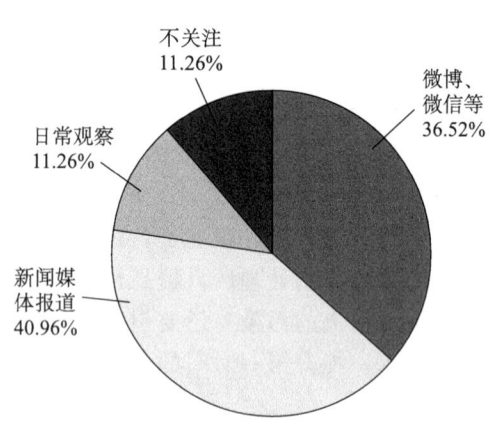

图 7 "您是通过哪些途径获得河流信息？"的调查结果

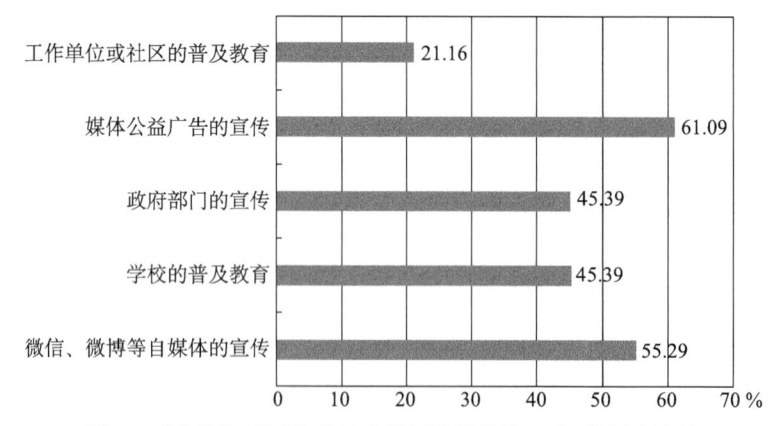

图 8 "您曾通过哪些途径获得河流保护信息？"的调查结果

护教育和培训。毕竟只有公众的环保意识普遍提高了,才能够从根本上预防河流污染,污染后的防治也只是亡羊补牢而已。

(四)建立强有力的跨区域水环境保护监督机制,鼓励公民参与监督

我国是人民当家做主的国家,只有公众真正地参与到河流保护中,感受到主人翁精神的时候,他们才会积极地参与其中,并且不断地提高自己的环保意识。毕竟水是生命之源,河流保护关系到每一个人,而不仅仅是政府的责任。从调查的数据,发现造成河流污染的最主要的原因还是在于人民群众环保意识的薄弱,才会导致存在各种污染河流的行为。政府固然有保护不力的责任,然而真正的污染源绝大部分是群众自己,也有占71.33%的人认为是"政府及相关部门的保护力度不够"。所以,有关部门在加强对公众宣传教育的基础上,政府应该设立微信、微博、邮件、电话等举报方式,并进一步公开昆玉河河流信息,对群众举报的受理情况及污染治理进度,建立起公众参与的监督机制,让公众有更多的知情权和参与权,从而愿意以主人翁的心态去积极、主动地参与到河流保护中。

(五)制定相应的法律法规,确保依法治理

任何规定没有法律做强有力的后盾,在利益面前都有可能成为摆设。然而如果有法不依,法律也只是形同虚设。所以有关部门在制定相应的法律、法规时,一方面,应该针对企业、单位以及个人,以法律条文形式,明确各种违规行为的司法监禁或经济制裁等处罚规定,同时将企业内部制定环境保护的相关管理制度以及对员工的普及宣传、培训和监督定为硬性要求,对违法行为采用公开、通告、处罚、与信用挂钩等措施,从而形成"人人监督、自动监督、违法必究"的强大震慑力[4]。另一方面,应该针对有关执法人员,制定出严格的评价审核制度,确保"有法必依,执法必严",从根本上杜绝官员无作为、不作为的现象,将有关法规、政策落实到底,提高政府在群众心中的公信度。

参考文献

[1] 力莎.吴江.张光生.水利景区水上项目的建设与管理[N].中国旅游报,2012-05-14(7).
[2] 陈炎.焦飞,赵颖,等.河流汛期污染与源解析[J].环境污染与防治,2002(6):370-372.
[3] 王瑜.利益分析视阈下内蒙古生态市建设研究[D].天津:南开大学,2014.
[4] 李楠.万泉河污染追踪调查与分析[J].有色金属文摘,2016(1):200-202.
[5] 贾峰.中国没有"先污染后治理"的"资本"[J].绿色视野,2006(11).
[6] 汤建中.城市河流污染治理的国际经验[J].世界地理研究,1998(2):114-119.

居民小区绿化情况及现状的调研

徐秀春　政时雨[*]

摘要：随着我国经济社会的发展，城市小区广为人们所接受，住宅也逐步走向商业化。人们环保意识的日益增强和对生活环境要求的不断提高，在选择住房的过程中，人们开始强调景观环境方面的条件，小区的绿化程度成为了人们在选购住所时关注的重点。本次调查是为了了解居民小区绿化程度及现状，对国家相关规定实施情况，以及对居民小区绿化提出改进的建议。希望能够通过此次调查让居民更好地了解小区绿化，并为改善社区绿化条件、提高小区绿化的管理水平提供现实依据和理论支撑。

关键词：社区绿化现状　绿地面积　绿化机制

随着城市建设水平的提高，城市小区绿化施工已经成为建设中的重点项目。绿化环境是居住空间质量的重要标志，它不仅有着净化空气、丰富景观的作用，同时也是居民的交往空间和活动场所。绿化率较高的小区，因绿地面积较多，生活的体验度也就更好。虽然国家对于居民小区的绿化率有相关规定，但是由于城市小区绿化管理对小区实际的操作原理，施工现场等方面的原因，导致了我国城市小区绿化达不到要求，并且存在许多不足之处需要改进。

本次调查主要采取的是网上调查与调查问卷发放两种方式。调研小组成员分别在北京市石景山区御景山小区、山西省大同市天梭家园小区、山西省大同市桐城西苑小区、山东省蓬莱市海景苑小区为调查点展开问卷调查。共发出调查问卷282份，收回282份，回收率达100%，有效问卷282份，有效率约为100%。男女比例平均，各年龄段均有分布，更多集中在19岁至29岁。问卷共向当地社区居民提出了15个问题。本次主要调查居民小区绿化的基础信息，居民对小区绿化了解情况及满意程度以及对小区绿化的改进意见。目的在于了解小区绿化的基本情况、小区居民对于绿化的态度和重视程度，并提出改进意见。

一、居民小区绿化的情况及现状

按国家有关规定，对小区绿化环境有四点要求：一是小区要封闭管理。保证小区绿化环境是为所在小区居民服务的，增进居民的领域感，保证小区环境的安全与安静。二是要有足够的绿化面积。新区住宅建设的绿地率不应低于30%，旧区不低

---

[*] 本课题指导教师徐秀春（北京工商大学马克思主义学院），课题组组长政时雨（金工151班）；课题组组员：鲁雨阳、曲春晖、马芳、腾慧（金工151班），李幸阳（金融151班）。

于25%；同时绿地还要有充足的日照时间，满足居民区活动的要求，所以成片的绿地应满足不少于1/3的面积在标准的日照覆盖范围之外。三是绿地应接近居民住宅，以利观赏使用。四是绿地空间应包含一定数量的活动场地（如儿童游戏场），并布置座椅、铺装地石等设施，以满足居民休息、散步、运动、健身的需要[1-2]。

通过调查，我们发现：

（一）小区绿化设计较为科学

从"您的小区的绿地是否有充足的日照时间"调查结果看，94%受访者所在小区绿地得到充足照射时间，6%受访者认为没有得到充足照射。从"您所在小区绿化植被种植的是什么"的调查结果看，以乔、灌、草复层混交为基本形式的小区绿化在受访者中占58.1%，以开阔草坪为主的绿化占28%。从"您的小区草坪面积约占总绿化面积的"的调查结果看，10%以下的人认为占35%，10%至20%的人认为占29%，20%至30%的人认为占14%，30%以上的人认为占20%。可以看出，大多数小区绿地设计较为科学，能得到充足阳光照射以保障绿地进行良好的光合作用，绿化配置以植物群落为主，兼顾草坪，这种种植结构可创造最佳生态效益，既节省土地，又在环境生态效益上产生最佳效果。但草坪占比较小，社区应多考虑实用性方便居民生活，适当增加草坪占比。

（二）小区绿化接近居民住宅，便民利民

从"您的小区的绿地是否接近住宅"调查结果看，89%的受访者所在小区绿地接近住宅，从"您的小区的绿地是否包含一定数量的活动场地（如儿童游戏场），并布置坐椅、铺装地石等设施，以满足居民休息、散步、运动、健身的需要？"调查结果看，66%的人认为小区所在绿地包含了一定数量的活动场地，说明在小区建设中建设者在小区建设中比较充分地考虑到了绿地建设的位置，使其生长更加茂盛，并且靠近住房靠近人们的活动场所，可以带来清新的空气，并放出氧气，绿色植物可以通过光合作用吸收空气中的二氧化碳，在小区中有点缀的绿化植物，能使人的视觉放松，起到调节人的心理，消除疲劳，有利于居民健康的生活。

（三）小区居民对绿化较为关注和了解

从"您认为小区绿化的主要目的"的调查结果看，89%的人认为小区绿化可以净化小区环境，美化小区面貌，除此之外，还可以为生活在喧闹都市的人们提供接近自然的机会，增强家园温馨感。从"您对您所在的小区的绿化总体印象如何"的调查结果看，70%的人对小区的绿化印象为一般，26%的人印象很好，14%的人感觉很差或没有留意。从"您认为自己所在小区的绿化状况如何？"的调查结果看，62%的人认为不太理想，38%的人认为比较理想，可见大多数人对小区绿化的印象一般，并且认为自己所在小区的绿化程度不太理想。从"您觉得小区绿化重要吗？"

的调查结果中，89%的人都认为小区绿化很重要。从"您觉得本小区绿化与管理方面有哪些不足（多选）"调查结果看，30%的人选择了绿化覆盖率不足，39%的人选择绿化规划不好，44%的人选择绿化管理不当，19%的人认为绿化宣传工作不足，43%的人认为绿化观赏性不足。从"您在小区绿化建设中遇到过以下哪些问题（多选）"的调查结果看，63%的小区绿化杂草丛生，护养不力，36%的小区绿化中看不中用，放眼绿色树荫却难找。由此可见，小区绿化十分受居民的重视，并且目前仍然存在着很多亟待解决的问题。社区应多听取居民意见，注重绿化的实用性，对绿化植被多加管理，提升小区居民的幸福感，实现绿化效益。

（四）小区没有系统的绿化管理

从"您的小区是否是封闭管理"调查中，可知31.2%的受调查者所在小区为封闭式管理，68.8%不是封闭式管理。如今，一部分小区采取封闭式管理，提高小区物业管理水平和档次，避免过多外来人员的进入，这有利于对小区更系统化的管理，加强对小区环境的保护，建立更加完善的小区绿化管理机制。从"您的小区是否有完善的小区绿化管理机制"的调查结果看，有将近89%的受访者所在小区没有完善的小区绿化管理机制，可见社区对于绿化管理机制不够重视，应加强对小区封闭式建设的管理，尤其要注重对小区绿化管理机制的建立，提高小区的绿化率。

二、居民住宅区绿化存在的问题及分析

（一）很多小区不是封闭式管理

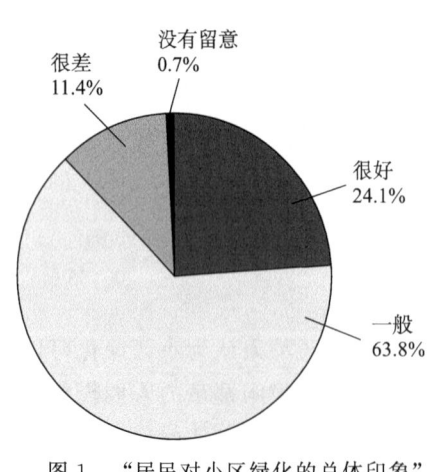

图1 "居民对小区绿化的总体印象"的调查结果

按国家有关规定，小区要封闭管理。保证小区绿化环境是为所在小区居民服务的，增进居民的领域感，保证小区环境的安全与安静[3]。

我们在调查时发现，有很大一部分居民所在的小区不是封闭式管理。根据"您的小区是否是封闭式管理"的调查，31.2%的受访者表示自己所居住的小区不是封闭式管理的。在实地发放问卷的调查中，小区非封闭管理的受访者里有75.2%的人在"您对您所在的小区的绿化总体印象如何"中选择了"一般"或"很差"（图1）。可见，如果小区不进行封闭管理，小区绿化就无法真正地为小区居民服务，就无法达到净化小区环境，美化小区面貌的目的（"您认为小区绿化的主要目的"中80.1%的受访者的选项）。所以小区实行封闭式

管理是实现更好绿化的第一步。

(二) 小区绿化率低及绿地配置不太合理

按国家规定，小区要有足够的绿化面积。新区住宅建设的绿地率不应低于30%，旧区不低于25%。在现代住宅小区设计中，一般要求绿化率达30%，高档住宅区甚至要达50%～60%。

从"您觉得本小区绿化与管理方面有哪些不足"的调查结果看（图2），24%的人认为小区的绿化管理不当，23%的人认为小区观赏性不足，21%的人认为绿化规划不当，16%的人认为小区绿化覆盖率不足，10%的人认为绿化宣传工作不足。从中，我们可以看出绿化与管理存在着各种各样的问题。其中，最为突出的是绿化管理不当。还有"您了解小区草坪面积约占绿化面积的多少"回答中（图3），79%的受访者都反映自己小区的草坪面积所占比率不到30%。我们在实地调查中发现，很多小区一眼望去根本找不到绿地，小区的绿化基本上属于形同虚设。

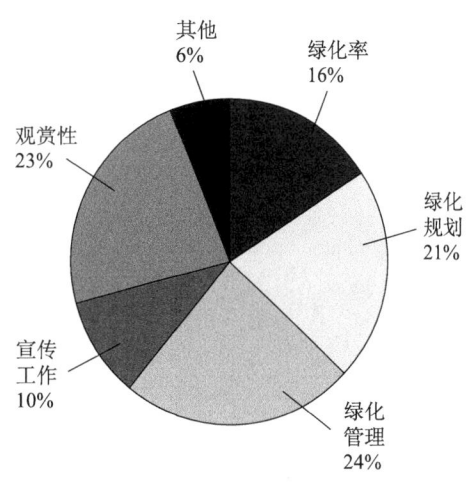

图2 "小区绿化管理方面的不足"调查结果

除了国家硬性规定的绿化标准外，绿化配置也是小区绿化中一个非常重要的问题。绿化配置以植物群落为主，兼顾草坪。现代化的住宅小区，植物群落是绿色空间环境的基础，植物景观是绿色的主体，因此，应以乔木、灌木、草本花卉、藤本植物来有机结合，根据它们的种类和习性的

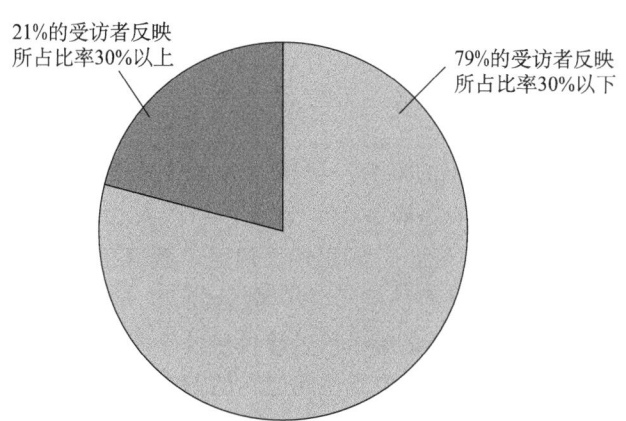

图3 "受访者对草坪面积占绿化面积多少"的调查结果

相似性组成层次丰富而不芜杂，适合该地自然环境条件的人工园林植物群落，以发挥最佳生态效益。关于这个方面，在"您所在小区绿化植被种植的是什么"的回答中，28.4%的受访者反映自己所住的小区的绿化植被主要以草坪为主。这说明很多小区的绿化配置存在问题，多种植物有机结合的种植结构可以创造最佳生态效益，既节省土地，又在环境生态效益上产生最佳效果。

（三）小区的绿化管理机制不完善

从"您的小区是否有完善的小区绿化管理机制？"的调查结果看（见图4），80%的人予以否定。从数据分析，我们可以看出，绿化管理不当，绿化管理机制不完善是小区绿化问题的主要原因之一。

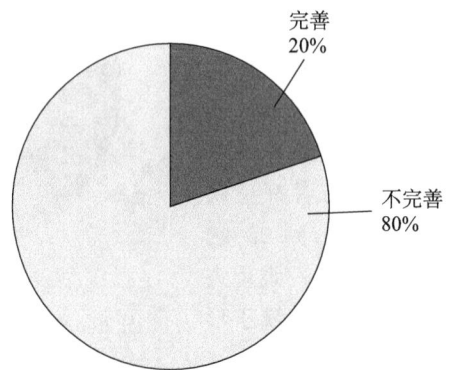

图4 "小区绿化管理机制是否完善"调查

针对绿化管理机制不完善这一问题，我们总结出两方面原因。一方面，根据调查走访显示，多个小区并没有制定明确的绿化管理规定，更没有明确的惩罚制度，小区居民违反规定的行为得不到及时有效的制止。另一方面，针对小区绿化不足，有关单位不能采取及时有效的措施，不能提出完善的小区绿化方案。

（四）绿化建设效率低

"小区草坪约占绿化总面积的多少"调查中，35.%的人选择10%以下，29%的人选择10%～20%，15%的人选择20%～30%，21%人选择30%以上。由于我们调查的小区都是新区住宅建设地，按国家相关规定，新区住宅建设的绿地率应不低于30%，由此可见，小区绿化面积低于30%的达到79.5%，绿化面积达标率仅为20.5%，绿化面积严重不足，这直接导致了绿化建设效率低。

从"您在小区绿化建设中遇到了哪些问题"的调查结果看（图5），54%的人认为小区绿化杂草丛生，护养不利，另有31%的人认为小区绿化中看不中用，放眼绿色树荫却难找。

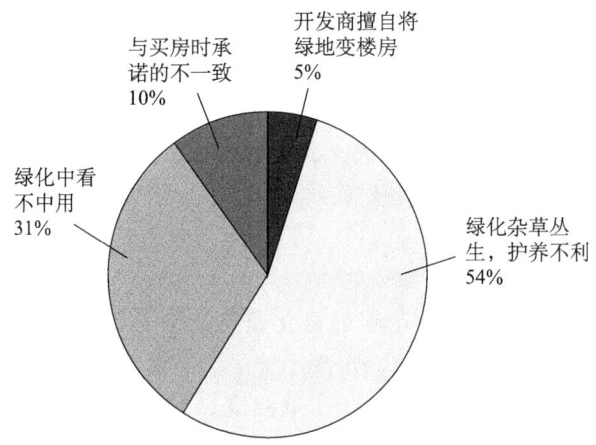

图5 "小区绿化建设中存在的问题"的调查结果

在调查中我们发现，大多数小区已做到种植花草树木来绿化小区，但由于缺乏甚至没有园艺工人，没有相应的人员进行长期护理，导致杂草丛生，大大降低了环境的美观度。这还导致蚊虫泛滥，特别是夏天，对居民生活休息产生不利的影响，使绿化建设效率大大降低。

另外，根据调查显示绿化中看不中用，放眼绿色树荫却难找也是绿化建设效率低的原因之一。由于种草施工方便，成本低，而树木的成活率低，不便管理，要几年才能形成树荫，小区开发商大多通过多种草坪来更快地造绿。小区的草本植物相对较多，高大的树木很少，使得遮阳通风的地方少，导致放眼绿色，树荫却难找。而且植被种类单一，小区内不能实现生态平衡。这样的绿化只是增加一定程度的观赏性，不能真正做到为居民提供舒适的生活环境，不能真正做到绿化环境，这也反映出绿化建设效率低的问题。

三、关于小区绿化的几点建议

调查结果显示，89%的人认为居民小区绿化很重要。然而，仅仅只有54%的人认为自己所居住的小区绿化状况较为理想。可见，居民小区的绿化还存在许多问题。小区是居住者的家园，对于忙碌了一天的人们来说，一个舒适、美丽的家园能缓解压力，心情愉悦，因此，小区绿化显得尤为重要，小区绿化的问题也亟待解决，绝不能忽视。我们从小区、绿化、居民三个方面给出了一些建议和改进方法。

（一）小区要进行封闭式管理

按国家有关规定，小区应该实行封闭式管理，但是在我们的调查中，68.8%的居民小区没有实行封闭式管理，这在一定程度上降低了居民的安全感和宜居体验。

增强小区的封闭式管理，对小区的治安状况将有极大的改善作用，同时也有助于小区的绿化管理，对于配有良好的花草、树木及健身器材的小区，封闭式管理尤为重要，控制外来人员的出入，可以降低被盗的隐患。大门处设立岗亭，安排安保人员监控车辆的进出，进出需刷业主卡，如此可控外来人员的进入，增强小区的安全性；机动车道两旁增设非机动车道（专供行人、自行车、摩托车、电动车出入），非机动车道两旁，用铁艺栏杆完全封闭，便于人员掌控。各楼层负一层与车库间加装铁门，安装门禁系统，加装摄像头。

（二）完善绿化管理机制

如前所述，很多小区虽然有足够的绿化覆盖，但是没有完善的绿化管理机制，导致居民对小区的绿化体验性很差，出现了让居民不满意的一系列问题。

要改变这种状况，就必须完善绿化管理制度。具体来讲，首先，小区物业要及时恢复被损毁的绿地，确保绿化总量不减少，绿化品质不降低；不随意将绿化变楼房或其他设施。其次，要加大奖惩力度，对于破坏绿化的行为，如在乔灌木上晾晒衣服，随意践踏草坪，往草坪上泼脏水，乱扔垃圾，应该按照破坏的程度进行罚款、公开警告；第三，要注重日常养护，改变小区内有绿化却不美观的情况，请专门的养护人员定期除草、杀虫、施肥，有专业的园艺师修剪乔木，适当整形，增强绿化的观赏性；绿化工每天清除残枝败叶，保持小区内的干净整洁；观赏性的花根据花期更换品种，使其处于最佳观赏状态。

（三）控制草坪面积的占比

草坪耗水量大，吸收热量、阻挡紫外线的作用微乎其微。根据调查，我们发现，草坪面积最为合理的比重应是百分之三十左右[4-5]。在小区绿化建设中，我们建议：用草坪将裸露的地皮覆盖，同时在草坪中种植一些花卉或者灌木类植物，提高绿化植物种类的丰富性。这样做，既可以避免绿化方式的单一性，又大大提升了小区居民美的体验。

（四）绿地规划要以人为本

小区内的绿地给人们提供了活动和相互进行交往的场所，因此，小区绿地是人们居住环境不可缺少的户外生存空间，是休闲、活动和人际交往的最佳去处。

通过调查，我们发现，老年人一般要求能容纳多人聚集活动的场地或较大面积的建筑休闲设施，场地要求平坦。青年人喜欢僻静少干扰的地方，但希望小区能够有进行体育运动的场地。少年儿童则喜欢在宽阔的场地或草坪上玩耍。因此，我们建议：

首先，小区绿化应坚持以人为本。小区宅旁绿地、植物的配置不能影响低层住户的采光、通风。配置的植物要发挥绿化在卫生防护方面的作用。绿地以开场式为主，居民可以自由地出入，不得妨碍交通。对居民小区各类绿地进行系统规划，合理布局，使其成为一个有机的整体。

其次，应当根据居民的需求对小区绿化进行合理的规划，适当增加绿化面积。具体来讲：第一，可以在公共绿地中设置凉亭及广场，使人们既能休闲纳凉，又能开展各种丰富多彩的活动；第二，可以在公共绿地道路旁以一定间隔设置休息座椅，满足人们休闲、社交的需求。第三，设置适当的健身器材，使人们停留于绿色，既健身又赏景。第四，设置专门的儿童玩耍区，增加有趣的雕塑及儿童健身设施。

（五）小区居民要自觉保护绿地

问卷调查结果显示，89%的人认为小区绿化可以净化小区环境，美化小区面貌，为生活在喧闹都市的人们提供接近自然的机会，增强家园温馨感。因此，营造一个美好的绿化环境对于小区居民来说尤为重要，我们认为，居民作为小区的主人，也应当在小区绿化中发挥作用。

首先，小区应多开展全民绿化活动，鼓励有能力的人积极参加。

其次，积极开展对小区居民的绿化教育，开展绿化环保宣传。

再次，居民应当增强主人翁意识，当看到有损于小区绿化保护的现象发生时，应主动上前制止，共同维护小区绿化。

小区是每一个居住者共同的家园，作为居民，我们应该从我做起，从身边的小事做起，保护好小区的绿化；管理者也应该制定合适的方案，采取措施，与业主们一起，做好小区的绿化，为业主们营造出舒适的生活环境，努力将小区绿化打造成为"居民的自然家园"。

参考文献

[1] 杜燕超. 居民公共绿地的植物配置与发展趋势 [J]. 国土绿化，2010（4）.
[2] 李慧春. 浅谈居住区环境绿化的现状及发展 [J]. 技术与市场园林工程，2006（1）.
[3] 陈昕钟，红张允. 居住区绿化的发展探索 [J]. 浙江林业科技，2001（2）.
[4] 申林. 北方居住区园林绿化问题探讨 [J]. 辽宁农业职业学院学报，2015（6）.
[5] 赵丽艳，王有宁. 居住区园林绿地的人性化设计 [J]. 研究安徽农业科学，2009（5）.

社区支持农业的绿色效益及发展前景调研

王鲁娜　赵　源*

摘要：社区支持农业（CSA）是生产者与消费者合作互补、城市与乡村相互支持的都市型生态农业模式，是维护食品安全、体现绿色发展理念的新型农业经营模式，具有利益共享、风险共担、地产地销、直接供给的特点。该农业经营模式，对生产者、消费者及生态环境本身均能够实现绿色效益，符合绿色发展理念，具有良好的发展前景。本课题组对北京市、山东省、江苏省、河南省、吉林省等省、市的社区支持农业展开调查，通过了解其发展现状，分析其发展的有利条件和制约因素，提出推广发展社区支持农业的对策与建议，以期为我国生态农业的发展提供可资借鉴的数据材料和理论支撑。

关键词：社区支持农业　绿色发展　有机农业

"社区支持农业是生产者与消费者合作互补、城市与乡村相互支持的典型都市生态农业模式，指在同一地理区域内具有相同意识和利益的社会群体通过崇尚耕地保护、承诺食品安全、实行社区配送等互动交易形式以达到交易双方利益共享、风险共担的合作形式"[1]。该农业发展模式实现了生产者与消费者的合作与互补、城市与乡村的相互支持，重建了农民与消费者之间的信任关系，是一种典型的都市型生态农业模式。近年来，食品安全问题的凸显，生产者与消费者之间信任关系的缺失，人们迫切需要一个稳定、安全、值得信任的农产品生产链及食品供应链。

社区支持农业最早起源于 20 世纪 70 年代的瑞士，而后在日本得到最初的发展。在全球生态环境问题日益严峻的大背景下，社区支持农业在欧美、澳洲及亚洲也逐渐兴起并得以发展。我国的社区支持型农业处于起步阶段，在北京市、四川省、广西壮族自治区等有了一定规模的发展，至 2015 年已有近 200 多户。由于社区支持农业的新型农业产销模式是由国外引进，中国城市的特殊性决定了社区支持农业发展必须进行本土化，如何探索出适合中国城市的社区支持农业的市场运行新秩序是问题解决的关键。基于此，本课题组重点对国内社区支持农业的绿色发展前景及其发展的可行性问题进行了相关调研和分析。

本次调查主要通过发放调查问卷和访谈的形式进行，调查问卷分为两部分，其中网络调查问卷 327 份，纸质问卷 150 份，共回收问卷 477 份，有效问卷 477 份，有效率达到 100%。调查地点包括北京市、山东省、江苏省、河南省、吉林省等省、

---

* 本课题指导教师王鲁娜（北京工商大学马克思主义学院），课题组组长赵源（食品143班）；课题组组员：江玮、齐凯旋、孙鼎锐（食品143班），富小轩（环境141班）。

市，其中有59.04%的被调查者为无收入人群或者大学生，16.87%的收入在2000元以下，7.22%的收入在2000元至5000元，10.84%的收入在5000元至12000元，极少数的收入在12000元至20000元。小组成员通过对问卷的分析，研究如何更好地让此种类型的农业发展新形式更快地融入到中国社会，并分析问卷结果找出各地区发展的有利条件及阻力等问题。

一、社区支持农业的绿色效益

社区支持农业以食品健康安全为首要发展目标，通过把城市社区消费者与农产品的来源直接建立联系，实现了利益共享、风险共担。社区内消费者提前支付预订款帮助农场抵御市场风险和自然灾害，农场则提供绿色环保的农产品以满足消费者的生态消费需求，城市居民、农场经营者和社区成了一个利益共同体，实现了人口、资源、环境与社会之间的有效衔接。社区支持农业对生产者、消费者和自然生态环境本身都具有突出的生态价值，实现了农业生产的绿色效益。

（一）社区支持农业对生产者的绿色效益体现

相较于传统的产销模式，社区支持农业更有利于农民增收及农业的发展。首先，合作双方共同推进生态环保的种植方式，主要依靠基本的人工操作来保障农产品的绿色有机，利用自然生态系统发展规律，种植应季蔬菜和瓜果、饲养家禽家畜，推进了生态农业发展。

其次，在社区支持农业模式中，由于农业生产关乎双方的利益，其生产经营模式又能够实现生产者与消费者的直接接触与沟通，有利于农户提前掌握市场信息，且在一定程度上能够根据消费者需求确定并调整当年的生产经营品种及规模，在一定程度上避免了因市场信息不对称而造成的滞销，有利于规避市场风险，实现风险共担。长期以来，小型农户被信息来源渠道狭窄和资金不足难以周转等问题所困扰，在错综复杂的市场变化中，常常难以跟上市场的需求而导致供求失衡。社区支持农业既可以通过生产者与消费者的直接沟通及时掌握市场信息，也可以依托网络媒体、社区平台等第三方进行信息的及时更新。通过生产者与消费者之间的及时沟通，农户生产避免了盲目性，同时有助于提高农民收入，提升农民从事农业生产的积极性。

再次，社区支持农业的主要营销方式是产地直销，既减少了包装、运输环节的资源浪费和物流成本，同时也实现了生产者和消费者的利益共享；最后，社区支持农业同时承载了社区居民的观光、旅游、娱乐、体验等多种消费需求，增强了农业生产的经济活力；同时社区成员之间以及社区居民与农场经营者之间实现了密切联系与沟通。

（二）社区支持农业对消费者的绿色效益实现

社区支持农业的发展过程中，消费者主动参与农产品的生产过程，并实现了食品生产的全过程监督，增强了消费者对绿色农产品的购买信心，也使消费者可以安心的食用绿色无公害的食品，极大地保护了消费者和生产者的权益，从而营造一个良好的市场氛围。调查发现六成的消费者有自己种地的想法，这充分说明消费者对绿色无公害食品的渴求程度。对"花略高价格消费绿色无污染食品消费者的态度"调查，结果表明（图1），尽管在多数城市并没有社区支持农业模式，仍有49.40%的消费者会在产品不是特别贵的时候选择这种产销模式。而又有33.73%的消费者会选择绿色安全的。同时，在社区支持农业的发展过程中，由于消费者要提前支持一定的费用，且愿意为绿色产品支付更高的价格，生产者在市场风险有所降低的情况下，愿意采取绿色环保的生产方式，降低化肥、农药的使用量，从而保证农产品的生态属性，实现食品生产的绿色效益和绿色价值。

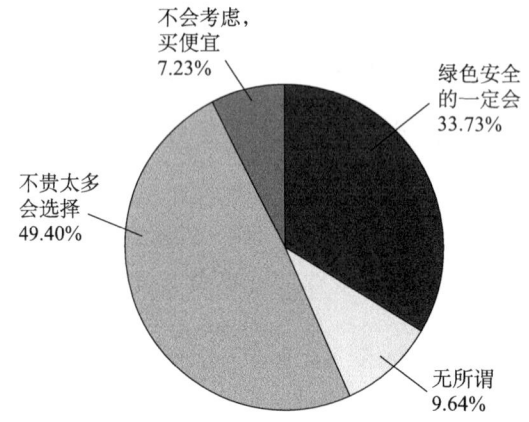

图1 "民众对消费绿色无污染食品的价格态度"的调查结果

（三）社区支持农业对生态环境的绿色效益实现

社区支持农业由于提倡绿色生产，所以会减少农药和化肥的使用，造福于后代，不会让土地板结的事情持续发生，它强调了经济的可持续发展与土地环境的循环利用，通过缩短销售链来减少中间环节的损失，为小农户持续性发展提供了可能。近些年来，人们提到的最多的莫过于环境问题，而农业生产造成的环境问题亦是其中一大部分。调查显示（图2）只有27.71%的人表示推广此种模式对环境保护没有影响，20.48%表示有很大影响，51.81%的人表示有一定影响，可通过对生产要素的合理分配、减少运输环节的生产消耗、缩减人力物力、减少包装等途径保护环境。所以，此举既可以改变产销关系，也能将传统的农业生产技术与现代化的销售技术联合起来，通过提高土地的利用率等方式改善环境问题。在关于哪个环节有利于保护环境的问题上（图3）44.58%人认为绿色有机种植的绿色效益最大，27.71%的人认为是简化包装，16.87%的人认为是简化运输方式，10.84%的人认为是网络消费模式减少了中间的消耗。可见,绿色种植还是十分受大众肯定的。并且在我们的调查数据中有47.7%的受访者认为社区支持农业最有利的一方是生态环境,30.5%的受访者认为是生产者,而21.7%的受访者认为是消费者。由此可以看出人们对于新型农业发展模式的有利方面最关注的还是生态环境方面。

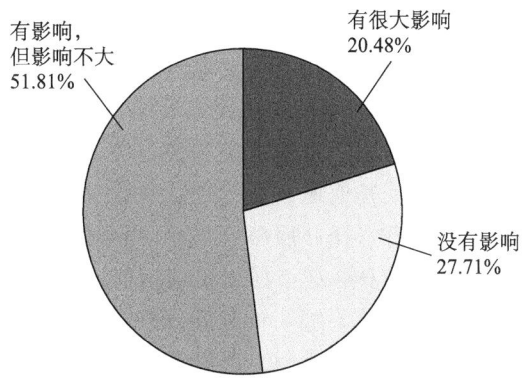

图2 "民众对社区支持农业生态影响的认知"的调查结果

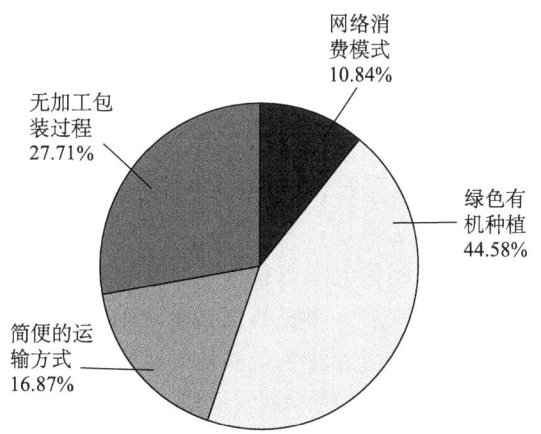

图3 "社区支持农业最利于环境保护的生产环节"的调查结果

二、我国社区支持农业的发展现状

长期以来,高度粗放型的农业生产方式使得中国农业面临着严峻的环境威胁[2],严重制约着中国农业现代化和城乡一体化发展。随着中国经济的发展,人们的物质需求日益增高,与此同时,人们对于生活质量的要求也日益提升,在与生活最密切相关的农产品方面,传统的生产消费方式已无法满足人们对快节奏生活的要求,同时农药与化肥的使用不仅引起了人们对食品安全问题的质疑,更对环境生态造成了持久性的破坏。社区支持农业的运营而有利用城市与农村相互支持的城市生态农业模式，生产者与消费者合作互补[3]，共同承担利益与风险，将农业资源与城市市场相结合，将城市居民、乡村农民、社区机构集为利益共同体，从而有效解决食品安全危机，缓解生态环境破坏，实现人口、资源、环境与地域社会之间的有效衔接。

课题组对北京市、山东省、吉林省、河南省以及江苏省的部分典型地区，进行了网络问卷和纸质问卷两种形式的调查。通过对比和分析，我们发现，由于这五个地区经济和农业发展状况不同、居民消费水平的差异、环境状况的不同以及交通状况的差别等因素，社区支持农业发展的现状也有所不同。

对于占调查总数近35%的北京地区，高速发展的社会经济使得郊区城市化进程不断加快，农业的生产、生态、生活功能逐渐得到开发，农业的生产结构进一步变化，从而社区支持农业的发展较其他地区更迅速。在北京市社区支持农业主要处于城市化地区及其延伸区域，紧密依托并服务于城市。随着北京市人口的集中，人口密度增大，人均占地面积减少，身居都市的居民被钢筋水泥所包围，面临环境污染、交通拥挤、生活紧张的压力，因此，过一种健康绿色的生活也成为居民的追求，这也成为北京社区支持农业发展的最大动力。通过与农民生产者和居民消费者进行直接对话，我们了解到，他们的生产消费主体是新鲜的水果和蔬菜，满足日常的饮食需求。在这种消费模式中，产品的运输便捷性问题以63.50%关注度成为北京居民最关心的问题，而北京拥挤的交通现状也成为此种消费模式最大的阻力。

我们还对其中一个处于运作阶段的农场的农场主做了访谈。在访谈中，农场主明确表示与社区的合作有正规的协定，并且保证绝对是绿色种植，她表示可以接受客户即消费者们的上门检验，每个周末都会开放自己的农场，接纳一些社区消费者来对他们的工作进行检查，同时她也说明每次的运输都是由专人进行运输，保证质量的同时也会满足消费者的配送要求——送货上门或送到社区专门的接收点，此举在便利程度上使消费者满意。相信大家都很关心价格问题，农场主表示，相比菜市场会贵一些，但是品质却高出许多，明智的消费者会有自己的选择。最后农场主表示，没有所谓的风险担保问题，所有的生产都是很稳定的。

对农场主的采访证明了这个新型的农业形式是有很大的潜力的。最重要的一点，这是一个环境友好型产业，集绿色生产、绿色运输包装、绿色消费于一身。这种农业形式既减少人力、物力，又降低生产包装以及运输的消耗，当今我国环境保护刻不容缓，社区支持农业发展模式正是在我国社会形势下符合发展潮流的一种新兴产业[4]，我们小组认为如果能够保持其运作形式并且不断加以改善，市场秩序便可更快、更好地融入我国社会。

在吉林省、河南省和江苏省三个省份中，社区支持农业发展较为同步，运输便捷性关心度分别占25.0%、33.3%和50.0%，产品安全性问题占66.7%、48.6%和24.7%。这三个典型地区从生产源头、运输与包装等方面减少了资源的浪费，有效地保护环境生态，虽然只是在少数城市具有小规模的成型，但是我认为具有极大的发展前景。

三、典型地区社区支持农业发展的有利条件及制约因素

（一）社区支持农业发展的有利条件

首先，就产品而言，社区支持农业大多经营的都是蔬菜、水果等农产品，其产品实现了生产过程的绿色有机生产和无农药种植，相比于超市内的产品，外观虽不如其光鲜亮丽，但都是现采现送，保持新鲜，口感极佳，从产品的生产源头最直接地减少了化肥、农药所带来的产品污染，顾客满意度高，能够提升消费者的绿色消费意愿。

其次，通过网络进行选购和结算，运输方式结合了生产者送货与消费者自行取货等方式，包装从简。在我们的调查问卷中也有体现，有57％的受访者在与传统农业产销模式相比较中，更青睐社区支持农业的精简包装，既节约了生产成本，又避免了资源浪费，有利于生态环境的维护，符合绿色发展理念。

第三，关于消费者方面我们调查了消费者人群关于此类农业发展模式对于绿色发展的益处，调查结果表明，有近半数的消费者人群认为此种绿色有机种植方式是环境保护的主要有利方式。传统农业发展模式对环境影响最主要的问题是包装的浪费以及中间多次转运所导致的运输污染，还会存在食品质量的下降等诸多问题，而社区支持农业这种新型的绿色发展农业生产模式有助于此类问题的解决。由于产销直营，所以包装会从简，而中间的运输污染问题也会大幅度减少，关于食品的质量，由于是当天采摘当天送出，所以新鲜度和水分可以有保证。

（二）社区支持农业发展的制约因素

首先是宣传力度不够。此次调查中我们发现有63.41％的人并不知道社区支持农业是什么，这归根结底是我们的宣传力度不够，只有让人们充分了解此类产销模式，才会更有利于其发展，以实现对农业发展新模式的推广，从而实现农业发展的绿色效益。

其次是缺乏规范化的市场秩序。由于社区支持农业在国内还是新生事物，处于刚刚起步阶段，与此相应的配套秩序、规则等都尚未建立。社区支持农业的发展，大多是民间小众力量在进行探索和实践，往往是以传统中国社会的熟人圈子作为发展的基础，在初步信任关系建立的基础上进行逐步的扩大规模经营。可以说，这种小众探索催生了新型农业经营模式发展的前进动力，代表着未来经济发展的新方向。但如果没有政府层面对于经营秩序的构建及规范，社区支持农业不可能得到大规模的推广和发展。缺乏规范化的市场秩序，会制约社区支持农业的进一步发展。

第三是缺乏统一的产销平台。目前的社区支持农业，大多通过农户或消费者自建的联络圈来实现。新媒体技术的发展，为社区支持农业搭建了基本的产销平台，但尚缺乏对产销平台进一步规范化和统一协调。社区支持农业的发展迫切需要地方

支持农户搭建网络平台，迫切需要统一的地域产销平台来对接农民与消费者。

（三）对典型地区社区支持农业发展前景的分析

山东省是全国农业第一大省，该省加快构建新型农业产销体系，社区支持农业也在其中。相对于其他地区，山东省最大的优势是政府的政策支持，在农村土地集体所有、家庭经营承包地位不变的现状下，农户可以自由发展各种销售经营模式，大规模的绿色种植模式保证了农产品的生产源头，为社区支持农业的发展提供了良好的基础。在收到的477份调查问卷中，消费者无一例外最关心农产品源头问题，对于产品的运输，双方达成很默契的共识。由于生产规模较大，生产者多为城市边缘及乡村，交通运输条件相对落后，双方一般采用定时定点的交易方式，消费者在完成订单后，由生产者集中运输到指定地点，再由消费者自行取货，有效地解决了交通所带来的困扰。相比于其他省份的社区支持农业，山东省最大限度地保护了生态环境，大规模的绿色有机种植极大减少了农药的使用，与此同时采用简包装形式，对环境生态起到了有效的保护。

四、社区支持农业推广发展的对策与建议

在这次调研活动中，参与的学生人数占59％，社会人员占41％，收入不均，这样有助于我们分析作为学生的新思维以及步入社会的成年人的不同想法对于这种新型产业形式的认知和认同，更好地帮助此种类型的农业形式更快融入当前中国社会。从问卷结果中我们可以发现有42.17％的人从电视获取农业方面知识，有38.55％的人通过网络，电视与网络占有如此高的比重，由此，我们可以通过电视与网络的资金投入来进行大力宣传。

随着时代的发展和社会进步，现代人对健康的要求也越来越高，是我们社区农业有利发展的一个要素，需要构建一个并不需要花很高价钱就能吃到健康食品的农业产业链。由于新起步和宣传力度不足导致大家都不知道这种农业形式，但是在我们的宣传下问卷的被采访人员还是可以理解到这种形式的好处，在我们的调查问卷中，"若以相同价格购买超市或社区支持农业您会选择何种方式？"的回答中，50.60％的人表示都可以尝试，39.70％表示会选择社区支持农业（图4）。由此可以看出，消费者人群对于是否尝试此种新型农业产品产销模式还是抱有试一试也无妨的心理的，而我们可以看到有极少数的部分选择不尝试，所以只有尝试了才会体会到农业发展新模式的好处，才会使消费者人群往社区支持农业产销模式这边靠拢，走出第一步才会有接下来的发展。

在我国社区支持农业仍处于起步阶段，要广泛发展需要政府的有力支持，主要在于以下几点：依托于城市经济和消费者的需求，在小农经济体制下无法自由发展，可以通过地方统一建立平台来构建消费者与农户间的交流平台。有机认证成本过高，影响了农产品的顺利销售和农户参与的积极性[5]，可以减少有机认证不必要程序来

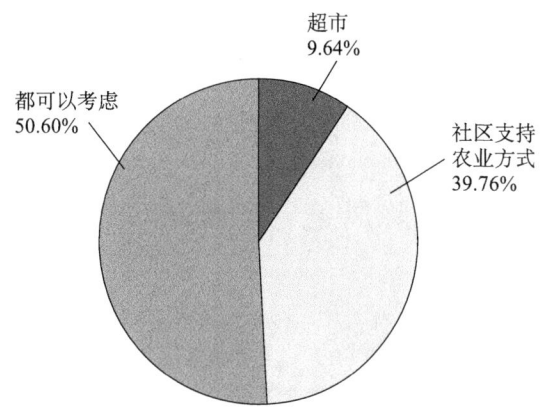

图4 "民众对社区支持农业与超市产品的购买选择意向对比"的调查结果

促进有机食品的发展。土地资源有限,生产规模局限,产品种类不足导致难以满足消费者需求的多样化,多通过农业知识的宣传达到土地利用率最大化。生产、销售、服务等运营体系不完善,无法充分发挥生产效益和环境保护的带动作用,通过出台一系列的法律法规来规范市场秩序。

我们相信,在政府的政策及资金支持下,社区支持农业的不断发展,会极大促进我国现代农业的发展,有力保护生态环境,有效缓解食品安全问题,进而推进城乡一体化发展,最大限度发挥经济效益、生态效益和社会效益的整体功能,促进社会的和谐与发展。

参考文献

[1] 石嫣,程存旺,雷鹏,等.生态型都市农业发展与城市中等收入群体兴起相关性分析——基于"小毛驴市民农园"社区支持农业(CSA)运作的参与式研究[J].贵州社会科学,2011(2):55-60.
[2] 黄巧云,田雪.生态文明建设背景下的农村环境问题及对策[J].华中农业大学学报(社会科学版),2014(2).
[3] 刘丽伟.我国发展社区支持农业的多功能价值及路径选择[J].学术交流,2012(9):100-103.
[4] 孙娟,李艳军.农业现代化的新方向:社区支持农业的发展及政策建议[J].农村经济,2015(8):84-88.
[5] 何飞,李怀英.我国社区支持农业(CSA)发展模式中的政府责任研究[J].农村经济,2013(10):51-54.

北京市生态旅游的现状、问题及对策

——以房山区为例

陈凤芝　孙跃跃[*]

摘　要：近年来，随着经济的不断发展，人民生活水平的不断提高，越来越多的人外出旅游，生活在城市中的人们越来越希望回归自然，生态旅游越来越受到人们的重视。北京市作为全国的首都，其生态旅游的发展状况在一定程度上反映了中国生态旅游的发展状况。为了更好地推进美丽北京建设，本文在调研的基础上对北京市生态旅游的现状和问题进行了分析，并提出了完善北京市生态旅游的对策——改善旅游路线、加大对生态旅游各个方面的宣传力度、加强景区各方面建设、加强立法并加大法律普及力度、加强景区管理、提升个人素养等。

关键词：生态旅游　现状　问题　对策

本次调查采取的是网上调查和在生态旅游地区现场发放调查问卷相结合的方式。200份调查问卷由小组成员在生态旅游地区现场发放回收，其余调查问卷由小组成员在朋友圈，QQ空间发送链接的方式让网友们填写。共发出调查问卷420份，收回420份，回收率达100%；有效问卷420份，有效率达100%。其中女性受访者占68.57%，男性受访者占31.43%。并且受访者多为年轻人，年龄在18～30岁的占89.05%，31～60岁的有7.62%，小于18岁的有2.38%，60岁以上的最少。有52.38%的受访者去过自然保护区，60.48%的受访者去过森林公园，81.91%的受访者去过风景名胜区，33.81%的受访者去过地质公园，33.33%的受访者去过世界自然遗产地区，48.57%的受访者去过国家公园。随着人们收入水平的提高以及对生活水平的追求，越来越多的人背上行囊，走出家门，拥抱大自然，人们对生态旅游的需求也日益增加。但与此同时，旅游中的一些问题也暴露出来，亟待解决。本次问卷主要调查北京市生态旅游现状、需要解决的问题及对策，目的在于帮助解决生态旅游过程中出现的问题，让人们在旅游过程中同时保护自然。

一、北京市生态旅游的现状

（一）生态旅游产品多样

北京市主要在郊区开发生态旅游资源，根据各个区域不同的地理、历史以及自

---

[*] 本课题指导老师陈凤芝（北京工商大学马克思主义学院），课题组组长孙跃跃（保险14班）；课题组组员刘欣童、韦思怡、王灵冉、田昊灵（保险14班）。

然风光的情况，因地制宜，突出每个区域的特色。将自然景观与人文景观相结合，最大限度地满足不同需求的游客。如房山区为"北京祖源、休闲胜地"，其区内的周口店北京猿人遗址最为出名，还被列入了世界自然与文化遗产清单中；大兴区为"绿海甜园"，走进大兴区像是走进了绿的海洋，林木和果园到处可见。并且在周边乡村结合当地情况建设"养生山吧"等生态旅游业。

（二）生态旅游试点活动丰富多彩

为了更好地发展生态旅游，北京市开展了一系列的试点活动。"旅游下乡"活动就是其中的特色之一。"旅游下乡"是指旅游休闲活动向乡村流动，跟进资本、科技、人才、信息要素、公共服务设施进入乡村发展，形成一系列政策和措施的集成。这一试点活动主要是针对部分资源丰富、生态良好的地区，以自然景色、当地风俗以及休闲养生为特色，强调保持自然景点和人文环境的原本面貌，培养游客喜爱大自然以及保护自然的环保意识。"旅游下乡"不仅提高了乡村居民的经济水平，改进了一部分乡村的经济发展模式，更是有效促进了生态旅游发展，完善了生态旅游交通等基础设施建设，推进了生态旅游的发展进程，为其他地区的生态旅游提供了借鉴。

除了"旅游下乡"活动，在生态涵养区开展"生态休闲旅游度假实验区"试点也是北京市发展生态旅游的一大创举。2008年，北京市旅游局开展"生态休闲旅游度假区"创建试点工作，丰台区南宫生态旅游景区通过评审，成为北京市生态休闲旅游度假区"创建试点第一区"。之后，北京市探索在全市7个生态涵养区设立若干个5~10平方千米的"生态休闲旅游度假实验区"，这些实验区展现着生态旅游发展中新的成果，是更加现代化、更加高端的生态旅游服务园区。北京市将"生态"与"休闲"相结合，高起点、高质量地在生态涵养发展区进行试点，发展生态友好型的休闲度假与旅游产业，按工业园区的管理模式探索创新管理与经营体制，有效促进了生态涵养发展区产业结构调整升级[1]。

（三）生态旅游法治建设逐步发展

生态旅游在发展的过程中，不可避免地会出现一些问题，这些问题的解决需要用法律来规范。北京市尚未有一部专门针对生态旅游的法律法规，但在《北京市旅游管理条例》中，为了提倡生态保护，第三条、第七条要求"发挥首都优势，突出北京特色，坚持旅游资源保护与开发、利用相结合，社会效益、环境效益与经济效益相统一的原则""鼓励和支持一切组织和个人对破坏旅游资源和损害旅游者合法权益的行为进行社会监督和舆论监督"。除此之外，2008年北京旅游局还在全国率先出台了《生态休闲旅游度假区评定规范》，引导乡村生态旅游业的发展。

（四）生态旅游人才培养力度加大

对于一些人文景观，如果讲解员的水平不够，游客很难体味到其中的文化内涵。为了更好地服务于游客，列入世界文化遗产名录的故宫、天坛、颐和园、八达岭长城、十三陵、周口店北京人遗址六大景区逐步实行讲解员管理制度。景区应当规范讲解内容，增加讲解的历史文化内涵，加强对讲解员、导游、旅游志愿者的培训。经培训合格的人员，由景区颁发讲解员证，"未取得景区讲解员证的人员不得在该景区从事旅游团队讲解服务"[2]。这些制度措施将会给景区带来更多的游客。

二、北京市生态旅游建设存在的问题

（一）拥有多处生态旅游景点，却地处偏远

北京市房山区，地处华北平原与太行山交界地带，是首都的西南门户，距市中心20千米。区内旅游资源丰富，是京郊的旅游胜地。2015年，房山区旅游单位数达到2830家，接待人数725万人次，全区A级及以上旅游景区22家，共有文物保护单位328处。区内驰名中外的北京猿人遗址（周口店镇）是世界文化遗产之一，享有"北京人之家"的美誉；西周燕都遗址（琉璃河镇），称为"北京城之源"；上方山国家森林公园1993年被原林业部确定为全国二十家示范森林公园之一；韩村河镇作为北京市重点小城镇，全力打造"国际生态旅游休闲名镇"，2015年被国家住房和城乡建设部、国家旅游局评为第三批全国特色景观旅游名镇；石花洞2001年12月被国土资源部批准为国家地质公园，2002年2月被国家旅游局评为国家4A级景区。房山区虽然生态旅游资源丰富，但却距市中心较远。

（二）生态旅游宣传力度不够

调查问卷显示，在对"您认为生态旅游的含义包括什么"时（图1），79.05%的人选择了认识自然生态环境，73.33%的人选择了观赏自然风景，56.67%的人选择了保护景区自然生态环境，而对生态旅游的其他两条重要的功能忽视，只有30%的人选择了为当地居民创造就业机会，44.29%的人选择了提高旅游者的环保意识。房山区对旅游景区的宣传多是通过电视、网络等渠道对优美的景点景观介绍，而真正生态旅游的定义却是丰富的多。通常生态旅游包含以下四点要素[3]：（1）自然资源。生态旅游的开展是以自然环境为依托，自然环境是生态旅游开展的地域条件；（2）可持续性。这一环境中的自然生态和原有文化事物不能因旅游活动的开展而出现不可接受的质量下降，更不能危害子孙后代；（3）对当地的经济起带动作用。生态旅游的开展和旅游者的来访应当能够有助于增加当地的经济收入，提高当地百姓的生活质量，同时可为当地环境质量的维护工作补充和扩大资金来源；（4）环保教育。即生态旅游活动的开展不仅要求其组织者和接待者主观上注意环保知识的普及，帮助广大游客了解和认识生态环境与人类发展的关系，使来访客不只是在身体上实现回归自然，而且在精神上也能回归自然，同时要求旅游者约束自己有害于当地环境的行为。能达到以上四点要求的旅游形态才可被称作生态旅游，而现在房山区的旅游还未能让带动经济发展和环保教育这两条观念深入人心。

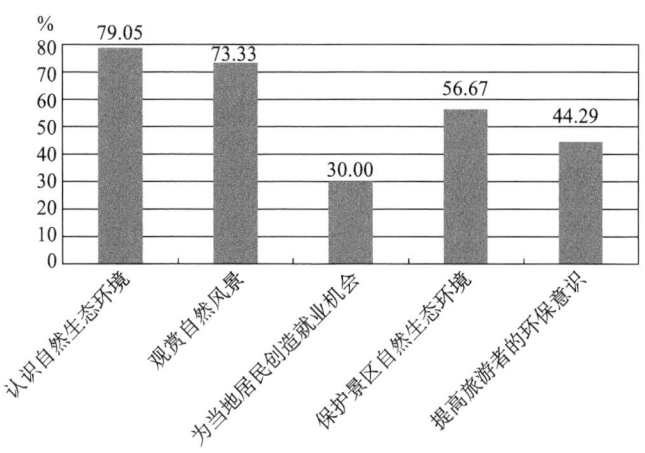

图1 "您认为生态旅游的含义包括什么"的调查结果

(三) 景区自身建设不够完善

在对房山区生态旅游建设方面的调查中发现，48.57%的人对房山区旅游景点的基础建设不是很满意。在您认为如何才能更好地促进房山区的生态旅游一题中，83.81%的人选择了加强基础设施完善。我们小组成员通过实地调查发现，在一些景点中确实存在基础设施落后建设不完善的问题，并且对一些景点介绍不够，缺乏必要的指示性标语，难以达到宣传教育的作用。景区周围缺乏有效管理，未能形成餐饮、旅游、住宿一体化的格局。这些都是制约生态旅游的因素。

(四) 游客生态保护意识较为薄弱

问卷对旅游者的生态保护意识做了一个详细的调查，如您是否赞成限制游客人数以降低拥挤程度和您是否赞成限制游客人数以减少对环境的损害做了一个对比，选择限制游客人数能大大降低拥挤程度的人有76.19%，选择限制游客人数有利于环境保护的人有62.38%，同样是采取限制游客人数这一措施，选择降低拥挤程度的人数就比减少对环境的损害的人数多了十多个百分点，降低拥挤程度能增加旅游中的舒适度，而减少对环境的损害是对大自然的爱护，这也就意味着人们对自己的舒适度的关心大于对环境对自然的关注。可见人们对自然的关注度仍是不够。在对您是否赞成对破坏旅游景区内动植物资源的游客进行处罚时，有7.62%的游客认为会打击游客旅游的积极性，15.24%的游客认为处罚与环境保护关系不大。在对您是否赞成旅游景区内发展观光游憩比资源保护更为重要时有19.05%的人认为可以先观光后保护环境。在对您是否赞成游客自由进出野生动物栖息地时有10%的人认为无所谓，18.09%的人认为游客出入野生动物栖息地对野生动物影响不大，这能便于游客更好地观察野生动物。这三题从对景区内的动植物、自然资源、野生动物的保护出发,反映出仍有一部分人忽视对自然的保护,没有从内心深处将自然看作与我们共处的伙伴。

三、制约北京市生态旅游建设的因素分析

(一) 偏远地理位置制约客流量

房山区地处偏远,距离北京西站、北京南站需两个小时以上的车程,比起较近的旅游景点不具备地理位置的优势。从对游客认为制约房山区生态旅游的因素调查发现,有80.95%的人选择了地理位置。说明大多数人认为地理位置对房山区旅游业的发展是有影响的。从游客角度来说,同样的景点,在有限的时间之内,肯定会选择距离近的那一个,以节约在路途上花费的时间,从而有更多的时间在景区内游玩。所以房山区偏远的地理位置不利于其吸引游客。

(二) 宣传力度欠缺影响生态旅游的实效

生态旅游有四个特点,若是只重视其中一二,而忽略一二,那么生态与传统旅游的优势便无法显现出来。通过对"生态旅游的含义"调查可以发现有70%的人忽视了生态旅游对当地经济的带动作用,没有看到生态旅游对当地就业的带动作用,有55.71%的人没有认识到生态旅游对游客环保意识的提升作用。这也就让很多抱着传统旅游的心态去旅游。通过对游客会优先选择传统旅游还是生态旅游的调查发现(图2),26.66%的人选择了传统旅游,对生态旅游兴趣不大,18.10%的人选择了无所谓,视情况而定,55.24%的人选择了生态旅游,有利于对环境的保护。

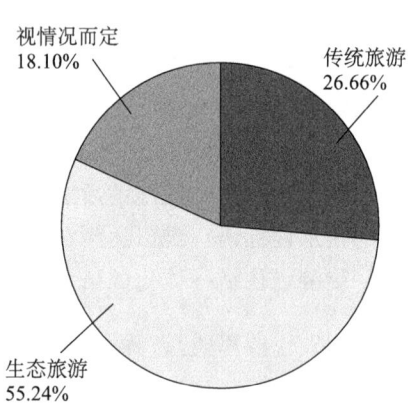

图2 "您会优先考虑传统旅游还是生态旅游"的调查结果

如果人们不能感受到传统旅游和生态旅游的区别,也就没有必要一定选择生态旅游。这对生态旅游以后在吸引游客、带动经济发展的方面是十分不利的。另一方面,生态旅游可以通过吸纳当地企业和个人参与生态旅游产品的开发以及经营与管理、通过生态旅游利益的回馈机制、甚至通过旅游业的发展和生态旅游产品的开发,实现当地对资源利用方式的转变,从而促进当地产业结构的调整和可持续发展战略的实施,最终达到开发一方、造福一方的目的。

(三) 景区的建设程度影响生态旅游区的长期发展

在对房山区生态旅游建设方面存在的问题调研时,48.57%的人认为缺乏必要的环境教育,在对您认为如何才能更好地促进房山区的生态旅游时,83.81%的人认为

要加强基础设施建设。景区基础设施的建设就像是电脑的硬件系统，是一个景区长期发展的基础。如果没有好的基础设施，游客就无法得到好的旅游感受，就不想再来，这对于一个景区的长期发展是十分不利的。再者，一些有关环境保护方面的标语是必须的，可以对参观者的环保意识起到一个促进作用，让人们在亲身感受到美好生态自然风景的同时，意识到自然也是需要好好保护的。景区的周边也应该适当做一些开发，往往旅游区每年都会有大量的人群进入。周边餐饮业、星级酒店的建立不仅能给游客带来好的旅游体验，还会带动周边经济的发展。往往景区建设的越好，收入就越可观。像故宫这样的历史文化遗产之所以现在还能每天吸引几万人的游客，正是因为景区在不断的修缮，不断的建设。景区建设的重要性可见一斑。

（四）游客薄弱的生态保护意识导致环境破坏严重

在传统旅游中，生态保护意识薄弱，造成了很大的污染。在对"传统旅游对环境造成的负面影响"调查时，70.95%认为传统旅游中水污染严重，72.38%认为空气污染严重，87.14%的游客认为垃圾很多。如果没有较强的生态保护意识，生态旅游区也会遭到破坏，在对"如果生态旅游要实现其四大功能：保护、旅游、教育、扶贫，您认为房山区的生态旅游做到了哪些"时，53.33%的游客选择了保护了旅游景点的环境，也就是说 46.67%的游客认为房山生态旅游区并没有起到保护环境的作用。生态保护意识薄弱会造成对环境的不重视，在旅游过程中会随手乱扔垃圾，有些垃圾像塑料袋之类的扔在水里不但不好清理，还会造成水污染。环境的破坏大多是人为造成，积少成多，环境就会遭到很大的破坏。在对"您认为公民个人应该在生态旅游中注意什么"时，91.42%的人也认为我们应该保护生态环境，当我们都有了环境保护的意识，这些污染将会大大地减少。

四、完善北京市生态旅游建设的措施

（一）改善旅游路线

房山地理位置偏远是现实，但也有改善旅游路线的方法。（1）建立旅游专线。旅游专线车的开通使得到景区有一辆直达车，合理的安排车次和时间可以使游客免去不少麻烦，减少在路上耽误的时间，而且不用为选择车辆和车次而发愁。同时旅游专线设立合理的站点可以带动站点的发展。旅游专线可以连接多个生态旅游景点，让游客可以一天走遍多个景点，也可以同时带动多个旅游景点一起发展。房山区自身旅游景点有限，可以与邻近区域合作，开发连接两区的旅游线路，两地游客流通，两区共同发展。（2）完善附近的住宿条件。房山区生态旅游景点不少，距市中心远不利于往返，可以就近住宿，小住几天可以一次性游玩附近生态旅游景点，当作一次度假。这就体现出改善附近住宿条件的必要性。酒店的建设既要注意档次的合理安排，要有高档酒店，也要有普通酒店。同时要加强管理，合理定价，加强周围的安全保护措施,让游客住得放心,住得舒心。既有一天游的旅游专线,又有住宿的保障,可以大大减少游客对房山地理位置偏远的顾虑。

(二)加大对生态旅游各个方面的宣传力度

旅游业的发展离不开大力度的宣传。调查结果显示在"您认为如何才能更好地促进房山区的生态旅游"这一问题中(图3),有85.24%的人赞同要加大宣传力度。一方面是对景点景观的详细介绍,制作一些介绍景区的优美视频及宣传手册,让人们在未到景区之前就有了一个好的印象,有所向往,并且要拓宽宣传渠道,通过电视、网络、各个旅游指南等渠道尽可能的宣传。再者,是要加大生态旅游对经济带动作用的宣传,主要针对当地居民,以带动他们对生态旅游的热情,更好地投身于生态旅游之中。对当地社区普通群众的教育,可以运用宣传教育栏、广播、电视等形式,把生态旅游环境保护的观念、对当地经济的带动作用和当地文化、风俗等结合进行宣传,便于当地居民接受[4]。

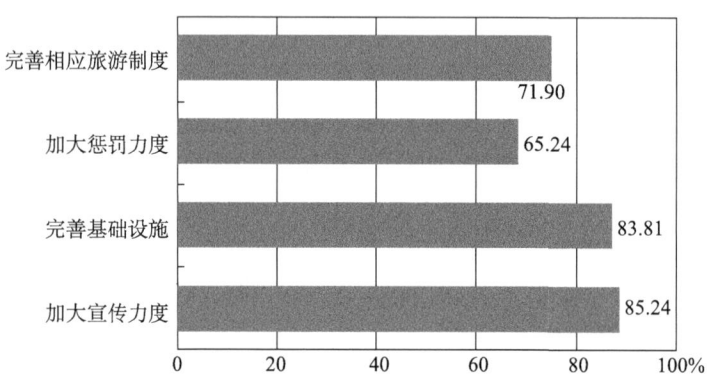

图3 "您认为如何才能更好地促进房山区的生态旅游"的调查结果

(三)加强景区各方面建设

通过调查问卷发现,有83.81%的人认为房山区的景区建设需要加强。这种建设不仅仅是基础设施的完善,还要有对旅游者生态保护意识的宣传。调查结果显示51.43%的人认为还需要加强对环境教育设施的完善。生态旅游的重要功能之一就是对旅游者的环保意识的提升。借助景区的宣传栏、宣传画、宣传片、演播厅、书籍、手册指南以及导游解说系统对旅游者进行环境教育是十分必要的,让游客在游览过程中不忘环境保护的重要性,并且还可以通过生态旅游区的工作人员的身体力行和周围社区的环保氛围使旅游者受到教育和感染。

(四)加强立法,并且加大法律普及力度

从对法律法规了解情况调查发现,1.90%的人很了解,52.38%的人基本了解,但仍有 45.72% 的人对生态旅游方面的法律法规完全不了解。我国涉及生态旅游中环境保护的法律有《中华人民共和国环境保护法》《中华人民共和国文物保护法》《大气污染防治法》《森林法》《野生动物保护法》《海洋环境保护法》《水污染防治法》等。对旅游活动进行规范的法规有《旅游基本建设管理暂行办法》《旅行社管理条例》《旅游安全管理暂行办法》《风景名胜区管理暂行条例》《导游人员管理条例》等。这些法规和政策在一定程度上为生态旅游发展营造了良好的法律及政策环境，保证其健康科学发展。但关于生态旅游环境与资源保护的法律主要体现在各资源与环境单行要素保护法律法规中，并没有出台一部综合性的旅游保护法律[5]。而且从调查结果来看法律观念还需要加大普及，大多数人对生态旅游相关法律并不是很了解。

（五）加强景区管理

对于景区来说，适当合理的管理可以提升景区的知名度，吸引游客。对于如何加强景区管理，我们认为，首先，根据景区内环境承载力的状况，利用门票等经济手段、利用线路设计、分区规划等技术手段对游客进行引导，使其在时间上和空间上合理布局，以达到不破坏景区内生态系统的目的；其次，聘请一些生态旅游的专家担任生态旅游区的顾问或者组建智囊团，提供指导和咨询服务。从生态旅游区的规划开发前期开始就不断地为生态旅游的发展提供建议，定期为生态旅游区的管理部门提供必要的环境报告，并不断对现实发展中的偏差提出纠正意见[6]；第三，生态旅游景区还可以建立一些制度，对旅游者的行为进行约束，避免对环境造成不良影响。例如美国旅行社协会（ASTA）提供的生态旅游者十条"道德标准"。

（六）提升个人素养

近年来，破坏景区环境的行为屡见不鲜，新闻曾对多地景区出现"某某到此一游"的现象进行了报道。这些刻字不但影响了景区的美观，并且难以清理，给清洁工人带来了很大的负担。我们对于每一个小的行为可能给环境带来的破坏都应该注意，要从内心深处认识到保护环境，并提升个人修养，自觉参与到环境保护中来。

参考文献

[1] 王萌萌. 北京在生态旅游方面的实践与探索[N]. 中国旅游报，2013-12-17（11）.
[2] 张楠. 六大世遗景点逐步"专任讲解"包括故宫、天坛、颐和园、八达岭长城、十三陵口店北京人遗址[N]. 北京晚报，2016-09-12（2）.
[3] 郑朝贵. 旅游地理学[M]. 合肥：安徽大学出版社，2009.
[4] 薄乐. 北京生态旅游发展现状及对策研究[J]. 林业调查规划，2012.
[5] 高婧. 生态旅游政策法规研究[D]. 西安：西北农林科技大学，2011.
[6] 马聪玲. 中国生态旅游发展建议[N]. 中国水利报，2003-12-06.

首都大学生生态意识现状

张宏伟　陈家玉*

摘要：随着经济的发展，生态破坏日益严重。我国生态环境中存在的问题复杂，大气污染、水污染、土壤污染、土地荒漠化、土壤盐碱化、水土流失、生物多样性减少等多种问题并存，且相互影响；人们对生态环境相关内容的关注度低；对有关生态环境的政策法规知之甚少；环境保护意识低，资源回收意识低，资源浪费，生活和工业污染严重；大部分地区过于重视经济发展，忽略生态环境保护；生态环境的破坏给人们的日常生活带来了极大的不便，甚至威胁到生命健康，因此，为了改善人类的生存环境，满足发展的需要，加强生态环境的保护问题，迫在眉睫。生态的保护需要政府出台相关政策，加强宣传和监管力度，鼓励生态文明旅游业的发展，增加对环保行业的投入；需要学校增加相关课程以加强环保教育，相关社团举办活动，加大校园生态保护监管和奖励；需要报刊、杂志等媒体加大宣传力度，号召学生积极行动，提升学生生态文明意识。

关键词：生态环境意识　生态破坏　环境保护

本次调查主要采取的是网上调查的方式。调查问卷是由小组成员在朋友圈、QQ空间、微博发送链接的方式让网友们填写并收回。共发出调查问卷203份，收回203份，回收率达100%；有效问卷203份，有效率达100%。其中大一的受访者占13.3%，大二的受访者占46.31%，大三的受访者占21.67%，大四的受访者占7.88%，研究生及以上的受访者占10.84%。问卷的内容主要调查了首都大学生是是否了解生态环境的政策法规、我国生态环境主要存在的问题是什么、造成生态环境出现问题的主要原因是什么等，目的在于了解首都大学生的生态意识如何，对生态环境建设有什么意见。

一、大学生生态环境认识情况和问题

(一)学生普遍对生态环境的满意度一般

在问卷"您对我国现在的生态环境满意吗?"中我们了解到，"一般"的比例最大，为57.64%，而"满意"和"很满意"的比例很小，分别为10.34%和2.64%（图1）。

---

* 本课题指导教师张宏伟（北京工商大学马克思主义学院），课题组组长陈家玉（财务141）；课题组组员：关子鉴、张杉、詹鑫、靳远、宋鸿飞、张润达、佟欣、王雨薇、王丹伊（财务142班）。

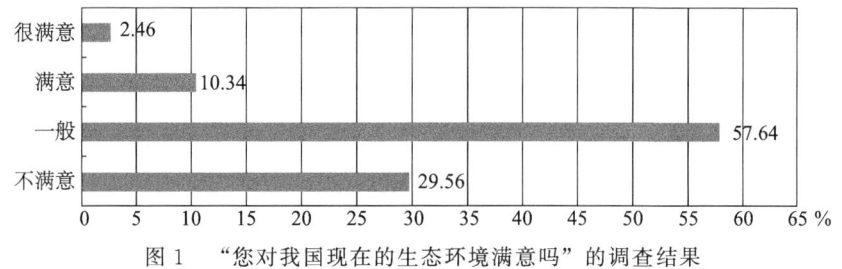

图1 "您对我国现在的生态环境满意吗"的调查结果

这说明首都大学生对生态环境满意的较少,不太满意的居多。据我们分析,这主要是因为首都作为我国的政治、文化中心,身为"北上广"之首,人口密度大,并且人口还有逐年递增的趋势,使得土地过度开发,交通堵塞严重,这就造成了其生态环境污染问题尤为严重。其中,水体污染和大气污染最为突出,城市的快速发展使得生活废水和工业废水排放量急剧增加;很多污水未经处理就排入河流中;再生水利用率不足40%,使得水资源严重短缺。另外,北京空气污染问题也很具有代表性,空气质量指数保持在中度污染和重度污染之间,有时甚至达到了严重污染,尤其到了冬季,北京的雾霾天气非常严重,对居民的健康生活带来诸多不利影响。经过上述分析,我们认为首都大学生对生态环境不太满意是合理的、有根据的。

(二) 生态环境的政策法则了解不够,关注生态环境的内容以及主动学习生态环境知识的比例较小

在我们的问卷调查中,我们看到一般了解和基本了解生态环境的政策法则的比例分别为25.12%和7.39%,人数比例远小于50%(图2)。可见,大多数首都大学生几乎不了解我国生态环境政策法则的具体内容。首都大学生普遍了解政府出台的与自己专业有关政策,对生态环境的政策法则并不了解和关注。并且,大多数首都大学生认为生态环境政策法则的内容过于冗长烦琐,专门从事生态环境的有关人员掌握就可以了。我们在接下来又调查了首都大学生对生态环境内容的关注情况,数据表明:经常关注的人数占总人数的17.73%;偶尔关注,很少关注的人数分别占总人数的62.57%、17.73%,不关注不到2%(图3)。因此,当前首都大学生对生态环境的关注度并不高。首都大学生主要关注自己的日常生活,以及周边环境等问题,大多数首都大学生对学业成绩、休闲娱乐、奖学金、未来就业问题的关注远远超过了对生态环境的关注,这一方面在于学生自身问题;另一方面在于功利学习和我国就业困难造成。在问卷中"您是否主动学习有关生态方面的知识?"的统计结果为:主动学习过生态知识的比例为54.68%,没有学习过生态知识的比例为45.32%。这表明还有近半数的首都大学生没有学习过生态知识。学校内的各项活动、开设的课程是大学生获得生态环境知识的重要渠道,首都高校对大学生生态文明教育不足,许多大学几乎没有开设生态环境保护课程,学校和社会的宣传不到位。

这就导致了大部分首都大学生生态知识掌握不够;部分首都大学生生态环境道德意识淡薄;甚至有些首都大学生拥有错误的观点。

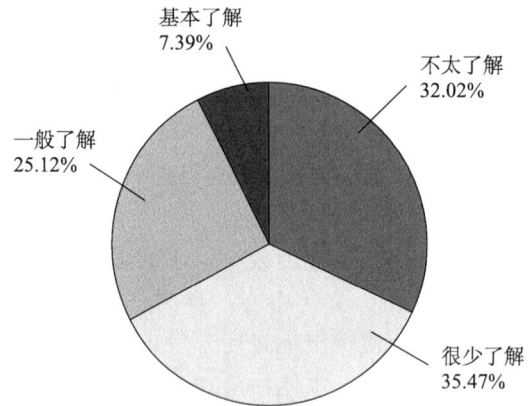

图 2 "您是否了解有关生态环境的政策法规"的调查结果

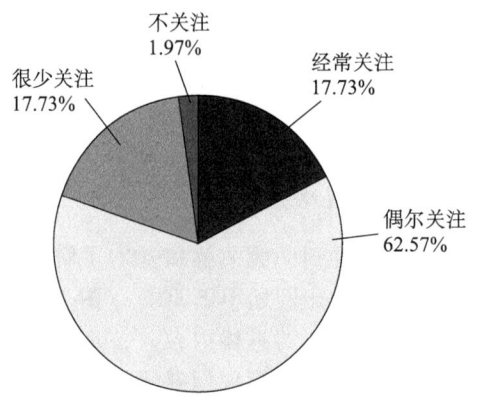

图 3 "您生态环境方面的内容的关注度如何"的调查结果

(三) 学生对法律法规的了解程度对生态环境状况关注度有重大影响

对于生态政策法规基本了解并经常关注生态环境的同学占到了 66.67%,偶尔关注的有 26.67%。而对政策法规不太了解、很少了解、一般了解的同学,很少关注生态环境问题。通过上述结果可以得出以下结论:如果对生态环境的法律法规认识深刻,则能够形成良好的生态环境意识,因此,更关注生态环境问题。结合我们的理解,它给我们所有人的启示是,虽然法律的学习不是生态环境意识提高的唯一途径,但它确实是易于做到的方法之一,对于首都大学生一定需要学习相关的政策法规,但是学习的重点不仅仅局限于它的具体内容,更在于领会法律所蕴含的内在精神,学习的目的在于提高生态环境保护的意识,进而保护环境。

（四）网络和电视广播是了解生态环境的主要途径，但是了解程度不高

随着科技的快速发展，人们通过网络和电视了解生态环境问题占主要趋势。根据调查显示，90.15%的人选择网络，70.94%的人选择电视广播。不过，真正问题在于通过这两种途径进行生态环境的学习与研究，是否仅仅依靠新闻媒体的推送方式肆意浏览，在调查问卷的过程中，发现一些学生自学环保法的相关书籍和专家提供的资料，不得不说，这在一定程度上对我们的帮助更大。所以，通过将环保专业知识与网络结合给大家更加深刻的印象。

通过统计分析可以清楚地看出，对于一部分学生来说，网络媒体和社交平台是我们获取知识和信息的主要途径。但是学生们并没有把这个平台当成一个很好地了解生态环境问题的一个工具，仅有17.73%的学生经常关注这方面问题。根据前面的分析结果，微信等网络媒介已经被大多数首都大学生所使用，如果有关技术人员能够研究开发例如QQ生态、微信环保等新功能，实时显示用户周围的生态环境状况，提醒用户保护环境，可潜移默化地增强首都大学生的生态保护意识。此外，中国广电总局也应该不定时地播出生态环境保护的公益广告、宣传片、纪录片等。此举不仅能够给首都大学生的环保理念带来积极影响，还能唤醒更多收看者的环保意识。

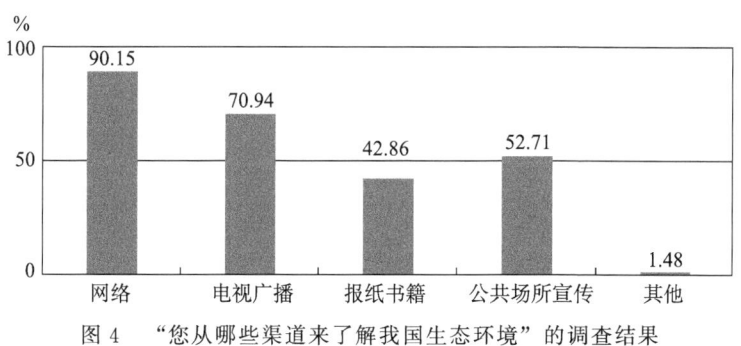

图4　"您从哪些渠道来了解我国生态环境"的调查结果

（五）多数学生认为保护环境的最终目的是实现人与自然和谐发展

59.11%的学生选择"改善人类现在的生存环境，满足发展的需要"，说明大部分学生认为保护生态环境的最终目的是为了改善人类现在的生存环境，满足发展的需要（图5）。现代生态学告诉我们，没有任何一个生命是毫无价值的或仅仅是另一个生命的工具，自然万物都有其生存的内在价值并非是人类的附属品，因此，尊重自然的内在价值是实现人与自然和谐共处的前提，也是环境保护得以成功的保障，实现经济发展与环境保护的"双赢"。

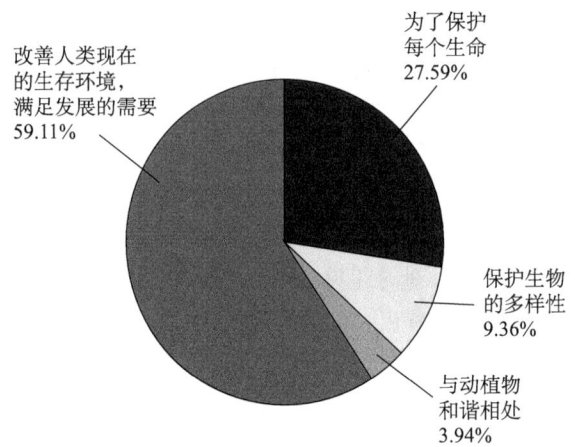

图 5 "您认为保护环境的最终目的是什么"的调查结果

二、大学生所关注的生态环境和环境破坏问题

(一) 大气污染和水污染已成为首都大学生现阶段关注重点

"我国生态环境存在的主要问题是什么"的调查结果表明,绝大部分首都大学生认为大气污染和水污染是目前我国生态问题的重中之重,二者分别占据了92.61%和91.63%的比例,远超排名第三位土壤污染的65.52%比例(图6)。的确,大气污染和水污染在生活中可以亲身感受到,另一方面,无论网络还是电视,经常能够看到相关的新闻。

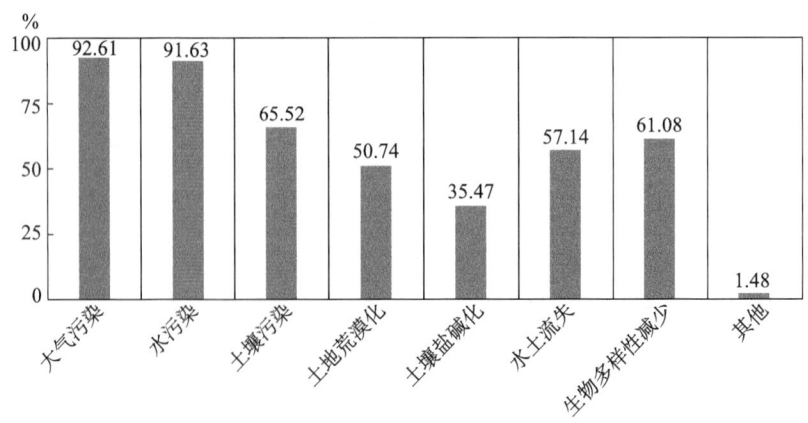

图 6 "您觉得我国生态环境存在的主要问题是什么"的调查结果

（二）大学生关注汽车尾气污染、工业污染等

在"周围存在哪些破坏环境的行为"的调查中，可以了解到诸如汽车尾气污染、工业污染、随手扔垃圾是大家广泛关注的（图7）。

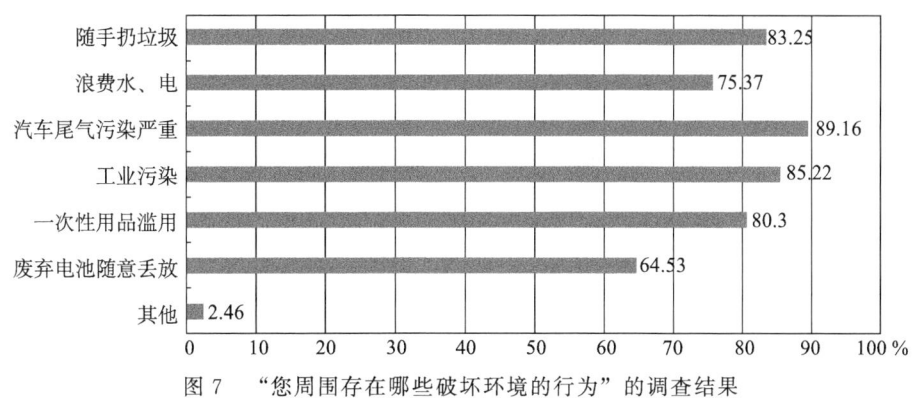

图7 "您周围存在哪些破坏环境的行为"的调查结果

（三）民众生态意识不强是面临的首要问题

从"造成生态环境问题的主要原因是什么"的调查结果看，民众生态保护意识不强是现阶段面临的难题，占到了53.20%；另外，牺牲环境发展经济的发展模式也是一大问题，占到32.02%；政府宣传和监督力度不足仅占到了13.79%（图8）。由此可见，未来工作的重点应当是提高公众的意识，而更为重要的是提升大学生的生态意识。

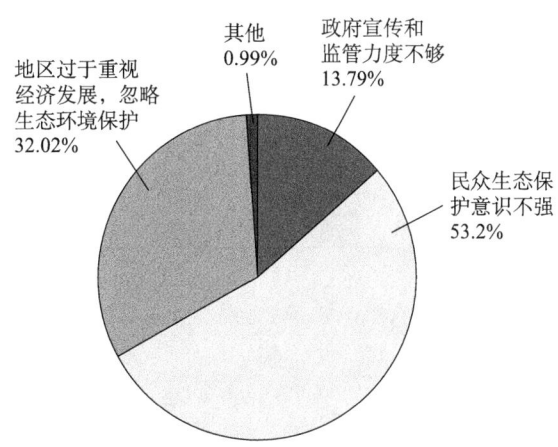

图8 "您认为造成生态环境问题最重要的原因是什么"的调查结果

（四）对部分环境问题关注程度不够

除去大气污染和水污染外的其他环境问题受到的关注程度明显不高，如土壤污染、生物多样性减少、水土流失、土地荒漠化、土地盐碱化等。

三、保护生态环境与提高生态意识的建议

（一）开设有关生态环境的课程

调查发现，有必要开设生态环境课程的人数占87.19%，认为没有必要开设生态环境课程的人数占12.81%。可见，大多数首都大学生都认为有必要开设生态环境课程。开设生态环境课程可以帮助学生更好地了解我国生态环境现状，加强学生对生态环境的保护意识，熟悉国家有关生态环境保护的法律法规，并了解掌握生态环境基本理论、基本知识和基本技能。高校开展生态环境课程时不应以最终考核为目的，而是应注重提高学生对生态环境的重视程度，提高学生的环境保护意识，否则开展生态环境课程就成了混学分、应付考试，丧失了其应该有的意义。应以实践课程为主，让学生亲身感受周边的生态环境，提高学生保护生态环境的责任感。

（二）提升大学生生态文明意识

调查结果表明，加大校园生态环境保护监管和奖惩是提升大学生生态文明意识的有效措施。其中，选择加大校园生态环境保护监管和奖惩的高达72.91%，增加相关教育课程的也达到70.94%，超过了相关社团举办活动的58.62%，发行相关书籍、报刊、杂志的占40.89%（图9）。这说明学生更倾向于在学校接受生态文明教

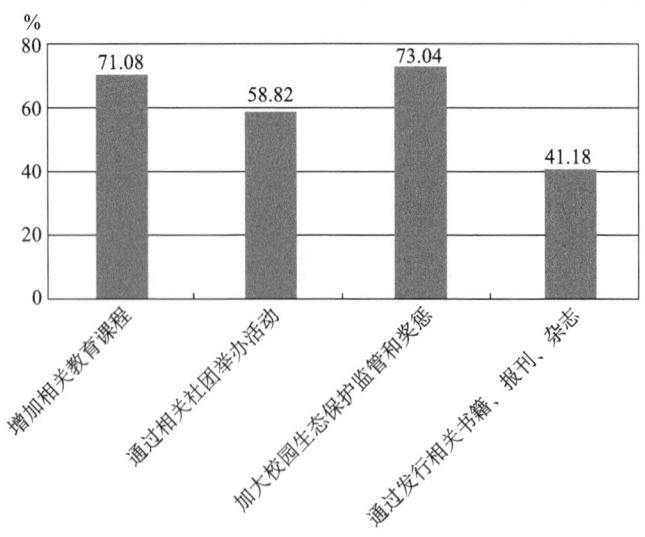

图9 "您认为提升大学生生态文明意识的有效措施有什么"的调查结果

育。对于首都在校大学生而言，平时大多数时间都是在校园中度过的，校园对提升大学生生态文明意识至关重要。通过增加相关教育课程让学生更深入的了解有关生态文明的知识，并通过亲身实践激发学生兴趣，采取适当奖惩措施（如回收废电池和塑料饮料瓶，奖励盆栽小植物），激励学生保护生态环境，使校园环境变得更加美观，同时也减轻了校园环卫工人的工作强度，一举多得。其次，可以建议相关社团和学生会组织举办保护生态的活动。第三，可以将保护生态环境列入校规，设立监督检查机构，奖励积极参加保护生态环境的同学，对屡次破坏生态环境且不改正的同学进行惩罚，督促学生亲身投入到生态环境的保护中，从保护校园生态环境做起，逐步提高生态文明意识。

（三）加强教育，多途径加快我国生态文明建设

从"您认为何种有力措施有利于我国的生态文明建设？"的调查结果看，"加强环保教育，提升市民生态文明意识"的比例最大，为81.28%，而"政府出台相关政策""加大宣传力度，号召人民行动起来""增加对环保行业的投入"和"大力发展生态文明旅游业"的比例分别为74.38%，64.53%，62.56%和48.28%。这说明加快我国生态文明建设必须先从根源上做起，即从提升市民的生态文明意识做起。政府要出台相关政策，促进环保行业发展，取缔高污染、低效率的企业。对乱砍乱伐，乱排工业废水的企业予以重罚。同时应该完善责任监督系统，各部门应该严格执行政府出台的相关政策，如果有打折扣的行为应给予严惩。鼓励市民监督，确保政府出台的政策落到实处。

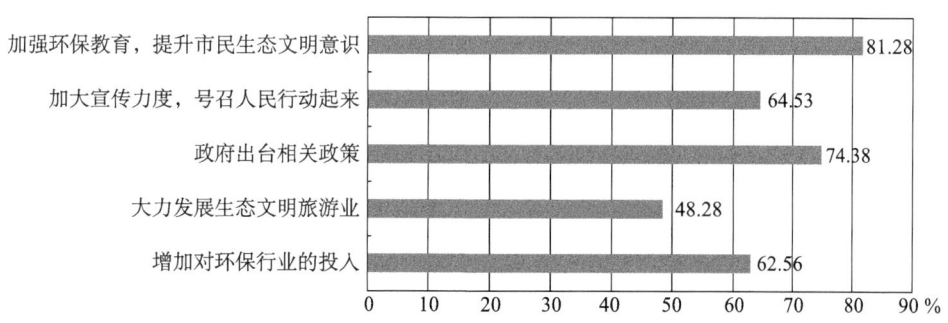

图10 "您认为何种有力措施有利于我国的生态文明建设"的调查结果

（四）政府需大力支持生态文明建设

从"您觉得我国生态环境保护需要什么？"中，我们可以看到"政策支持"和"群众的生态环境保护意识的提高"的比例高达89.66%和83.25%。可见，做好上述两项工作对我国加快生态文明建设的重要性。同时，也应该注重科学技术在生态文明建设中的运用（例如太阳能在农业中的运用，既节约了能源又减少碳排放）。政

府在生态文明建设中应扮演领导者的角色，应该引领人民参与到生态文明建设中来，同时制定和出台相关方案，规划好生态文明建设。改善生态环境不是一朝一夕所能实现的，可能需要多年。

（五）政府应当做生态文明建设的领导者

政府在建设生态文明的道路上，应当担起领导者的角色。人民群众的活动离不开政府的引导，政府通过行使其职能进行宣传、开展各项活动，能有效地将群众组织起来，让群众投入到建设生态文明的事业中去[1]。首先，政府应以身作则，重视生态文明建设，打造一个被群众认可的廉洁型政府，不铺张、不浪费，杜绝公款吃喝之类的奢靡现象。因为只有政府首先做到环保，群众才会认可政府，才会听从政府的指挥。其次，政府应积极组织开展环保宣传活动，如拍摄视频片，制作横幅等在公共场合进行环保宣传。发行环保手册，送到每一户群众家中。制定相关法律法规，让保护环境成为法定。加大环保型公共事业的投资力度，促进生态文明建设。

参考文献

[1] 张文雯. 政府环境责任在现行环保法中的完善 [D]. 山东师范大学, 2011: 15-19.

北京市通州区绿色农药认知与普及情况调查

孟繁宾　郭长凯*

摘要：农业生产者常忽略传统化学农药弊端，过分依赖其显著效果，不按照使用标准使用农药，随意增加使用剂量；而绿色农药因效果缓慢、周期长等缺点不被生产者接受，认知与普及情况较差。大多生产者对刚刚兴起的绿色农药持观望态度，希望能够得到价格合理、不污染环境、残留少的绿色农药来保障产量的稳定；因此，完善相关法律法规，增强监督管理迫在眉睫，同时要加大宣传、教育力度，提高绿色农药认知度；尽快开发研究新的绿色农药，提高绿色农药的成效；不断提高群众绿色、可持续发展的环保意识，进而在降低传统化学农药的使用的同时不断推广绿色农药。

关键词：传统化学农药　绿色农药　农药残留

本次调查主要采取的是发放问卷的调查方式。调查问卷是由小组成员在北京市通州区发放，面对面进行填写。问卷发放时间为2016年7月15日至8月20日。共发放调查问卷400份，收回400份，回收率达100%；有效问卷400份，有效率达100%。其中经常使用农药的受访人群占79%，偶尔使用农药的受访者占21%。这表明随着新农村建设的快速发展，对农作物产量的要求不断提高，人们对于农药的需求量也日益增加。传统化学农药效果显著，一定程度上可以提高农作物产量，但与此同时，农药残留、环境污染等问题日益突出，并且逐渐成为当今社会关注的焦点。本次问卷主要调查传统化学农药使用现状、危害；绿色农药认知度、普及情况，目的在于提高绿色农药认知度，探求农药使用的正确方式，保障环境友好和广大人民群众的健康。

一、传统化学农药使用现状及危害

（一）农业生产者忽略农药弊端，依赖传统化学农药的显著效果

在问卷调查中，"是否经常使用农药"的相关调查结果表明，农户们在农业生产过程中或多或少都会用到农药。大多数人都认为想要增加生产优势，保障生产质量，使用农药是必然选择，而现在的农药在除虫、除草等方面又有着不可否认的效果。"您在使用农药时会选择哪一类"（图1），调查数据可以看出，目前半数以上的人在

---

* 本课题指导教师孟繁宾（北京工商大学马克思主义学院），课题组组长郭长凯（食品143班）；课题组组员：刘雯娴、董晨帆、刘紫瑶、耿嘉钰（食品143班）。

选择农药时都会优先使用化学农药,主要原因是其不但高效省事,还有着价格合理的优势。最重要的是,传统化学农药在这么多年的使用过程中,能够最大程度地保障农业生产者们的利益,农业生产过程中对传统化学农药的依赖性不言而喻。

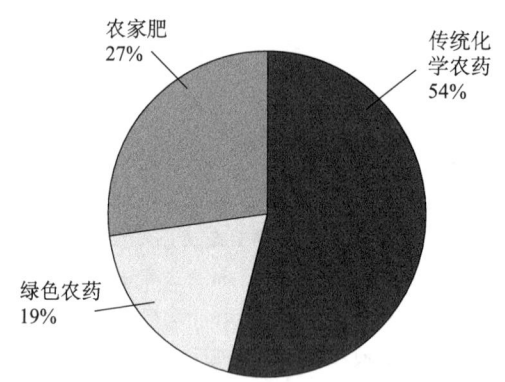

图1 "您在使用农药时会选择哪一类?"的调查结果

(二)不按照使用标准使用农药,产生抗药性

从"您会严格按照使用说明来使用农药吗"的调查结果可知,只有27%的生产者表示会严格按照说明书使用农药,33%的人表示偶尔会按照说明书使用,还有40%的人表示并不会按照说明书使用,而是自己想添加多少就加多少。问卷结果十分出人意料,经过进一步地询问,才发现结果并不是问卷表面反映的情况。被调查者纷纷表示自己不是不按照使用说明喷洒农药,而是在正式的生产过程中会出现很多不可预料的情况,所以,在使用过程中需要根据实际情况,凭借多年使用经验来决定农药用量的多少,为了保证能够彻底地去除杂草和各种害虫,大多数人会选择加大农药使用剂量。而作物的种类不同、土质不同、天气变化等都是影响用量的因素,正是因为事情的不确定性太强,所以这个问题无法给出十分明确的答案。

影响农药用量的另一个重要的因素是长期使用化学农药之后农作物会产生抗药性。从"您知道化学农药会产生抗药性吗?"的调查结果表明,绝大多数人都知道使用农药会产生抗药性的问题,28%的受访者表示不知道抗药性具体是什么,但基本有一个模糊的概念,知道农药使用次数过多之后可以通过换一种新的农药或者加大原农药的剂量来保证使用效果,并不会因为会产生抗药性而放弃使用农药,反而是根据经验来改变使用方法,如采用滴药、涂药、拌药以及多种农药轮用或者是混用来降低抗药性所带来的影响。

(三)选择传统化学农药的原因及造成的结果

"您知道化学农药污染环境吗?如果知道为什么还要使用呢"(图2)的调查结果显示,仅有8%的受访者不知道会污染环境。很多受访者都提到了关于空气、水和土地污染的环境问题，还提到了化学农药喷洒高峰季的空气污染导致了多年的咳喘、气管炎等疾病，希望能够减轻化学农药里的毒性成分，减少对环境的污染和对人体的伤害；很多被调查者还担心农作物农药残留的问题，市面上很多食品都不敢放心食用。尽管如此，大家对于使用化学农药的态度却是坚定的。有46%的受访者肯定了化学农药的显著效果，34%的人指出绿色农药的反应时间过长，效果不如传统化学农药，还有12%的人认为别无选择，并没有接触到效果好的绿色农药。值得一提的是，个别农户谈到了目前一部分人对于那些由于对环境污染十分严重、毒性很强而即将被禁买的农药的态度，好多人提前去购买了大量这种农药在家里存放备用。这个现象反映出了现在农业生产者对化学农药的一种依赖态度，他们还是更加愿意相信自己已经使用过并看到效果的化学农药，对近些年刚刚兴起的绿色农药则无法信任。尽管大家知道使用农药是有危害甚至是有毒的，但是形势所迫，如果自己的农作物没有优势的话就会被淘汰，因此，在目前绿色农药优势并不明显的时期，使用传统化学农药是不可避免地事情。

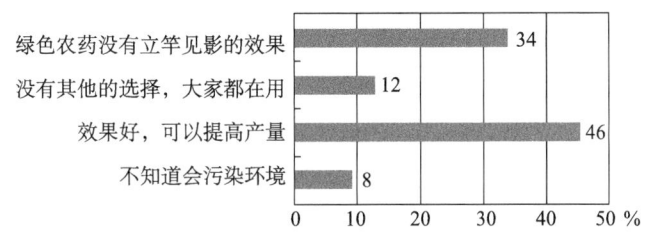

图 2　"您知道化学农药污染环境吗？如果知道为什么还要使用呢？"的调查结果

（四）传统化学农药的缺点

在"您认为使用传统化学农药过程中有哪些不可抗拒的缺点"的主观题回答中，可将缺点概括为两点：对环境的危害和对人体的伤害。受访人群一致认为使用农药最大的弊端是农药残留，自己作为一名消费者自然也是不愿意买这些农产品的，因此，这成了让农户们困扰的一个问题，即无污染和无虫害的统一；也有少部分人指出农药会污染土壤，但多数人都不知道过度使用农药会对土壤造成不可逆转的破坏，而农药渗透进土壤之后还可以进入地下水中污染水源。上文提到的抗药性也是传统化学农药的主要缺点之一。综上所述，农户们对于农药的危害知之甚少，大部分人是只知其然不知其所以然，甚至有人认为化学农药只是不可避免的带来一些副作用而已，并不会有实质性的影响。

二、绿色农药的使用及前景期待

（一）绿色农药的使用现状

"您使用过下列哪些绿色农药"的调查结果可以看出，受访者对绿色农药的认知度和普及程度远远不及传统化学农药,很多人表示没听过或者没见过问卷中出现的大部分绿色农药。"您是否了解绿色农药,您都通过哪些途径了解呢"(图3),结果显示45%的人通过电视了解,33%的人通过农药销售点销售人员的介绍了解绿色农药,整体来看,受访人群对于绿色农药的了解渠道单一且知之甚少。发放问卷过程中发现,相对来说接受能力更强的年轻人对绿色农药知道得更多,说明近几年才兴起的绿色农药的宣传力度并不够,大众了解的途径也主要是通过电视、网络等媒体。

另外,访谈过程中了解到很多人对于绿色农药都有一定的误解,对绿色农药成分的辨识度不高。因为现在很多普通化学农药也会在包装或广告的时候说是绿色农药,大众认为这就是我们现在所推荐使用的绿色农药;以至于在进行调查时有的农户说自己已经使用了绿色农药,但是细看成分,还是普通农药。

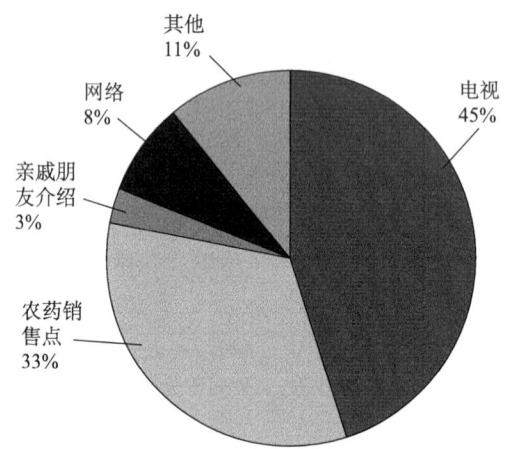

图3 "您是否了解绿色农药,您都通过哪些途径了解呢?"的调查结果

(二)绿色农药效果缓慢周期长,大多持观望态度

"是否有人向你推广绿色农药,如果有/没有,你的态度/可能持有的态度是什么"的调查结果显示,47%的人表示无所谓,反正都是农药,32%的受访者表示不愿意使用绿色农药,传统化学农药效果挺好的,仅有21%的人表示自己愿意使用并且想要认真研究。可见,大家对于绿色农药的期待度不是很高,在自主选择的情况下,多数人不愿意尝试使用绿色农药,因为传统化学农药的效果很好,不需要寻找新的替代品。"如果国家大力推行绿色农药,您愿意响应号召吗"(图4),仅有11%的人表示不愿意响应国家号召。由此可见,在国家强制条件下,大众会积极响应国家号召,但同时也表明对绿色农药的效果是比较担心的,因此大多持观望的态度。

(三)绿色农药发展的必要性

近年来,随着各种作物中农药残留超标、食品安全事故频发以及环境污染的加

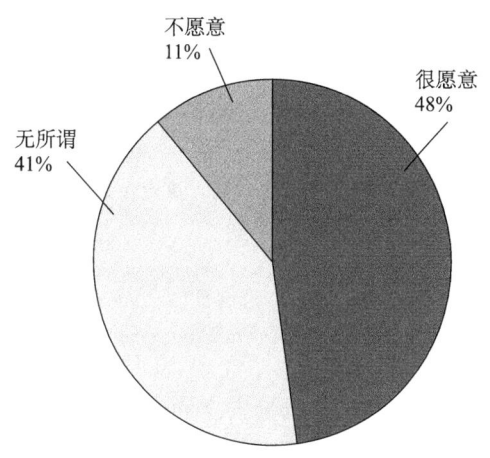

图 4 "如果国家大力推行绿色农药,您愿意响应号召吗?"调查结果

剧,国家颁布法律条例已经禁用或者限用了 38 种高剧毒农药,而绿色农药对于作物的农药残留量非常小,对于环境的污染程度相当低。随着人们对"无公害食品""绿色食品""有机食品"的青睐,绿色农药无疑是未来农药发展的主要方向,具有广阔的发展前景,随着人们对绿色农药的逐步了解认识和接受,各级政府和有关部门将会越来越重视、越来越支持绿色农药的发展和应用,绿色农药制剂进入了快速发展的阶段。首先,政府在积极的引导和支持,国家将水基性制剂的产业化开发和功能性农药新剂型的开发列入国家科技攻关项目规划,并提供经费支持,提高科研院所和农药生产企业开发绿色农药制剂的积极性;其次,随着环保意识的加强,人们对绿色食品需求大增,绿色农药制剂应用市场前景广阔;第三,农药企业加大对绿色农药研究、开发、推广的投入。新开发的农药品种基本上都加工成绿色制剂,同时对旧品种进行改造,使之符合环保标准。因此,绿色农药的不断发展必将会引起农药行业的变革。

(四)对绿色农药的期待

从"您认为,要使您决定使用绿色农药,决定性因素是什么"(图 5)调查结果看,39%的人选择了价格合理,33%的人选择了对环境无污染,28%的人选择了降低农药残留,增加食品安全,可以看出这三个因素的期待值是相当的。与此同时,"您对绿色农药有什么期待"的调查结果表明,受访者们在乎的是绿色农药是否能够保证产量的稳定。对农业生产者来说,最重要的是其所能带来的利益。近几年,随着国家新农业建设的不断发展,对"绿色食品"的呼声愈来愈高,农作物质量问题也逐渐进入人们的视野。总的来说,农业生产者的期待是价格合理、能保证高产量,其次,还要能够尽可能地减少环境的污染和农药的残留。

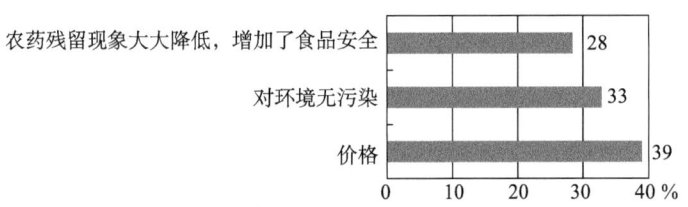

图 5 "您认为,要使您决定使用绿色农药,决定性因素是什么?"的调查结果

三、国内外政策及其对比

(一) 国内政策简述

近些年,国家结合环境及农产品质量安全和地域及种植习惯两个因素陆续推出了一系列的农药禁限用政策,通过加强宣传、开展培训和完善制度等方法实现高毒农药可溯源管理,但是我国现在还存在着政策科学性不高、农药风险数据库不完善不健全、法律制度存在漏洞和缺少再登记再评价制度[1]等问题,仍然面临着很多挑战。

(1) 2012 年 2 月,工信部发布的《农药工业"十二五"发展规划》为国内农药制剂企业指明方向。该规划指出,在农药制剂领域,大力推动农药剂型向水基化、无尘化、控制释放等高效安全方向发展,即大力推动绿色农药发展。同时,严格控制含甲苯、二甲苯等有毒有害化学溶剂和助剂的使用,开发和推广水基化等剂型[2]。

(2) 2014 年 8 月 1 日,《食品中农药最大残留量》标准开始实施,新标准为 387 种农药制定了最大残留限量标准,基本覆盖了常用农药品种[3]。

(3) 2015 年 1 月 1 日起开始实行新修改的《环境保护法》,加大环境违法责任、完善行政强制措施,对污染企业罚款实施"上不封顶",这一法律会使高污染的高毒农药厂家难以继续生产。2015 年 4 月 25 日《高风险污染物削减行动计划》正式出台,对 12 个高毒农药产品实施替代[4]。

(4)《农业部关于加强 2016 年农产品质量安全执法监管工作的通知》(农质发〔2016〕2 号)特制定了 2016 年农药专项整治行动方案。整治活动主要集中在以下四个方面:要加大禁限用农药整治力度;依法打击制售假劣农药行为;大力提高农药科学使用水平;切实防控农药使用安全风险。

(二) 国外政策简述

目前,世界上发达国家每年投入 30 余亿美元用于新农药的研发,而生物源农药更成为关注和开发的热点[5]。欧美的绿色农药市场主要由大型生产企业主导,居于世界领先地位。

以英国为例,总体来说,英国有关农药方面的法律法规和管理制度是相对完善的。

（1）《农药在作物、食品和饲料中最大残留量的规定》详细规定了6000多个最大残留量[6]。

（2）《植物保护产品规定》与欧共体的《植物保护产品注册规定》相协调，按欧共体的水准对农药有效成分评价。

（3）英国政府制定了"最低限度使用"的政策，提出了控制数量，考虑农药效用、人类健康和环境因素，定期复审，公众监督和独立审批五个要求[8]。

（4）设置相关的农药管理机构，各司其职。完善审查制度，有计划地进行调整。同时还加大了研究新型农药的资金支持。

以美国为例，美国的农药政策主要针对国内和国外两部分。

（1）对内，美国环保局负责注册新农药，会根据其经济、社会和环境的费用和效益来考虑和判定这种农药是否会造成不必要的危险，是否对人体健康和环境造成危害。申请者必须向环保局申请适当剂量并提供相关数据。同时，根据联邦食品法、医药法、化妆品法，环保局确定农药最高残留量。对不同的加工食品给予不同的农药允许量，对超过标准的商品进行没收处理。而且，美国的农药法要求对所有的农药进行登记，新农药在投放市场前必须符合卫生安全的严格数据要求，如果注册农药有数据表明可构成不必要危害，环保局就进行一项有公众参加的特殊审定，确定是否采取限制行动。

（2）对外，美国采取农药通知书制度，美国环保局必须将美国农药注册的主要法规通知世界各国政府，简要的说明采取的法律行动、危害及效益分析和有关健康与环境的讨论，并且提供出口农药的基本信息，比如名称、地址和注册状况等。

（三）国内外政策对比及启示

中国作为农业大国，农药的使用量一直居高不下，由此造成的一系列安全事故层出不穷。近些年来，我国在绿色农药的研制和传统化学农药的限制等方面做出了很多努力，也进行了各种农药整治专项行动，如禁止生产和使用高毒农药等，取得了较为显著的成果。与此同时，随着检测技术的不断提高，分析制定了农药的最大残留限量标准，不断降低农药残留可能带给人们的危险。但是我国传统农药的改革还有很长的路要走，同英、美等国相比，我国的检测技术、政策监管力度、措施落实情况等还存在着一定的差距。因此，我们要合理地借鉴国外的相关政策，同时正确结合我国目前的农药国情，师夷长技以制夷，更快更准确地解决问题。

我们认为，英国完整的农药管理机构值得我们借鉴。一个完整的管理机构不但方便推广相关政策，也能够更好地监督各个环节农药的使用情况，还可以利用农业生产者们对于管理机构的信任推广绿色农药，起到事半功倍的效果。相较美国，他们的农药注册审查制度较为完善，通过对农药进行详细的审查登记，能够更好地掌控农药现行的状况，严格把关市面上的每一种农药。目前我国虽然加大了相关管理力度，但从调查过程中部分农业生产者在家中囤积即将被禁用或已经被禁用的农药可以看出，我国在农药管理方面还有所欠缺。一直以来，国家对于农业生产过程参与较少，农户们对于土地的自主权很高。而现今，人口激增带来的土地压力更是前所未有，耕地资源匮乏、人均耕地骤减、单位面积产量必须提高；产业结构改革下，新兴产业迅速崛起，生物工程、基因工程等技术的发展也导致国家对于农业生产的扶持不比从前。对比欧美国家，人均耕地多、经济效益压力小，相对来讲制度更易落实和管理。

从目前来看，我国农业生产者受教育程度普遍不高，大部分的农民没有接受过系统正规的农业技术教育和职业培训，对于农业科学技术的认知、接受能力较弱，而且对新知识、新技术存在疑虑，担心存在风险。相反的，国外的农户们的科学文化素质较高，他们大多都能严格地按照农药的使用标准、使用时间等要求来喷洒农药。对比我国，农民在农业生产过程中为了保证产量和低成本生产会忽略限制用量，以保证效果为前提；英国政府制定的"最低限度使用"的政策中控制数量、考虑农药效用等要求在我国是难以做到的。由此可以看出，政策虽然重要，但最重要的是国家和个人层面上的落实。英、美等国之所以在农药管理方面比我国强的一个突出原因就是政策落实的力度大。因此，我们除了需要加强针对传统化学农药的一系列政策落实管理之外，还要寻求传统农药替代品，加大对新型绿色农药的研究开发力度，从根本上解决环境污染、农药残留等问题。

四、提高绿色农药认知与普及的建议

（一）完善政府相关法律法规，加大监督管理力度

目前，我国出台了有关剧毒农药禁限用以及积极推动绿色农药发展的一系列政策，但仍然存在漏洞。农业生产过程中农药的使用是一个动态的过程，要及时关注，随时修订，紧跟生产使用的步伐，收集最新的最全面的数据进行分析，合理地提出问题并解决问题，同时要将各个监管部门工作落实到位，实现真正意义上的监督管理。

（二）加大宣传、教育力度，提高绿色农药认知度

宣传绿色农药，绝不仅是化工部门和生产厂家的事，环保、农业、贸易等部门都要通力协作，充分发挥各自的优势，从不同的角度，做好绿色农药的宣传推广工作，让农民真正了解绿色农药，逐步增加绿色农药的使用。在调查过程中发现，受访者对于农药销售点工作人员的建议是十分相信的，因此，我们可以通过对其工作人员进行相关知识的培训来帮助农业生产者解决使用何种农药以及农药的用量等问题；与此同时，直接用药的人群也需要接受农药知识的教育，在规定的范围内合理地使用农药。目前绿色农药的宣传力度不够，而且大多都停留在纸上谈兵阶段，要将各种措施落实到细节上，真抓实干，通过各种媒体宣传、在学校开设教育课堂、

到各个地方进行相关知识的讲座等方式来提高绿色农药的认知度。

（三）开发研究绿色农药，提高绿色农药的成效

中国是受农业生物灾害严重的国家，因此，农药在农作物生产中具有非常重要的地位，而坚持使用传统化学农药正是农户们想要提高产量，保证自己经济收入的体现。这个过程中农药的安全使用是关键，但目前农药安全使用面临诸多问题，譬如用药人群素质不高、施药机械严重落后、监督管理有待加强。目前无论杀虫种类还是速杀效果，绿色农药都尚不如化学农药；就产品的稳定性来说，许多绿色农药的理化指标和稳定性也存在明显的不足，绿色农药的使用往往需要较为复杂的田间使用技术和生态环境，因此，应该加强新农药的试验示范与筛选，让农民亲眼目睹使用绿色农药的好处，从而提高使用绿色农药的自觉性，同时根据农业生产需要不断完善并研发新的绿色农药，使绿色农药的效果尽可能提高。

（四）提高群众的绿色可持续发展的环保意识

不论政策的实施和宣传有多到位，农药使用情况最终还是要回到基层的群众身上，因此，提高群众的生态环保意识尤为重要。调查过程中，不少人提到传统化学农药的危害确实很大，但由于化学农药见效速度很快，如百草枯等，很快就可以达到目的，所以，不会放弃使用，而这将导致农作物上大量农药残留、土壤中农药含量超标、地下水污染等环境问题，与可持续发展的观念相悖。因此，当务之急是要提高大家的环保意识，通过张贴各种宣传画、学习相关法律法规、进行小型的绿色农药宣讲会等提高农业生产者的环保用药意识，不要为了一时的利益而破坏环境，对农业生产者统一进行培训，使其从中学到标准的生产技能，同时提高素质，自觉规范生产。提高绿色可持续发展的环保意识不该只靠国家法律法规的硬性规定，与此同时，我们更要严格地约束自己，自觉学习并遵守相应政策规定，增强环保意识，推动绿色农药的全面普及。国家目前一系列政策的跟进，对绿色农药的发展起到了推波助澜的作用，我们有理由相信，绿色农药的产生和使用会开启农药行业的新篇章。

参考文献

[1] 刘亮、孙艳萍、周蔚．我国农药禁限用政策实施情况及建议［J］．农药管理，2013，34（7）．
[2] 李水清．英国的农药政策和管理［J］．全球科技经济瞭望，1996（9）．
[3] 王隆都．绿色食品农药标准的现状和思路［J］．福建农业科技，2013（6）．
[4] 沪生．绿色化学农药研发策略及市场展望［J］．江苏科技信息，2004（6）．
[5] 成日至．绿色农药推广难的原因及对策［J］．致富之友，2000（11）．
[6] 王爱军、袁从英．绿色生物农药研究现状及发展［J］．河北化工，2006（1）．

首钢产业升级调整与环境保护关系的研究

陈晋文　宋璟玉[*]

摘要：环境恶化是工业化进程中的一个问题，工业化往往伴随着空气污染，水污染等一系列环境问题。中国正处于经济发展的重要转型阶段，环境问题与经济发展的矛盾也愈见突出。因此，现今中国如何进行低污染、低能耗的工业生产和发展，变得尤为重要。本文将以曾经重点发展钢铁、冶金等重工业的首钢为例具体研究对石景山的影响，以及搬迁后在京津冀发展格局中，如何在循环经济的发展道路上，调整产业结构、淘汰落后产能，进而对石景山与河北的环境产生的影响，以及对京津冀一体化进程的发展有哪些促进作用。同时搬迁后的首钢，产业发展不健全，我们将通过首钢与硅谷企业发展的对比，分析找出首钢产业发展的下一步路该如何走，才能更好地与我国经济发展趋势相适应，更好地推动中国经济健康可持续发展。首钢的改造升级适用于正处在转型期中的企业，而首钢集团与硅谷地区的对比研究，也是为了能给中国越来越多新兴的创新企业提供发展借鉴和依据。

关键词：首钢集团　环境污染　改造升级　循环经济　硅谷

一、导论

（一）问题提出

环境的恶化是工业化进程中的一个问题，工业化往往伴随着空气污染，水污染等一系列环境问题。发达国家进入后工业化社会后，在环境问题上以"碳"来遏制发展中国家的发展。中国正处于经济发展的重要转型阶段，因此，中国如何发展低污染、低能耗的生产，变得尤为重要。中国的第二产业的发展尚不完善，能耗大、技术不先进，同时中国的劳动力的优势在降低，二十年之后中国进入老龄化社会，劳动力更是稀缺，这就促使着中国思考如何进行适合国情的产业升级，如何降低重工业的能耗，如何将第二产业向工业4.0迈进，同时如何在中国祛除僵尸企业后，利用好土地资源进行第三产业的转轨。

石景山区作为传统的重工业区，建区是为了发展以首钢为代表的"京西八大厂"。石景山区重点发展以钢铁、冶金为主的重工业。石景山在"十一五"前期依然是北京市唯一以第二产业为主导产业的行政区。

在1993年，石景山月降尘量就已为全北京之首，超出北京市其他城区近一倍之

---

[*] 本课题指导教师陈晋文（北京工商大学马克思主义学院），课题组组长宋璟玉（财经153班）；课题组成员：高冰玉（财经153班），张子辰（金融141班），崔彤（财经153班）。

多，三大主要污染源为首钢、高井电厂、燕山水泥厂。同年石景山为了治理污染成立污染治理小组，可见石景山治理污染在二十年前就已开始。因为2001年北京申办奥运时对环境质量的需求，高井电厂从化石燃料的燃烧转变为燃烧天然气，同时在逐步引进CCS技术减少二氧化碳的排放，同时对于全国钢铁工业结构调整和优化升级的新阶段和北京市建设国际化大都市的要求，首钢在争取国家批准首钢发展规划的同时先期启动搬迁，首钢钢铁产业先后搬到了河北省迁安、秦皇岛，唐山曹妃甸。

我们对首钢搬迁后的问题产生了兴趣，首钢搬迁前，石景山地区污染严重，经济发展急需突破口；首钢搬入曹妃甸，会给曹妃甸地区的经济及环境带来什么影响，以及对首钢搬出后的石景山经济环境的影响，同时对于京津冀一体化是否有积极的推动作用。

(二) 研究背景

1. 环境原因

近百年来，全球气候变暖所带来的负面效应，正在威胁着人们的生活。联合国政府间气候变化专门委员会（IPCC）第五次评估报告指出当前气候变化95%以上的可能是人为活动所引起。在2015年的巴黎大会上，175个国家通过了《巴黎协定》，提出了实现全球控制温升不超过工业革命前2℃的目标。

中国面对气候变化，正以积极的态度推进应对气候变化的合作进程。同时中国确立了有雄心的INDC减排目标：2030年单位GDP的CO_2排放比2005年下降60%～65%。我们要达到这一目标，就要年减排率达到4%以上，高于发达国家INDC承诺下的GDP的CO_2强度下降速度，也将高于我国承诺的2020年下降40%～45%的减排力度。

北京市作为中国的首都，更是起到了带头和示范作用。第一届中美气候智慧型低碳城市峰会中提出，北京将在2020年左右，实现CO_2排放达到峰值。这就需要北京加大治理力度。

2. 产业升级的需要

我国正处于工业化、城镇化快速发展阶段，相比处于后工业化的发达国家，我国在推动能源变革，减缓CO_2排放方面比发达国家面临更大挑战和更艰巨任务。我们目前的首要任务是内促发展，促进经济发展方式转变和产业升级。在改革开放后，中国的产品输入世界各地，"中国制造"的名气打响世界，但是中国还是属于劳动密集型企业的世界工厂。随着中国的人力成本的提高，和中国产业升级换代的需要以及中央对环境的日益重视，一些劳动密集型企业逐步外迁，部分向越南和印度等国转移。中国的产业技术升级改造逐步在中国各地推进。

3. 京津冀一体化

2004年，国家发改委组织京津冀有关负责人，就京津冀一体化[1]问题达成"廊坊共识"，随后京津冀区域发展问题被纳入"十一五"规划中。自此，国家发改委也正式启动京津冀都市圈规划的编制。京津冀对周边地区经济起了重要辐射带动作用，它们发展的程度关乎整个华北地区的发展。京津冀一体化的发展从"设想"到最后的重视区域经济发展经历了一个漫长的过程。河北省处于京津的中间地带，面临着更大的产业调整机遇。京津冀由于缺少完备的规划和区域产业设计，存在着在产业机构上的竞争。北京市作为首都，有高度的资源配置权和优先发展权，导致了京津冀三地以河北省为重点的发展不平衡。天津市身为"老牌"工业城市，同时加上沿海的优势，经济上不会过度依赖北京。河北省是粮食主产区，由于历史原因，河北省发展的八大行业的产业结构不完善，没有完全发挥沿海优势作用。京津冀一体化以来，京津冀存在着经济实力和产业结构不能很好发展的弊端。北京市方面具有过密的地区功能，需要向外转移大量的第二产业。北京市应该努力发挥首都优势，充分提高其技术和人才以及信息能力，将信息产业和知识密集型产业努力提高到更高的层次。

（三）研究目的和意义

石景山首钢的搬迁，对河北省的环境和京津冀一体化有哪些促进作用，同时首钢迁出后的石景山区，产业发展不健全，通过与硅谷的对比，找出石景山区下一步该如何走，石景山区如何改进产业结构，才能更好地发展。

（四）研究方法

在学习宏观经济学和微观经济学的基础上，了解前人如何论述及分析京津冀一体化原因、目的、重要性。定性与定量结合法，通过环保局的空气质量的数据，分析了河北省重度污染的出现规律，得出了污染的原因并不全在首钢，河北省其他各地均有污染源，并且部分污染程度比首钢严重的结论。

二、背景知识

随着奥运会的申办，北京市在落实产业结构调整政策下，对北京地区高污染产业进行了大批量处理，新一批高新技术产业驻入北京市，有关环境污染治理相关政策颁布落实，首钢在曹妃甸新建的钢铁基地逐步发展，装备以及工艺技术水平也比较先进。首钢于 2012 年表示建造亚洲最大生物质垃圾焚烧发电厂。垃圾焚烧发电项目是以垃圾为燃料，处理垃圾为主要功能，利用垃圾余热进行发电的市政工程[2]。与当时国内规模最大的朝阳区高安屯垃圾焚烧厂相比，待建的首钢鲁家山生物质垃圾焚烧发电厂预计日处理垃圾 3000 吨，比高安屯厂高出近一倍，建成投产后，基本能解决石景山、门头沟、海淀、丰台四个区的日常垃圾处理问题，平均每年供 3.8 亿度电[3]。在以清洁能源发电为主题的今天，首钢鲁家山生物质垃圾焚烧发电厂不仅能解决北京部分地区的日常垃圾处理问题，为北京环境治理提供巨大的方便，同时，垃圾焚烧后的发电量还能为居民提供生活必须能源，提高人民生活质量，为北京市的经济发展、工业进步贡献力量。生物质垃圾焚烧发电，虽为一种市政工程，但同时也可成为一种新的投资方向。

三、首钢搬迁后京冀两地发展现状的对比研究

首钢在经济建设和环境保护方面都起着较为良好的典范作用，同时推动了京津冀一体化。搬迁以来，首钢的高效地运转给河北省带了空前的机遇和挑战。虽然近些年有关重工业严重污染河北省整体空气的报道屡见不鲜，但首钢作为其中的一个并不是主要源头。一些小型普通的重工企业由于环保技术和企业管理技术落后，导致河北省产生了严重的空气污染问题。

首钢是世界500强企业，企业内部造钢设备先进，环保措施全面，管理水平一流，那些普通的工业企业可以从中汲取经验教训。

（一）首钢搬迁的历程

2005年2月，国家发改委正式批复了首钢搬迁方案，同意首钢实施压产、搬迁、结构调整和环境治理，分别在顺义区建设冷轧薄板生产线，在河北省曹妃甸成立首钢京唐公司，在河北省秦皇岛成立首钢秦皇岛钢铁公司，在迁安成立首钢迁安钢铁公司，至2010年底完成搬迁。

1. 空气污染是直接原因

"北京市的上空有个黑盖，黑盖的中心是石景山，首钢位于石景山。"早些年，专家学者这样描述首钢—石景山—北京三者的污染因果链。根据中国环境科学研究院的报告，2003年，北京市区的可吸入颗粒物排放量达到71783.9吨。2004年，一份来自北京市环保监测中心的统计数据显示，首钢所在的石景山区全年二级以上（含二级）的天数仅占全年的一半。

首钢搬迁首先还给首都蓝天和绿地。据环保部门分析，首钢搬迁能让北京每年减少排放18000吨可吸入颗粒物。可见仅首钢排放的可吸入颗粒物就占整个北京市区的23%。北京市每年所消耗的煤中，仅首钢、燕山石化公司、焦化厂、电厂四大家就占去一半以上。

搬迁后，第一座高炉停产，每年减少排放二氧化硫48吨、有组织粉尘排放100吨、无组织粉尘排放84吨；二号焦炉停产，减少二氧化硫排放量0.24吨、烟尘排放量4.05吨、粉尘排放量189吨。石景山区冶炼、热轧生产全部停产，粉尘、烟尘、二氧化硫将基本实现零排放。图1反映了近20年来北京市空气污染变化。

可见，自2005年以来，空气污染物浓度有大幅度地下降。尤其2007年至2008年是首钢搬迁后初期，根据折线图的走势可看出在这一年里大气主要污染物浓度急剧下降，更加直观和有力地说明工业迁移前，石景山工业产区污染物排放对北京市空气质量的严重影响。

在随后的10年里，尽管首钢等重工业已外迁，主要污染物浓度整体呈稳定持续

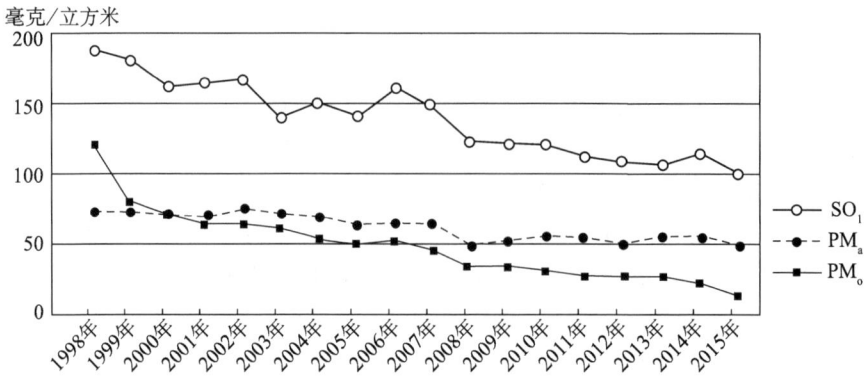

图1 1998—2015年空气主要污染物年平均浓度值变化图[3]

的下降趋势,但前几年北京市 $PM_{2.5}$ 仍居高不减。对此,北京市仔细勘察了 $PM_{2.5}$ 的空间分布特征,结论发现植被面积增加对 $PM_{2.5}$ 浓度下降有积极的影响,于是北京市增加了市区及周边地区的植被覆盖率,使2014年北京市 $PM_{2.5}$ 浓度从2013年的89.21毫克/立方米降到了87.35毫克/立方米,同时把部分低盖度植被转换为高盖度植被,高盖度植被增加了112.94平方千米。至此,北京市生态环境问题再次得到了改善。

2. 北京不适合继续发展重工业

一方面,建设"人文北京、科技北京、绿色北京"和世界城市是北京"十二五"时期的发展战略。北京将重点发展生产性服务业和文化创意产业,电子信息、新能源、生物医药、汽车、装备制造等高端制造业,并积极发展绿色经济、低碳经济、循环经济,重点完善节能减排制度和社会引导机制。从长期看,钢铁制造这种粗放型产业注定与北京市的发展布局格格不入。另一方面,北京是2008年奥运会的主办城市。秉承着"绿色奥运"的申办理念,解决首都的环境问题是当时国家政府的首要任务。因此,首钢作为首都重要的重工业集团,理应作出表率,为实现"新北京,新奥运"的目标做出贡献。

(二)搬迁地发展现状

首钢搬迁地是环绕着大半个北京城的河北省。河北省位于渤海湾的中心地带,有唐山港、秦皇岛港等国内、国际港口,同时毗邻天津。随着京津冀一体化进程的加快,推动着河北省在经济、科技等领域的相继发展。由于京津两地的产业饱和产业调整的需要,部分产业从两地转移寻找新的落户点,河北省借助自身的地理优势,承接了煤炭、石油、钢铁等重工业。首钢就是其中的一个,它的搬迁为河北省的经济发展带来了新的机遇和挑战。

虽然,首钢驻入河北省推动了该地的经济发展,但与此同时,当地的空气污染问题却也日益突出。

首钢原产业区的迁移无疑使北京市后来的环境质量得到了大幅度的改善。相比之下，搬迁地河北省近几年的空气污染状况却北京严重，尽管省政府对空气污染严加治理，但河北省整体空气质量排名仍未脱离落后的地步。

1. 产业结构问题

河北省的产业结构不合理，导致排放的污染物总量大。河北省产业结构偏重，钢铁、建材、石化、电力等"两高"行业比较集中，钢铁、粗钢产量超全国总量的1/4；能源消费量居全国第二位，单位生产总值能耗比全国平均水平高59%；以煤烟型、颗粒物为特征的大气污染较重，氮氧化物、烟（粉）尘排放量居全国第一，二氧化硫排放量居全国第二。而河北省曹妃甸等地又是北京市首钢的工业迁移地，这便能够有力地证明，重工业废弃物排放是导致这里空气质量不佳的首要原因。

2. 地理因素

再从地理位置上考虑，河北省环绕北京，南北高度落差超过500米。地形条件造成春冬季节偏北风，使大气污染物进入京津冀区域东南部。夏秋季节偏南风使得河北省西南走向线附近受到阻隔和沉降，不利于区域污染物的扩散。

在2015年全国城市空气质量报告中，全国338个地级及以上城市平均达标天数比例为76.7%，73个城市空气质量达标，占21.6%，总体呈转好趋势。达标城市主要分布在福建、广东、云南、贵州、西藏等省、自治区。全国和"三区"空气质量持续好转，但京津冀区域环境空气$PM_{2.5}$浓度仍严重超标[4]。北方地区采暖期间大气污染依然较重。受超强厄尔尼诺事件影响，采暖期间静稳天气频发与污染物排放量大相互叠加，导致我国北方尤其是京津冀及周边地区多次发生空气重污染过程，对人民群众生产生活影响较大。就在2016年7月公布的空气质量相对较差的后10个城市中，保定，邢台，衡水，唐山，石家庄，邯郸，廊坊等地均来自河北省。

（三）京津冀一体化协同发展

1. 京津冀一体化的目标

在《京津冀协同发展规划纲要》中指出，京津冀协同发展的目标是近期到2017年，有序疏解北京首都功能，在符合协同发展目标且现实急需、具备条件、取得共识的交通一体化、生态环境保护、产业升级转移等重点领域率先取得突破，中期到2020年，生态环境质量得到有效改善。

2. 首钢对京冀的促进作用

（1）改善环境：循环经济的出现

河北省还承担着建设京津冀生态环境支撑区的使命。与前几年相比，河北省首钢在环境治理方面加大了力度。在曹妃甸实行绿色生产，生产排放的废水、钢渣等废弃物全部循环使用；采用先进工艺的海水淡化技术，在世界首次实现热、电、水三联产。首钢京唐公司积极践行循环经济模式，按循环经济理念，对高炉冲渣水余热和加热炉烟气等余热进行再度利用，使得固废综合利用率达100％；自行研发海水淡化前置发电新技术，实现汽—电—水大循环；首钢发展垃圾焚烧发电项目，生物质垃圾发电厂已成为其环保产业中的重要项目之一。

（2）政策下的技术改造

随着国家环保形势的日益严峻，河北省环保厅及国家环保部相继出台了更严格的排放标准。首钢集团下各厂应用不同的去污方法和改良技术，以求达到国家标准。其中有两例较为典型：首钢球团厂为达到国家排污标准，实现达标排放，研发并采用脱硫除尘一体化密相塔半干法[5]对球团烟气进行处理（系国内最先采用）。2013年10月份完成改造后，系统运行稳定。脱硫后的烟气中SO_2浓度达到了环保部门规定的小于180毫克/立方米的标准，脱硫效率达到了90％。另外，由于露天贮料方式对环境造成极大的污染，已不能满足环保需求，首钢集团还借鉴了环保型封闭式原料厂[6]的构建方法，实施料场封闭改造，建设"资源节约型、环境友好型"企业，实现"节能减排、环境保护"的绿色发展理念。封闭式料场以其独特的环保效益、经济效益和社会效益，在新建及改扩建钢铁项目中得到了广泛应用。

3. 结论

综上所述，首钢搬迁使首都功能得到疏解，粗放型产业不能适应北京发展的格局。首钢搬迁一方面减少了北京市石景山区的空气污染，另一方面推动了京津冀的一体化建设。京津冀一体化进程中最大的问题是京津冀三地经济自成体系，尚未形成资源共享、优势互补、良性互动的一体化发展的共赢格局。然而想要形成这一共赢格局，从各国发展的成功区域经济经验来看，在充分利用市场的"无形的手"的调节下，同时发挥好大企业促进区域经济合作的作用，在促进京冀的资源共享、优势互补方面发挥了巨大的推动作用，促进了循环经济的发展，资源、高新技术的共享带动了钢铁行业的绿色转型。衡量一个经济体的经济发展，一是总量增长，二是结构优化。通过数据分析，唐山市生产总值在首钢迁入后有了一定幅度增长；首钢集团围绕着钢铁产业，形成了大而全的相关配套行业，如生产性服务业、工程技术产业、合金产业等，大大优化了京冀地区的产业结构，使各个产业之间和产业内部在经济活动过程中形成了有着广泛的、复杂的和密切的技术经济联系，在这个系统中各组成的要素之间存在着相互依赖、相互作用的关系。同时首钢在钢铁企业中注重发展循环经济，其在京唐打造的循环经济产业链可为京津冀提供淡水，发挥京唐的自身临海优势。首钢搬迁，促进了周边市政基础设施的建设、生活配套设施的建设，也提高了生活便利程度，降低了生活成本。首钢的技术革新没有给河北造成大量污染，分析表明河北的污染主要来源于其他污染的中小企业。通过工业生产重心转移，同时加速创新、结构整合和生产模式转型，一方面减轻对于首都北京的环境压力，另一方面协助河北省的生产发展，这之中同时完成了技术传承和发展、两地的交流合作的加强、促进了两地的共同发展等多项任务。与此同时，很多生产运营模式相似的企业也可以此为参考，从而制定更有远见的发展战略，在整体经济发展的大环境下,进行高效运行。也可以说,首钢的外迁落实了京津冀一体化的核心思想并实现了双赢的长远发展目标。

四、硅谷与石景山工业背景及环境问题对比研究

硅谷作为创新生态的全球标杆区域,是世界各地开拓科技产业借鉴的对象。从硅谷与石景山地区工业发展中所遇环境问题的对比,分析石景山地区现今产业发展的弊病以及如何有效绿色地进一步发展。

(一)硅谷发展历程与优势

硅谷创新生态系统经历了四个阶段:半导体时代,个人电脑时代,互联网时代,社交媒体和多元化时代。1980年以前,硅谷工业发展以半导体及硬件制造业为主。1980年到1990年,硅谷工业发展中逐渐出现软件硬件结合的产业;1990年之后,硅谷工业中半导体业务占比逐渐下降;2000年后,服务及软件产业开始进入硅谷发展,并逐渐占据主导地位,硅谷内部大量工厂外迁,整体产业模式有生产转向技术研发阶段;进入21世纪后,硅谷核心业务脱离半导体生产业,转向研发更先进的高新技术产业发展。

硅谷从工业园创建,便定位成较先进高端的工业园,在发展基础与环境上,有了先天的基础。位置上,硅谷位于美国旧金山,依山傍水、气候宜人,有利于提取高浓度硅,"硅谷"便是由此而来;美国有发达的航空交通网和低成本的公路运输网,经济资源在全美国能够自由而充分地流动;美国文化具有多元性,包容性强,而硅谷也在此基础上形成新技术产业发展所需要的独具一格"兼容并包"的硅谷文化;硅谷周边高端院校林立,教育系统的发达为科技创新提供人才和技术支持;除此之外,美国知识产权体系健全,个人知识产权受到国家的专利保护、吸引大量人才入住硅谷,硅谷便逐渐成为世界型人才的聚集地。

(二)硅谷发展中的环境问题与解决方案

工业化发展必然伴随着环境问题的出现,硅谷也不例外。针对工业生产中的环境问题,硅谷地区企业也纷纷对污染严重的地区进行调查分析,并采取补救措施缓解问题。我们暂以硅谷著名的AMD公司和Apple上市公司为例,谈硅谷在环境问题出现后,采取的解决对策和措施。

1981年AMD公司发生了有毒溶液泄漏事故,化学品污染到了地下蓄水层,其附近的土壤和水都被检测出了有毒化学品成分。为了及时解决自身公司对环境的危害问题,AMD公司耗巨资将泄漏源附近大面积土壤抽出处理,并对周围水源和土壤进行大规模处理净化。但到2005年,由于净水、换土行动的效果越来越差,AMD开始展开生物治理计划——将特定的微生物混入受污染的土壤和水中将三氯乙烯分解成无害的复合物。自1983年发现有毒化学物质泄漏以来,30年已经过去

了，经过这么多年的处理，目前还遗留的化学物质已经不足以污染地下水了。

Apple 公司在出现类似的情况后，采取措施大概有以下三点：产品生产保持环保标准无污染、无重金属（汞、砷等）；推行完整的产品回收流程，保证资源有效充分利用；使用可再生能源与可持续循环资源，减少生产过程中对环境的依赖。另外，苹果通过源头整合资源的方式，在各个环节进行技术革新和迭代，将生产工作分散到不同地区工厂、流程碎片化，从而降低成本以保持工厂的竞争力。同时分散化生产也从根本上杜绝了在一个地区完成原材料加工生产等复杂工作，降低集中化生产对于环境的压力和影响。

AMD 与 Apple 分别代表着硅谷企业的两个时代，AMD 以实体工业生产为主体，Apple 以硬件整合以及软硬件结合服务为主体，两者的价值生产主体分别属于不同的时代和市场环境。考虑到环境承载力以及生产经验积累，我们大体上将这两个公司的行事风格和处境映射为不同时期公司的发展思路：前者经历的整个硅谷通过实体生产业的上升期完成了资本积累和技术迭代，同时拥有承担环境问题责任的资本和能力，这在早期的硅谷属于一个比较完善的企业样式；而 Apple 则在新的环境里利用新技术从根本上杜绝自身需承担环境问题的责任，通过可循环的产业链形成健康向好的经济体，实现循环经济的发展模式和对环境问题的优化处理。这两个公司的发展过程也基本上是整个硅谷发展思路的转变过程。

五、延伸

以上我们探讨了以实体经济为基础的区域经济，但是目前很多地区在没有实体经济带动的情况下，出现了例如网购村等无实体经济产业，也就是说这样的经济体在起步的阶段本身就不是依赖实体经济发展的，我们更应该通过多方面的经验参考、结合他们的现状从而总结出新的发展经验和产业升级的方法。

（一）关于大公司转型困难问题

大公司转型在很多情况下难以转型的原因，主要是因为大公司体量过大，在面对新的市场时没有充足的灵活性进行转变，而转换模式、拆分结构又需大量的风险和成本，这便导致了很多大企业不得不做出通过不犯错而避免尝试带来的高成本方案，最终因缺少和市场紧密的交流而失去很多先机。企业和市场之间需要一种联结机制，即企业的生产可以较为精准地打击到市场的需求点，现阶段工业 4.0 就是在建立这种机制之上，同时改变生产结构形成。我国的大企业也同样应该集聚更多的力量去培养构造这样的机制。

一般的市场规律是符合双 S 曲线理论的，即在一个市场上发展速度平缓时候往往是新的替代市场起步阶段。旧的市场已经饱和，且拥有足够大的体量，而新市场却还未到爆发期，从而难以进行判断和投资，这就出现了市场发展的不连续性。克服不连续性是未来企业需要解决的主要问题。即所说的培养市场和生产之间的关联性评估力量。

（二）关于人才资源和区域经济发展

北京市区域经济一直在面对高精尖人才外流、高精尖生产力难以储备的局面。如何掌握生产力和人才资源也是区域经济发展和产业升级中需要面对的一大问题。大企业形成平台，给予小的团体更多的空间和自由度，给人才一个友善的学习积累环境，同时积极的升级生产力，才能保证在产业升级的过程中，高精尖人才和高等生产力具有充分的资源储备。

六、展望

研究的方法是多种多样的，我们选取了我们认为较为可取的一种研究方法进行研究，但是在我们研究的过程中也出现了很多不足。首先，在关于京冀空气质量研究中，我们没有找到强有力的数据和记录进行作证，同时没能找到如何排除汽车污染影响的方法。现有的数据有诸多不完整，这可能会在一定程度上降低了整篇文章的说服力。其次，我们虽在研究过程中运用了大量的推理方法，却没有得到有效的较强逻辑性的整体研究方法。希望在进一步的研究中可以找到更完善的研究方法，从而更好地研究现有的问题并且提出有效的方案和经验总结。

参考文献

[1] 杨连云，石亚碧．京津冀区域协调发展的战略思考［J］．河北学刊，2006（4）．
[2] 鞠鹏艳．大型传统重工业区改造与北京城市发展——以首钢工业区搬迁改造为例［J］．北京规划建设，2006（5）．
[3] 江文清．硅谷高新企业集群成功发展的经验对我国的启示［J］．经济体制改革，2003（4）．
[4] 赵国岭．京津冀区域经济合作问题研究［M］．北京：中国经济出版社，2006．
[5] 高鸿业．西方经济学（微观部分）［M］．北京：中国人民大学出版社，2011．
[6] 高鸿业．西方经济学（宏观经部分）［M］．北京：中国人民大学出版社，2011．

关于北京棚户区改造过程中环境污染问题的产生和预防措施

朱 倩　张舒睿[*]

摘要：棚户区，指的是城市建成区范围内、平房密度大、使用年限久、房屋质量差、人均建筑面积小、基础设施配套不齐全、交通不便利、治安和消防隐患大、环境卫生脏乱差的区域。棚户区既是历史欠账，也是城市伤疤。在北京市，存在着很多房子低矮破败生活区，居住和生活条件非常恶劣，结构简陋老化，建筑密度小，抗灾性差，难以抵御地震、洪涝、火灾等灾害。党的十八大以来，党中央协调推进"五位一体"总体布局和"四个全面"战略布局，牢固树立和贯彻落实创新、协调、绿色、开放、共享的发展理念，把生态文明建设摆上更加重要的战略位置，认识高度、推进力度、实践深度前所未有，构建人与自然和谐发展的现代化建设新格局取得积极进展，生态文明建设展现出旺盛生机和光明前景。棚户区改造涉及居民生活条件的改善、城市面貌的改变，更涉及城市功能综合布局、城市持续发展的竞争力，为此，更需要率先落实绿色低碳、生态文明建设的要求。

关键词：棚户区改造　生态文明建设　北京市房山区

本次考察主要采取的方式是同学收集相关资料，实地考察、采访工地相关人员、拆迁群众。我们主要走访房山区渔儿沟村的新增棚户区。对改造工作中所面临的污染问题、存在的危害以及棚户区的现状与改造方向等方面做出分析和建议。棚户区改造，不仅为人民群众建立良好的、适合居住的生态环境，同时也极大地促进城市经济、文化的发展，构建和谐社会。然而在棚户区的拆迁与改建过程中必然会对环境带来一定的影响，如大气污染、建筑废物、噪声污染等，它们会对环境造成一定的污染，还有人员的搬离，大量废弃物留在原地，种类繁多，成分复杂，不但造成了资源的浪费，而且严重污染了棚户区的环境。因此，为了在棚户区改造过程中妥善处理好出现的污染问题，需要统筹城市发展需要与生态文明建设之间的关系，落实既定的规划目标，选择合理的改造方向，整理归纳出切实可行的解决方案。

一、棚户区改造中可能会存在的环境污染问题

我们通过查阅资料、学术期刊等途径总结出了以下一些棚户区改造过程中可能存在的部分污染物及其造成的环境污染问题[1]。

---

[*] 本课题指导教师朱倩（北京工商大学马克思主义学院），课题组组长张舒睿（会计142班）；课题组组员：李晓艺、李侬、唐婕、刘心悦（会计142班）。

（一）建筑垃圾

建筑垃圾是在工程中产生的建筑废料，包括废渣土、废砖头等。目前建筑垃圾的主要处理方式是掩埋或焚烧。掩埋建筑垃圾这样的方式虽然简便但是可能会占用土地，污染地下水，从而破坏土壤结构，不利于植被生长，进而导致耕种用地减少。而随意焚烧建筑垃圾则可能产生二恶英、多环基芳烃等致癌物，将会导致大气污染。这些有毒气体不但对大气的污染危害极大，会对人们的身体造成伤害，致使慢性支气管炎的发病率大幅提升，污染的颗粒物中含铅量较高可导致儿童的中枢神经系统损伤，严重的可能导致智力下降。

（二）塑料垃圾

塑料垃圾主要的危害在于视觉污染和其潜在危害，大量白色垃圾堆积会造成水体污染、火灾隐患、土壤受损、蚊虫滋生等危害，占用土地且极难分解和回收处理。同时大片白色垃圾堆砌给人的视觉感受恶劣，污染环境的同时使人身心不悦。

（三）电子产品

棚户区改造后，原居民迁居可能会产生大量弃置电子产品，而废弃电子产品如果没有得到正确的回收利用，过期破损会使其中有毒物质溢出，给土地、水源造成污染。

（四）重金属制品

生活中很多日用品如温度计、灯管、电池等都包含重金属，它们有可能在搬迁过程中被遗弃。并且重金属在水中无法分解，会污染水源及水产品，危害人们的身体健康，严重的会导致疾病。

（五）含油类制品

机械修理、餐饮等行业在搬迁中可能会倾倒废弃工业用油或食用油，油类渗入土地后会导致土壤盐碱化、毒化，进而造成耕地减少、动植物生活被影响。流入水中形成的油膜则会阻碍水体的复氧作用，影响水生物活动。

（六）其他污染物

废弃的农药、化肥、稀释油漆使用的稀料、化工产品、废弃的各种药品等在水中很难降解，被水生物摄入、富集后可能会进入人体，对人体产生危害，且严重的破坏环境。化肥等废弃物进入水体中会造成氨氮、总磷等指标超标，引起藻类过度生长，造成水华与富营养化，既污染水体破坏水生物栖息环境又会产生恶臭污染空气。

（七）建筑垃圾及扬尘

房山区作为城市发展新区，近年来城市化水平正在大幅提高，然而在拆除老房建造新屋的过程中扬尘将不可避免的肆虐在街道之间。同时运输、堆放建筑材料亦将会产生大量的建筑垃圾与扬尘。

（八）噪声污染

噪声污染源于建筑工地的施工，噪声的源头主要是建筑施工机器设备的使用，安装与拆除等环节产生出的噪声，尤其是同一时间段各种施工机器均在作业，这样极容易产生严重的噪声污染。

二、房山区棚户区现状与改造方向

（一）改造现状

通过查找相关的改造资料我们得知房山棚户区改造以良乡、琉璃河等地为试点，目的在于帮助农民住上新房。未来五年，有19个棚户区改造项目将提上日程，预计拆迁3000多户人家。2016年，房山区发改委将联合住建委，重点推进了城关街道、河北镇等5个项目[2]。

（二）改造方向

具体改造方向与标准如下：
（1）建筑结构：棚户区改造是扒平房盖楼房。
（2）基础设施配套水平：加强和完善棚户区改造周边道路、广场、教育、商业等基础设施的建设。
（3）居住环境条件：提升居住环境中的人气指数，在改造棚户区的同时带动城市整体环境的改善。
（4）社会和谐程度：促进就业、养老等社会问题的解决，产生有利于构建和谐社会的综合效应。

（三）房山区棚户区改造项目——实施项目2个，储备项目9个

实施项目2016年将完成改造600户，占地面积242.25公顷。
（1）实施项目：城关中心区棚户区改造项目、琉璃河水泥厂国有工矿棚户区改造项目。
（2）储备项目为：拱辰南关棚户区改造项目、金隅窦店科技园棚户区改造项目、河北镇棚户区改造项目、渔儿沟村棚户区改造项目、长阳镇黄管屯村棚户区项目、房山区北部山区人口迁移棚户区改造定向安置房三期项目、琉璃河镇兴礼等5个村

棚户区改造项目、琉璃河镇洄城等 9 个村棚户区改造项目、北广阳城棚户区改造项目。本小组以"渔儿沟村"棚户区改造项目为例进行暑期社会实践调查。

（四）渔儿沟村简介

渔儿沟村位于良乡卫星城中心，距房山区政府西约 800 米。全村总面积 0.86 平方千米，人口 400 多户，1000 多人。随着区府东移和卫星城的发展建设，村中土地基本被征用和占用。导致尚未拆迁的平房区与拆迁后的楼区之间形成了鲜明的对比。然而本次棚户区改造工程的有序进行意味着渔儿沟村村民将缩小贫富差距，走上一条"共同致富"之路。

（五）工程概况

1. 工程名称：房山区拱辰街道办事处渔儿沟村棚户区改造土地开发项目。
2. 建设单位：北京拱辰兴业房地产开发有限公司。
3. 工程地点：北京市房山区（图1，图2）。
4. 地理位置及用地范围：项目位于房山区良乡渔儿沟村，新增棚户区占地面积 19.72 公顷。建筑面积 60100 平方米，建筑高度 18 米。

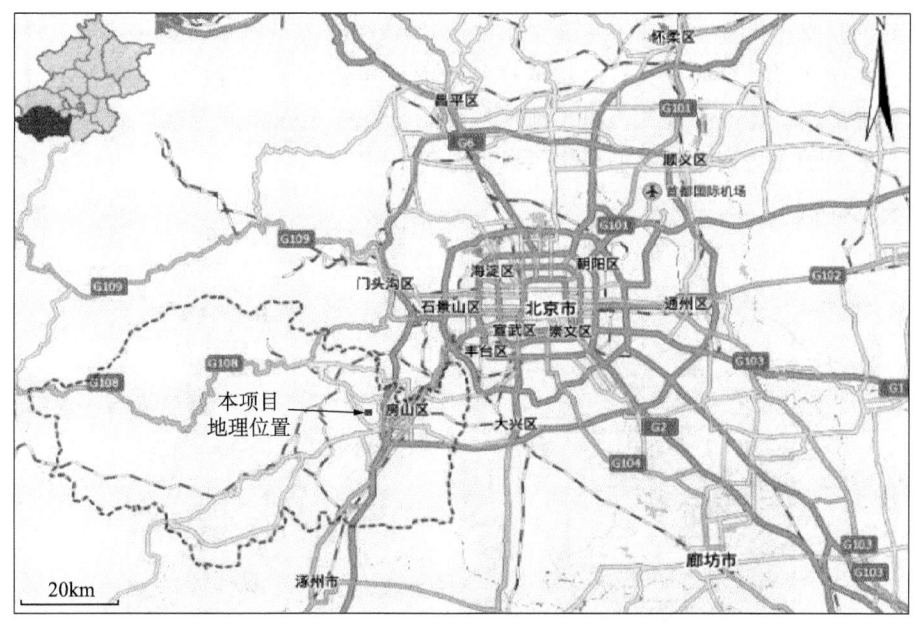

图 1　工程地点

（六）环境现状调查与评价

本小组经实地考察并查询相关资料做出如下总结：

（1）工程地质。我们通过对施工单位的技术人员询问得知该施工区地层结构较简单，分布不连续，覆盖层厚度变化较大，建设场地不存在影响场地整体稳定性的不良地质作用和地质灾害，适宜进行工程建设。

（2）水文地质。通过施工单位调研报告可知该施工区为侵蚀切割较强的丘陵区，由于地壳缓慢上升剥蚀作用较为强烈，形成平缓起伏的丘陵，是山区向平原的过渡地带。

（3）土壤。根据施工单位调研报告可知该施工区土壤为褐土，易于挖掘，工程施工对地表无不良影响。

（4）生态环境现状。经实地考察我们发现施工区附近以人工绿化植被为主，主要树种为杨树、刺槐、松柏、旱柳等；农村耕地主要种植小麦、玉米、各种蔬菜和薯类等农作物；荒草地内野生杂草主要为车前草、蒲公英、蒿类等。施工场地范围内没有发现珍稀保护动植物。

三、实地考察中存在的问题及危害

我们从学校出发乘坐环1路公交车，大约乘坐了30分钟后，到达了渔儿沟村棚户区。由于实地考察前一天，北京下过一场大雨导致地面湿滑，施工条件不利，施工方暂停施工。图2为渔儿沟村工地现场。结合在施工现场的考察以及对周边居民和施工人员的采访询问，我们得出了以下结论：

图 2　工地现场

(一) 实地考察中的环境问题

(1) 建筑垃圾。在施工现场，我们看到仅有小部分建筑垃圾堆放在一旁，还未及时清理，大部分在拆迁过程中产生的建筑垃圾已经被移走。在询问施工人员后，我们了解到，建筑垃圾已被转移到专门的处理场所，使用建筑垃圾再生设备将建筑垃圾分拣、粉碎、加工成可以再次使用的建筑材料。这些还未及时清理的建筑垃圾也将很快被送去处理。没有出现建筑垃圾随意堆放或就地填埋等处理方式。

(2) 塑料垃圾。在实地考察中，我们发现的最突出的环境污染问题就是塑料垃圾问题，尤其是塑料袋造成的白色污染问题。我们看到一些塑料袋被乱丢乱弃，零星飘落在地面和角落里，甚至有的还被泥土掩埋。施工人员也提到，这类最普遍的生活垃圾由于乱丢乱弃，难于降解处理，处理难度大，若进行焚烧处理或就地填埋会对环境造成二次污染。可见，施工方对白色污染的回收和治理意识还需进一步提高，并付诸在实际行动上，尽快改善这一现状。

(3) 重金属制品。在看到了令人担忧的塑料垃圾问题后，我们将视线转移到了寻找是否存在废弃的重金属制品未进行分类收集。在一番考察后，未发现有重金属制品或含重金属制品随意丢弃的状况，想必是将废旧金属分类收集起来后进行拆解后再生利用。这一猜想也在施工人员处得到了证实。

(4) 扬尘。扬尘问题由于施工现场的暂时停工不便观察，但这也未能阻止我们探寻的脚步。随后我们随机采访了几位附近的居民。在对附近居民的采访中，我们了解到，在平日施工时，由于运输和堆放建筑材料会产生扬尘。施工方对于扬尘问题的整治也采取了有效措施。如利用降雨后的雨水资源或生活中产生的生活废水，立即清扫洗刷道路积存的泥土，避免道路泥土风干后反复形成扬尘。附近居民也对施工方这一做法给予了肯定。

(5) 噪声污染。施工期的噪声主要来源于包括施工现场的各类机械设备和物料运输的交通噪声。由于我们到达鱼儿沟的时候并没有在施工，于是我们只能通过询问施工人员以及周围居民有关噪声的问题。

(6) 其他污染物。房山区为北京市的远郊区，种植及养殖业是该地区的重要产业。故是否有废弃的农药、化肥等是我们需要关注的问题。在实地考察中，没有发现此类问题的存在。居民也表示对于农药、化肥等使用及处理均严格按照标准把控。

(二) 工程污染源分析

结合对施工场地的考察以及对施工方的咨询，本组主要对棚户区改造中的噪声、施工扬尘、施工废水和固体废弃物的污染源进行了分析，对其分别介绍如下：

1. 施工噪声污染源

施工期的噪声主要来源于施工现场的各类机械设备和物料运输的交通噪声。

(1) 施工场地噪声。经询问，施工场地噪声主要是施工机械设备噪声、物料装卸碰撞噪声及施工人员的活动噪声。其中声级最大的是电钻。

（2）物料运输的交通噪声。经实地咨询有关负责人员，我们发现各施工阶段物料运输车辆引起的响动同样是噪声的主要来源（表1）[3]。

表 1　施工各阶段使用车辆类型及声级

施工阶段	运输内容	车辆类型	声级/分贝
拆除、土方阶段	土方外运	大型载重车	90
地板及结构阶段	钢筋、混凝土	载重车	80～85
装修阶段	各种装修材料及必备的设备	轻型载重卡车	75

2. 废水

经我们小组实地考察，施工期废水主要为施工人员产生的生活废水及施工车辆设备清洗废水。施工场地内的空地主要用于材料存放、加工及施工机械设备检修、冲洗等，施工营地内主要设置了仓库及加工厂棚等。施工队长告诉我们，项目建设前已经建设好了化粪池，使生活污水先排入场址内化粪池预处理后再排入附近已建成的市政污水管线，最终汇入良乡镇污水处理厂处理。所以，施工队在生活污水方面的处理是有一定保障的。我们还发现在高峰期间施工车辆清洗的用水量十分大，不过施工方同样实施了得当的处理措施：清洗车辆的废水会经施工场地内设置的隔油沉淀池处理并用于施工作业区地面及道路场地降尘浇洒。施工期间废水产生情况见表2。

表 2　施工期间废物产生情况

序号	污染源		排放量	排放方式	排放去向
1	废水	生活污水	约2100立方米	间断	良乡污水厂
		施工废水	约1080立方米	间断	处理后用于工场地泼洒
2	废气	施工扬尘	少量	间断	大气
		施工机器所排烟气	少量	间断	大气
3	固体废物	生活垃圾	约4吨	间断	集中收集送当地垃圾场处理
		施工废料、材料包装物	约5吨	间断	收集送渣土消纳场

3. 废气

经实地考察我们了解到施工期间的大气环境污染主要来源于施工扬尘，其次为燃油的施工机械和运输车辆作业过程中向外排放的含 NOx 和 CO 的尾气。施工期间废气产生情况见表 2。

4. 固体废物

在实地考察中我们发现施工期固体废物主要为工程方和施工人员产生的生活垃圾。从施工方负责人口中得知本项目施工期绿化用土 10 万平方米，所产生的渣土均运往政府指定渣土消纳场。我们根据施工场地内的情况估算每个工人每天产生的生活垃圾为 1 千克，那么经大致计算，施工期间将产生约 4 吨的生活垃圾。为了保证垃圾及时有效的清理，施工方委托市政环卫部门定期进行清运（表 2）。

四、对棚户区改造提出的建议

（一）完善相关立法

1. 严厉处置污染环境的行为

在查找资料的过程中，我们发现我国对于噪声污染和空气污染虽然有相关的法律法规，但是由于监督过程偏弱，管理效果并不理想，随着棚户区改造进程的加速，政府已经注意到在改造过程中应该注重生态文明，聚焦绿色发展，所以，健全完善、从严治理、从快建立一系列的相关法律法规是必要的。

2. 合理设定补偿政策

通过我们走访鱼儿沟村得知，在棚户区的改造过程中"钉子户"的现象在拆迁前依旧存在着，于是我们思考在其他棚户区的拆迁过程中上访、暴力拆迁的事情很有可能会发生，经过讨论，认为这种现象存在的最主要的原因是居民对于政府所提出的补偿不满意，因此，若是想要使棚户区改造顺利进行，政府应当完善现有制度，与居民进行有效良好的沟通，使居民明白改造棚户区是政府为了居民有良好的居住环境而进行的工程，使人民的物质生活水平得到有效地提高。

（二）加强改造过程中对改造单位的监督

1. 在招标过程中应当注意的问题

在政府进行招标的过程中就应当对各承包单位进行严谨的调查与考核，判断其是否具备进行绿色环保改造的能力，并且应当在改造过程中不定时的对承包单位进行检查，以判断其是否在改造过程中承担保护环境的各项责任。若是有不达标的单位应当责令其在一定时间内进行整改，若是整改时期过后依旧不达标应当终止其改造行为，严重者应当取消其以后的招标资格。

2. 对于拆迁单位

对于负责拆迁的单位，应当文明施工，在拆除过程中采取必要的保护环境的措施,如对被拆迁房屋进行必要的围挡与遮盖,同时应当定期对施工工地进行洒水以达到除尘的目的。在渣土车将尘土运送离开施工工地的时候应当使用相关设施掩盖其运送的建筑垃圾,以免在运送过程中污染其他道路。

3. 对于建筑单位

对于建筑单位应当全面系统的规划棚户区的重建,在重建过程中应当考虑可能造成的各项污染。如施工噪声污染,施工前就应当选用适当的降噪措施如对施工工地进行围挡,在工地周边进行绿化以达到阻碍噪声传播的目的。对于可能产生的光污染,施工单位应当尽量避免在夜间施工,一方面是因为光污染会破坏城市的夜间环境,影响周边居民睡眠;另一方面也是因为施工噪声对居民生活造成影响。

4. 对于规划单位

很多棚户区是在老工业机构周围建立的,棚户区的居民大多就是在周边务农与劳工,然而棚户区的重新规划迫使他们面临的问题是,一旦拆除了棚户区他们赖以生存的就业环境也被拆除了,新的经济产业却不能在短时间内建立起来,这必然使棚户区居民失去就业,因此,在拆迁规划中房屋的规划与建设也变得格外重要,为了避免土地闲置或土地过度开发造成浪费,在改造中的规划也是很重要的一个环节。

(三)针对不同的污染所提出的一些具体建议

1. 扬尘污染

在棚户区改造过程中,拆迁是一定会发生的环节,虽然我们考察当天土地湿润并没有严重的扬尘现象,但我们通过询问周围居民得知在以前的拆迁过程中的确会产生大量的扬尘,这些细小的灰尘极易扩散在空中,作为空气颗粒物污染的首要因素,扬尘的治理是不可忽视的。我们所提出的建议是在棚户区施工工地周围进行必要的遮挡,减少扬尘的扩散,其次在拆迁过程中应当及时洒水降尘,如果条件允许还可以在工地周围种植适当的绿色植被,通过绿化措施阻挡扬尘的扩散。在将建筑垃圾运送离开施工工地时要注意防止建筑垃圾掉落,从而污染施工工地以外的区域。

2. 噪声污染

通过我们实地走访发现,施工工地的噪声来源主要包括施工现场的各类机械设备以及物料运输的交通噪声。在改造过程中工地上所使用的大型机械会产生巨大的噪声,如打桩机、空压机、地基钻孔机。此外,如混泥土搅拌机、渣土车在运送物料的时候都会发出噪声。噪声污染是环保不容小觑的问题,因为噪声会对周围居民的生活造成巨大影响,相关部门应当严格审查各施工单位是否进行了必要的减噪手段,如在施工工地周围建立围墙以产生隔音的效果,合理安排施工场地布局,使噪声污染降到最小。此外应当按照相关的规定的作息时间进行施工,特别应当规定其不得在夜间施工,以保证周围居民得到良好的休息,不受噪声的污染。

3. 废水污染

在改造过程中会产生施工废水和生活废水,相关部门需要进行有效监督,规范污水处理方式，以防止施工单位偷偷排放污水污染环境。

4. 其他固体废物

在棚户区改造过程中，由于居民的搬迁一定会产生生活垃圾、建筑垃圾和其他污染物，大量繁杂的废物被留在了棚户区，若是不恰当处理必定会造成严重的环境污染。对于这样的问题，相关部门应当监督施工单位对垃圾做好分类，对于生活垃圾应当收集送到垃圾处理厂。对于建筑垃圾应当通过研发新技术提高其再利用率。对于对环境有害的重金属物质应当进行分类交予有能力处置的企业进行回收。

参考文献

[1] 冯晋强. 城市改造过程中的环境污染问题［D］. 呼和浩特：内蒙古大学，2015.

[2] 中华人民共和国环境保护部. 2016年中国环境噪声污染防治报告［R］. 北京：中华人民共和国环境保护部，2016.

[3] 北京市环境保护科学研究院. 房山区北部人口迁移青龙湖棚户区改造定向安置房项目环境影响报告书［R］. 北京：北京市环境保护科学研究院，2014.

人工和天然湿地保护与开发的调查研究

李永梅　栾先乔[*]

摘要：湿地与森林、海洋并称为全球三大生态系统，被誉为"地球之肾""城市之肺""生物超市"和"物种基因库"。我国也是世界湿地物种和植被最丰富的国家之一，湿地主要分布在东北地区与青藏高原地区。但是随着湿地围垦，生物资源过度利用，环境污染等问题的影响，有些湿地的面积缩小、生物多样性降低严重，甚至丧失了湿地的功能。本文通过网上和实地问卷调查的方式，深入了解当今国人对与湿地的了解状况和对湿地保护与开发的看法与建议，希望能够因此提出相应的解决措施和方案。从而让国人提高保护湿地、保护环境的意识，唤醒人们对湿地保护与开发的思考，促进湿地资源的可持续发展，实现生态效益、社会效益、经济效益的统一。

关键词：湿地　保护　开发

本次调研主要采用网上和实地问卷调查的方式，发放群体主要针对北京市、辽宁省、湖南省、海南省等省、市的8岁至60岁人群，其中着重调研18岁至30岁人群。总计发放问卷256份，实际收回256份，回收率达100%。有效问卷256份，有效率100%。问卷着重向被调查者提出了三大类问题，即对于湿地的了解程度、中国当前湿地现状，如何对湿地进行保护与开发三类问题。通过问卷调查，目的在于了解当今中国年轻一代对于湿地的了解程度及态度，并对湿地的保护与开发提出合理建议。

一、中国湿地的现状

中国是世界上湿地类型齐全、数量丰富的国家之一。中国的湿地总面积达6000多万公顷，但近年来，我国湿地的数量与质量正在呈现减少和下降的趋势。尽管中国在湿地保护方面开展了大量的工作，取得了一些成绩，但依旧没有有效地遏制湿地丧失和退化的速度，各种湿地资源还处于被严重威胁之中。湿地破坏的主要直接原因是基础设施建设、土地开垦、引水、富营养化、污染、过度捕捞、过度利用以及外来物种的引入；主要间接原因是人口增长和经济发展加快。这并非问题的全部，更为根本性的原因当是，湿地保护缺乏立法和制度上的保障[1]。以下为调查问卷中所涉及的内容及反馈分析。

---

[*] 本课题指导教师李永梅（北京工商大学马克思主义学院），课题组组长栾先乔（商英151班）；课题组组员：刘卉、李碧萱、陈芯妍、李倩（商英151班），刘芷容、刘祉歆（商英152班）。

（一）湿地面积减少、功能衰退

由于不合理利用和破坏、人口的快速增长和经济的发展，湿地的面积急剧缩减。据调查，到 20 世纪 90 年代中期，中国已有 50% 的滨海滩涂不复存在，近 1000 个天然湖泊消亡，黑龙江三江平原 78% 的天然沼泽湿地丧失，七大水系 63.1% 的河段水质因污染失去了饮用水的功能。现如今，中国拥有湿地面积 3300 多万公顷，约占世界湿地面积的 10%，居亚洲第一位，世界第四位，可湿地比例仍在继续下降，值得人们关注，根据调查，91.41% 的人都认为湿地减少对我们生活有很大影响。

（二）污染加剧、环境恶化

湿地被肆意侵占，并常成为沿江建筑垃圾、工业废水、生活污水的排泄区和承泄地，污染在不断加剧、环境在不断恶化。长期承泄工农业废水、生活污水，导致湿地水体污染，生态系统富营养化现象严重，危及湿地生物的生存环境。

（三）生物多样性受损

湿地被开垦为农田或作其他用途，围堰造田、兴建码头，这些对湿地的不合理开发利用导致湿地日益减少，湿地植被被破坏，功能和效益下降，生态功能衰退，鱼类等水生生物丧失了栖息生存的空间，鱼类种类日趋单一，种群结构低龄化、小型化。而捕获、狩猎、砍伐、采挖等过量获取湿地生物资源，造成了我国多种鱼类已经成为濒危物种。湿地生物多样性逐渐丧失，生态功能严重受损。

二、人们对于湿地现状的了解及问题

（一）宣传力度小，对湿地了解甚少

湿地的生态价值很高，在物种多样性、生产高效性等许多方面都有绝对优势，但是对于普通百姓而言，大家对湿地了解少之甚少，也几乎不怎么关心。从调查试卷结果分析看来，绝大多数人如果前往湿地仅以消遣娱乐为主，对于湿地保护、生态效益、经济效益等方面都没有具体概念。具体的方面凸显在从调查试卷的详细数据可以看出，有 20.31% 的群众对湿地完全不了解，有 73.44% 的群众对湿地有一些了解，只有 6.25% 的群众对湿地比较了解；再询问关于世界湿地日的问题，（图1）仅有 7.81% 的被调查者了解具体日期为 2 月 2 日。

这也就说明了，对于湿地而言群众意识较为薄弱，各地区对湿地的宣传也存在较大问题。我们走访过辽宁省丹东鸭绿江口湿地、北京市密云水库湿地和北京市房山花田湿地等湿地保护区，询问了当地工作人员对于湿地的宣传工作是怎样开展的。他们告诉我们，大部分工作还是可以顺利完成，但是有几个因素也是阻碍了宣传力度的提高。这主要体现在以下几点：第一，宣传内容不够丰富、形式不够多样化，

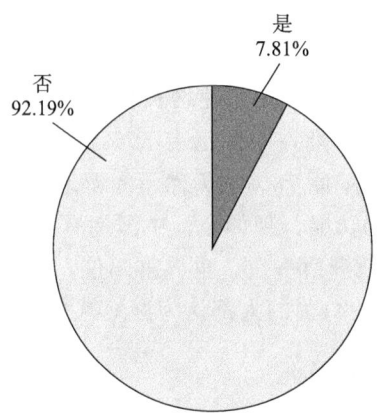

图 1 "是否知道世界湿地日"的调查结果

这样对民众的吸引力和民众关于湿地相关知识的普及程度就会大打折扣;第二,对宣传没有详细的目标,总有一种走一步算一步的姿态在里面,即使在开始书面上计划的很详细,但是由于执行力度不够等各方面因素,使得目标并不能很好地达成;第三,上级重视度不够,存在着盲目性。比起生态效益,或许经济效益会更受到重视,这种不均衡也是导致宣传力度不高的问题之一,这也就进一步的体现在了当地相关单位的保护力度上。根据问卷结果数据(图2),有7.03%的群众认为现状良好,保护工作卓有成效,有48.44%的群众认为一般还需要继续加强,30.47%的群众表示很差需要部门加强重视程度,还有14.06%的群众表示不太了解。

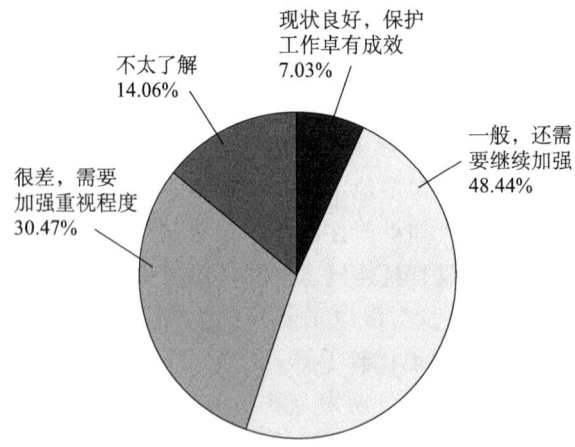

图 2 "你对湿地保护的效果怎么看"的调查结果

因此,对于湿地的保护与开发这个问题,首当其冲的任务就是先让大家对湿地有具体了解,如果宣传力度不够,那么也将会为接下来的工作带来诸多不便与阻碍。

（二）垃圾难以处理，群众保护意识待提升

随着城市化的发展，相应的城市基础措施的建设也在不断进行，虽然为城市的生活带来了极大的便利，但也造成了一系列严重的问题。根据我们的调查显示，超过85%的人认为围湖造田、公共设施建设导致的湿地被填补对湿地的破坏最大。洞庭湖区，就有大量的围湖造田的案例。近年来洞庭湖区的面积不断缩小，这与围湖造田以及湖区周围的基础设施建设不无关系。20世纪50年代以来，我国湖泊的数量不断减少。近几十年，随着我国各地经济的不断发展，同时社会人口的不断增加，生活用水和工业用水不断增加，从而导致对水量要求不断增加，但是随着一系列的环境问题例如气候变暖，河流断流等，导致湖泊水的补给减少，水位不断下降，一些大湖面积也大为缩小。同时随着现如今各类产品的日益丰富，我们所产生的垃圾也堆积如山，现在由于垃圾处理技术还不够成熟，使得焚烧垃圾成为处理垃圾的最主要方式之一。我们去过的几个附近的湿地发现，凡是经当地政府保护已经成为湿地公园的地方，因为有人管理，垃圾堆积的现象并不明显，在这种湿地公园，大多数地方都有温馨小提示，提醒人们不要乱扔垃圾，环境还是很不错的。但是那些名不见经传的小湿地就不一样了，由于没有受到官方的保护，使得一些人、一些组织向这些地方随意丢弃、排放垃圾，因此，总能看到小水沟旁边垃圾堆积如山，原本是水质干净、绿草如茵的地方，但现在小湖泊旁边的绿被植物已被垃圾覆盖，而水也变成了散发难闻气味的深绿色。在选择多个湿地破坏因素中，选择垃圾排放的群众占到了92.19%（图3），凡是路过的人都以为这就是天然的垃圾场，所以随手就会将垃圾丢入其中，这就凸显了群众对于环境保护的意识还是比较薄弱的。与此同时，受到垃圾影响的还有当地动物，候鸟尤为明显，我们不难想象，这些垃圾堆里难免会有有毒物质，一旦被鸟吃下，会有致命危险，还有塑料袋等，很难被降解，一旦鸟被塑料袋困住也是无法挣脱的，这些问题都会对当地生态造成毁坏，如果不能得到及时解决就会形成恶性循环，给湿地的保护与开发埋下极大障碍。

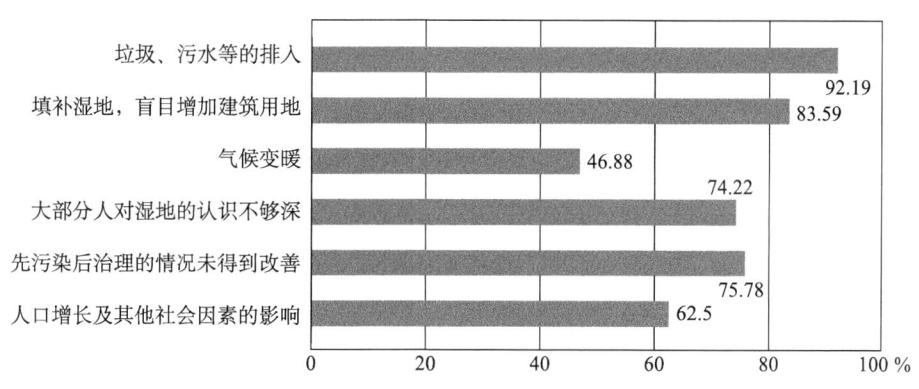

图3 "对造成环境污染原因"的调查结果

（三）湿地开发与保护没有达到一个合理均衡

湿地是自然留给人类的财富，湿地中蕴含着巨大的动、植物资源，是众多动植物的栖息地，同时还具有调蓄洪水、调节气候、美化环境的功能。因此，湿地开发往往成为经济社会建设中重要的一个环节，湿地可以进行开发，但是一定要限制在一个合理的范围内。根据我们的调查结果，89.84%的受访人认为湿地的经济开发和保护存在矛盾但是可以相互协调。湿地的开发和保护如果进行合理的规划并且付诸实际，这样完全可以达到合理的均衡。但是现在，湿地的保护与开发过程中存在着许多问题，湿地的破坏程度明显大于其保护程度，并且对于湿地的保护力度有待加强。在一些湖区，由于巨大的人口压力和用地压力，人地矛盾尖锐，由此大量的围湖造田从而去增加耕地面积，以图缓解人地矛盾。但这样显然不能解决问题反而使湿地问题进一步加重，湿地面积的不断减少，导致其生态效益和经济效益不断下降。更严重的是，由于大量开垦耕地，造成很多的土地养分被消耗殆尽，想要保护也为时已晚了。湿地原本是大量动植物的栖息地，但是随着湿地的破坏和湿地面积的减少使得动物的栖息地不断减少，生物多样性减少，并且破坏了湖区的生态平衡，湖区的生态环境遭到破坏。现在由于过度的追求经济效益，许多湖区存在着过度捕捞、过度采集的现象，使得生物的繁衍过程遭到破坏。此外，大量的基础设施建设，不断向湿地排放工业废物，并且占用湿地破坏湿地周围环境，一步步吞噬了湿地。

三、对湿地保护与开发的建议

结合以上调研结论，对于如何进行天然湿地的保护与开发，提高其利用效率和利用效果，促进人与湿地的和谐相处[2]，我们提出了几点对策和建议：

（一）加强公众对湿地的认知，提高其对湿地的保护意识

调查报告显示，超过90%的被调查者认为湿地保护与开发之中群众对于湿地认识薄弱是最主要原因（图4）。不难看出，公众对湿地的了解程度不高，缺乏认知。但通过走访调查，我们发现虽然群众对湿地的了解并不透彻，但大部分民众肯定了

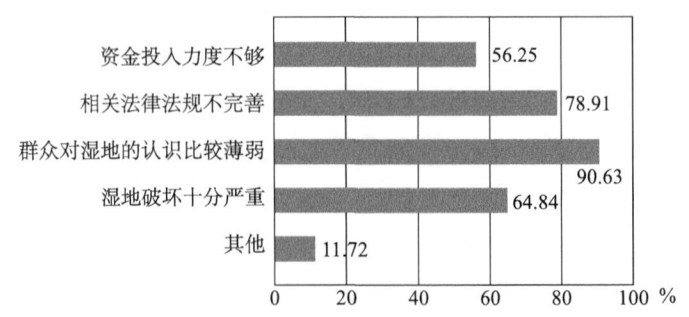

图4 "影响湿地保护与开发的因素"的调查结果

湿地存在的必要性。所以，科普湿地的有关知识是十分必要的。对于在校学生，学校可以开展有关湿地知识科普的讲座，或者增加有关方面的必修、选修课程，提高同学们对湿地方面有关知识的兴趣。对于上班族来说，单位可以开展春、秋游活动，亲临湿地，感受湿地，并请湿地方面的工作人员为大家科普湿地知识，促进对湿地的保护意识的形成。对于退休在家的老年人，当地社区可以开展有关讲座和论坛活动，播放相关影片，在丰富老年人业余生活的同时，增加老年人对湿地的了解。同时，也可以定期组织行动方便的老年人去往附近的湿地公园，感受湿地，愉悦身心。

（二）政府加强管理力度

经过调查发现，大部分民众认为人类活动对湿地有着很大的影响。对于湿地保护方面，公众认为有关部门对湿地的保护力度还不够。如此种种，与当地政府的管理力度有着密切的联系。为了更好地保护湿地，政府一方面应提高对湿地的重视程度，出台相关政策，邀请专业的研究人员来研讨如何高效并实用地保护湿地。同时出台惩罚措施，对于破坏湿地环境的人员予以严厉的惩罚，以示警戒。另一方面，政府也要积极学习其他国家关于湿地保护和开发方面的经验，做到开发与保护并重。以美国为例，"零净损失"目标是美国湿地政策的精髓，这个目标阐释了全国的湿地面积在短期内要保持平衡，并在长期内有所增加的原则，并且同时湿地的总体质量（所提供的功能和服务）也不产生净损失，所以，它并不表示要将所有的湿地封闭起来只能保护不许开发，而是保护与开发并举。我国是一个发展中国家，经济发展始终是中心，不可能因为要对湿地保护就否定了对它的开发和利用。关键是要做到以科学发展观为指导，既兼顾了开发的需要，又可以保证湿地对社会所提供的充足的服务，紧紧围绕扩大湿地保护面积，恢复湿地生态功能这一核心，来加强湿地管护立法和政策建设。

（三）加强湿地的法治建设，建设科学有效的法律体系

湿地保护在当今社会愈发重要，同样湿地开发又是现实的需求，这就需要相关决策者具有主动性和紧迫感，不依赖、不坐等，勇敢积极地进行立法的探索。必须加快立法步伐，尽快建立拘束性、授权性、给付性规范类别齐全，法律、行政法规、地方性法规、部门规章与规范性文件位阶完整，生态保护、生态补偿、开发限制、责任追究等内容饱满的法制体系。同时要对生态旅游进行严格的规范和引导。

但湿地面积宽泛，仅靠限制人为的活动来进行保护是不可行的，还应该鼓励动员周边村民及社会人员参与到湿地的保护中。湿地占用后湿地所有权人和湿地效能发生改变，占用方应以恰当的方式补偿所有权人，使其足以维持不低于先前水平的生存状态。开发补偿要有新政策，补偿不应是一次性的和单一方式的，而应是长期的和多样化的，最好是提供就近就业的机会。

（四）建立湿地保护区

湿地作为一种生态系统，起到保护地球物种多样性、保护土地资源，防止水土流失、净化空气，充分发挥"地球之肾"的作用。但目前由于大量的观光旅游，群众缺乏对湿地的保护意识，有关部门监管不严，开发不当等，我国的湿地受到了严重破坏。据调查显示，大部分人认为当今中国城市的湿地状况不适合动植物生存。因此，湿地保护区的建立势在必行。建立自然保护区，修复正在被毁坏或已经被毁坏的湿地是我国改善湿地现状的首要举措。与此同时，更要注重湿地保护区内生物物种多样性的维护，而不是仅仅为了营造景观，吸引游客。值得一提的是，很多湿地是鸟类的栖息地[3]，因此，对湿地的保护也是对鸟类数量和种类的保护。有关部门也要积极进行管理和引导，完善评估机制，对湿地保护区进行治理和保护。

（五）从各地实际情况出发，进行保护与开发

近年来，国家越来越重视湿地保护工作，我国滨水湿地地区的整治和开发也在起步，已经取得了一些成功的案例。例如浙江省黄岩永宁公园的河道生态恢复与重建、杭州市西溪湿地公园、2010年上海世博会后滩公园水体的生物—生态修复处理等，这些均可视为我国城市生态可持续发展建设的楷模。

但是有些城市却过分追求湿地建设，甚至把湿地建设当成"赶时髦"，将湿地当成了吸引人们前来旅游的时尚标签，这样往往只做了表面工程，却忽视了建设人工湿地的真正意义。上海市园林设计院领导指出，现在有不少湿地项目是在跟风炒作。一些所谓的"湿地"，也就是挖一片水塘、栽些水生植物而已。这种"赶时髦"的做法如果得不到有效纠正，最终会将湿地项目引向继"喷泉风""假山风""广场风""草坪风"之后的又一个误区，与保护湿地、保护生态环境的初衷背道而驰。还有一种现象是，一些没有自然湿地的城市正在竞相兴建人工湿地公园。当然，人工湿地公园从宣传环保意识的角度来说有可取之处，但如果希望通过人工湿地来改善局部的生态环境，则不太现实。在这里，我们不得不再思考一下生态设计的本质意义。

湿地系统与其他生态系统一样，由特定的生物群落与环境相互作用统一而成。因此，在对湿地景观的整体设计中应当综合考虑自然环境的内在价值，以尊重自然为宗旨，适度发展才能实现真正的生态效益。

参考文献

[1] 李园. 生态与设计——城市湿地公园景观设计的思考 [J]. 科教文汇（上旬刊），2011（12）：151-152.

[2] 祁雪瑞. 湿地保护与开发双赢的法制选择 [J]. 中国国土资源经济，2011（2）：37-56.

[3] 封晓梅.《湿地公约》与我国湿地保护 [D]. 青岛：中国海洋大学，2008.